煮酒品三国（升级版）

沈忱 著

中州古籍出版社

图书在版编目(CIP)数据

煮酒品三国:升级版/沈忱著. —— 郑州:中州古籍出版社,2015.7
ISBN 978-7-5348-5374-6

Ⅰ. ①煮… Ⅱ. ①沈… Ⅲ. ①中国历史-三国时代-通俗读物 Ⅳ. ①K236.09

中国版本图书馆 CIP 数据核字(2015)第 148988 号

出版社:中州古籍出版社
（地址:郑州市经五路66号　邮政编码:450002）
发行单位:新华书店
承印单位:安阳市泰亨印刷有限责任公司
开本:710mm×1000mm　1/16　　印张:18
字数:250千字　　　　　　　　　印数:1—5 000 册
版次:2015年7月第1版　　　　　印次:2015年7月第1次印刷

定价:28.00元
本书如有印装质量问题,由承印厂负责调换。

横绝三国水浒的一叶扁舟
——代序

石 麟

本书作者沈忱（灿烂海滩），江西南昌人，是一位出生于1967年的中年学者。他自小得益于父亲沈家仁先生的熏陶，对《三国演义》《水浒传》等古典小说名著尤有兴趣，作研究笔记已近三十年。沈忱先生不求闻达，不计名利，潜心于研究，终成著名文史专家。自2006年至今，他出版的著作有《煮酒品三国》《三国，不能戏说的历史·诸侯》《三国，不能戏说的历史·英雄》《告诉你一个真三国》《智者千虑诸葛亮》《那时英雄——正说三国名将》《三国不是演义》《我是曹操——乱世英雄的传奇经历》《三国谋士今日观》等。这次出版的《煮酒品三国》（升级版）是沈忱增订后再版的一部力作。

研究中国古代小说名著《三国演义》《水浒传》的方法有多种，角度也有多重。但是，最常见的角度无非是文献的、文学的、文化的。沈忱先生的《煮酒品三国》一书，应该说是这三种角度的综合。

从文献的角度去考证《三国演义》的历史真实与艺术虚构等问题，可以看出作者的学术功底；从文学的角度去分析《三国演义》人物情节与思想内涵等问题，可以看出作者的理论素质；从文化的角度去辐射《三国演义》所描写的社会现象和民风民俗等问题，可以看出作者的生活视野。

读了《煮酒品三国》（升级版）以后，对于以上三方面的感觉越来越强烈，结合沈忱的研究经历，我们会更加深刻地认识到他这种深厚的学术功底、高度的理论素质、广阔的文化视野的形成并非一曝十寒，也不是一蹴而就。冰冻三尺非一日之寒，成功的果实，总是为勤奋者准备的。

由于作者深厚的学术功底、高度的理论素质、广阔的文化视野的综合作用，使得这部力作具有了学术性、知识性、趣味性三结合的特殊效果。

学术性体现在哪里？一个"严"字可以概括。严格的要求、严密的考证、严谨的结论，如《"三顾茅庐"与"毛遂自荐"辨析》《曹操是如何变成花脸奸臣的》《吕布诛董卓的背后》《谈谈关羽失荆州》《少年英雄孙策》等篇足以证明。且看："罗贯中最后来了个集大成，他在小说《三国演义》中对于曹操的塑造，更是令曹操的奸臣形象活灵活现，深入人心。那么，造成这种现象的原因是什么呢？这主要是由于民族矛盾引起的。从宋代到元末的几百年间，汉族屡遭外族的残酷压迫和统治，使得汉族人民不得不奋起反抗，有了'还我河山'的愿望。这种社会现象反映在当时的文艺作品之中，就突出地表现为一些带有明显倾向性的作品的出现。而当时的作家又以当时最为流行的三国故事作为题材来体现'人心思汉'，把刘备、诸葛亮的蜀汉政权当作自己民族的英雄来怀念，而把董卓、曹操之流看成是残暴的统治者而仇恨，加上在历史上曹操也的确有过类似的劣迹，因此，曹操也终于由一个有本事的人、一个英雄变成了一个花脸奸臣了。"这样的论证，毫无疑问是切中肯綮的，也符合文学史的实际。

知识性体现在哪里？一个"博"字可以概括。书本知识、社会知识、自然知识乃至于极其细微的日常生活的知识点，作者都不放过。这些，在《谈谈"降汉不降曹"》《"面如重枣"过不了医学关》《此刘岱非彼刘岱》等篇中均可窥其端倪。例如：

这"面如重枣"有什么问题呢？前些年有一本叫作《三国演义医学趣谈》的书，作者是两位医生，他们从医学的角度分析了"面如重枣"的问题，算是给前人"补"上了一课。书中提到：

临床看，面色的变化可以发现的问题还真不少呢！病人面色大红一般可见于红细胞增多症、肾上腺皮质功能亢进、面部湿疹、面部脂溢性皮炎、高热及某些药物中毒。

按照该书的分析，这个关羽一出场就是个病患者，这个笑话可就闹大了。

关羽长相的故事，其实说明了一个问题：尽管《三国演义》是一部伟大的作品，但是这也不能说明它就是完美无缺的，也会出现这样或者那样的错误和缺点。因此，我们在阅读作品的时候，都要多问几个为什么。只有这样，才能找出作品的优缺点，从而增长自己的知识和见识。一味地棒杀不行，一味地捧杀也不行。客观、公正，才是最为科学、合理的方法。

具备这样的知识，读《三国演义》就更为有趣了。

说到一个"趣"字，我们不得不专门谈论一下《煮酒品三国》的"趣味性"。诸如《倒霉的曹操》《扑朔迷离的孙夫人》《伤脑筋的貂蝉》《张飞是有艺术才华的》《张飞的"胡"》等篇，都是显得特别趣味盎然的。你看："自从罗贯中的《三国演义》问世之后，貂蝉的形象迅速走红。到了后来，貂蝉竟然赫然列入中国古代四大美女的行列，与西施、王昭君、杨玉环等人齐名，并以'闭月'一词作为貂蝉的代名词。数百年来，貂蝉的妩媚倩影在各种故事、戏曲、电影里招摇生姿，就连貂蝉的籍贯地，大家也都争得不亦乐乎。有人说她是山西的，有人说她是陕西的，还有人也不知是怎么研究出来的，证明貂蝉是甘肃的。不过很遗憾，结果是谁也没争赢，还是那么悬着。上面提到的是《三国演义》中貂蝉的形象及影响，这里要谈另外的一个问题：罗贯中所描述的这个貂蝉在历史上的本来面目究竟是怎样的呢？查遍史料，结果很是令人遗憾：历史上根本就没有貂蝉这个人物。"那么，貂蝉的"历史真实性"究竟如何？随后，作者经过严密的考证之后，得出了令人信服的结论：

根据以上记载可以得出这样一个大致的结论：这个小说中出现的貂蝉，在历史上只能说是个若隐若现的人物，而所谓的美人计的故事则完全是虚构出来的。董卓被杀，完全是以王允、吕布为代表的并州势力与以董卓为代表的凉州势力之间的一场政治斗争，并不是一场因女人而发生的冲突。

至于哪一位读者要想得到作者更为详尽的史料钩沉和文学分析，那就请你自己去看沈先生在本书相应处的"迷你"文字吧！总之，那里是一片盎然的情趣。

其实，笔者以上将《煮酒品三国》（升级版）中的学术性、知识性、趣味性分开来举例说明是很不科学的做法，在该书中，这三者之间往往是水乳交融的。笔者这样做，实在是为了说明问题的方便。

除了以上三大特点以外，沈忱先生的这本专著中还有许多让我们不得不刮目相看的地方。譬如作者对《三国演义》中的次要人物形象分析非常到位：这方面可看《徐庶的前世今生》《汉献帝的兴国梦》《辛宪英的睿智》《陈宫与曹操的恩怨》《吕布的生存之道》《王允的执着》等篇，作者对这些人物的评价，可谓洞幽烛微、鞭辟入里。还有，作者联系兄弟艺术形式来评价《三国演义》，这就牵涉到了元杂剧中的"三国戏"、京剧、赣剧、滇剧、徽剧、豫剧、婺剧、川剧、秦腔、广东汉剧以及《新编全相说唱花关索出身传》等民间艺术方式。从这些地方，我们又明白了一个文学史上的真理：对于《三国演义》这种通俗小说而言，只有植根于民间讲唱艺术的沃土之中，它才有旺盛的生命力。进而言之，任何一部成功的文学作品，只有当读者如云的时候，它才真正取得了成功。

其实，沈忱先生也是《三国演义》的一位读者，只不过他比一般读者更细心、更认真、也更挑剔一些而已。

读书有两种最常见的方式，囫囵吞枣的吞咽式和斤斤计较的挑剔式，沈忱先生毫无疑问属于后者。但有一点我们必须明白，挑剔式的阅读者在完成他们的过程之后，有感而发的一些文字，往往对更多的吞咽式阅读者就具有了一种"导读"的意味。

《三国演义》中的那些真真假假、是是非非，经过沈忱先生的"煮酒品谈"之后，是否更具有醇厚的意味呢？如此看来，《煮酒品三国》，是承载我们横绝三国水泽的一叶扁舟！

甲午年大雪节令于湖北黄石青山湖畔

（本文作者为中国三国演义学会理事、中国水浒学会副会长、湖北师范学院文学院教授、湖北省有突出贡献中青年专家、湖北省属高校跨世纪学科带头人。）

升级版说明

对于《三国》的兴趣和爱好，源于父亲沈家仁。父亲自幼酷爱古典文学，年轻时经常购买相关书籍进行阅读和研究，即便在"文革"时期也没有间断过。在那个特殊年代里，父亲千方百计保存了大量关于《水浒》《三国》的研究资料，这为我们父子后来对古典小说及历史方面的探讨提供了极大便利。

20世纪70年代后期，父亲调回南昌任教，又继续几十年的古典小说研究。记得在我读初二的时候，父亲从江西省图书馆借来了《金圣叹评第五才子书》，父亲如获至宝，用了数月的时间将金圣叹几十万字的点评一字不漏抄了下来。虽然此事已经过去了三十年了，但每当忆起仍宛如昨天，历历在目。

这件事情对我的触动很大，从此我也开始了对《三国》的探讨和研究。从1983年4月22日在《南昌晚报》发表处女作《诸葛亮的三次锦囊妙计》至今，已有三十多年。孤灯之下默默笔耕，个中滋味不言而喻。但每当想起父亲当年抄书的情景，所有的委屈、辛苦都会抛之脑后。

《煮酒品三国》一书的写作始于2005年，当时完全是奉家父之命而写的。虽说在读书时期曾经钻研过几年，但参加工作后慢慢就停止了。因此，写作过程非常缓慢。2006年5月，该书由广西人民出版社出版。适逢三国热兴起，该书出版后反响热烈，让我始料不及。不过每当翻开这部作品，心中不免有很多遗憾，有些该细化的地方没来得及细化，有些该写人物和事件又没写。就这样一晃近十年的时间过去了。

中州古籍出版社决定将该书作为升级版再版，我心中非常感激，同时也非常惶恐，担心无法达到古籍专业出版社的要求，因此对该书的章节和内容做了一次全面梳理，并花了几个月时间进行修订和增补，希望能让读者更加满意。

原书分为"品事录"和"品人录"两大类。此次升级版做了保留，但对两大类中的文章篇数和内容进行了较大调整。将原本中的"品事录"增加至33篇，其中《爱美惹来的杀身之祸》《忠义两全的诸葛瞻差点变叛徒》《〈出师表〉中的"不毛"指什么》《"滚滚长江东逝水"是谁写的》《青龙偃月刀传奇之旅》《丈八蛇矛的历史演变》这6篇被删除，将原"品人录"中13篇转入该类。另外，增加了《扑朔迷离的孙夫人》和《马超本是不孝子》这两篇。

"品人录"调整较大，共增加至39篇。其中《唏嘘品刘焉》《刘虞：勤王反被奸人误》《一代投机政客陶谦》《有勇无谋的孙坚》《孙吴四英将》《名嘴董扶与蒋干》等6篇被删除。新增加的文章里，既有三国时期的诸侯、名士，也有武将、谋士，目的是为了更加全面地介绍三国人物。

总的说来，此次升级版的文章都经过了不同程度的修改，有的是重写了一次，部分文章的标题也做了调整。目的只有一个，让本书更加全面、严谨。本书插图也做了重新调整，取自清光绪广百宋斋校印的《图像三国志》。希望该书经过修订和增补之后，能让读者更加满意。

最后，还要特别感谢石麟先生在百忙中拔冗为拙著升级版作序，感谢张弦生先生提出的宝贵修改意见，特此鸣谢！

沈 忱

2014.11.18 于广东清远

目 录

品事录

1. "三顾茅庐"与"毛遂自荐"辨析 ⋯⋯⋯⋯⋯⋯⋯⋯⋯ 3
2. 诸葛亮的"锦囊妙计" ⋯⋯⋯⋯⋯⋯⋯⋯⋯⋯⋯⋯ 6
3. 是诸葛亮害了马谡 ⋯⋯⋯⋯⋯⋯⋯⋯⋯⋯⋯⋯⋯ 11
4. 东风不是借来的 ⋯⋯⋯⋯⋯⋯⋯⋯⋯⋯⋯⋯⋯⋯ 14
5. 曹操是如何变成花脸奸臣的 ⋯⋯⋯⋯⋯⋯⋯⋯⋯⋯ 19
6. 倒霉的曹操 ⋯⋯⋯⋯⋯⋯⋯⋯⋯⋯⋯⋯⋯⋯⋯⋯ 21
7. "孟德献刀",子虚乌有 ⋯⋯⋯⋯⋯⋯⋯⋯⋯⋯⋯⋯ 24
8. 刘备之功挂在诸葛账上 ⋯⋯⋯⋯⋯⋯⋯⋯⋯⋯⋯⋯ 27
9. 三种"千里走单骑",三种结局 ⋯⋯⋯⋯⋯⋯⋯⋯⋯ 30
10. 三种"打督邮",三种意境 ⋯⋯⋯⋯⋯⋯⋯⋯⋯⋯ 34
11. 吕布诛董卓的背后 ⋯⋯⋯⋯⋯⋯⋯⋯⋯⋯⋯⋯⋯ 38
12. 吕布杀丁原的另外两种可能 ⋯⋯⋯⋯⋯⋯⋯⋯⋯⋯ 41
13. 从关公斩华雄说起 ⋯⋯⋯⋯⋯⋯⋯⋯⋯⋯⋯⋯⋯ 45
14. 关公并未战长沙 ⋯⋯⋯⋯⋯⋯⋯⋯⋯⋯⋯⋯⋯⋯ 49
15. 谈谈关羽失荆州 ⋯⋯⋯⋯⋯⋯⋯⋯⋯⋯⋯⋯⋯⋯ 53
16. 谈谈"降汉不降曹" ⋯⋯⋯⋯⋯⋯⋯⋯⋯⋯⋯⋯⋯ 59
17. 以讹传讹的关羽之妻 ⋯⋯⋯⋯⋯⋯⋯⋯⋯⋯⋯⋯ 63
18. 关羽的出身和姓氏 ⋯⋯⋯⋯⋯⋯⋯⋯⋯⋯⋯⋯⋯ 64
19. "面如重枣"过不了医学关 ⋯⋯⋯⋯⋯⋯⋯⋯⋯⋯ 66
20. 刘虞与公孙瓒反目成仇的背后 ⋯⋯⋯⋯⋯⋯⋯⋯⋯ 70
21. 街亭之战改变了王平的命运 ⋯⋯⋯⋯⋯⋯⋯⋯⋯⋯ 74

22. "桃园三结义"的由来 …… 78
23. 甘露寺与吴国太 …… 83
24. 扑朔迷离的孙夫人 …… 88
25. 伤脑筋的貂蝉 …… 96
26. 王朗岂是被骂死 …… 101
27. 蒋干并非专误事 …… 104
28. 张飞是有艺术才华的 …… 109
29. 此刘岱非彼刘岱 …… 111
30. 与关羽相伴的周仓 …… 114
31. 廖化凭何作先锋 …… 117
32. 马超本是不孝子 …… 123
33. 罗贯中的几大谜团 …… 128

品人录

34. 黄忠的"老" …… 133
35. 张飞的"胡" …… 136
36. 张飞的"细" …… 139
37. 趣人张飞 …… 143
38. 关羽的骄横 …… 147
39. 赵云的远见卓识 …… 151
40. 超一流的武将——赵云 …… 153
41. 赵云的矫情 …… 156
42. 庞统的"狂" …… 160
43. 徐庶的前世今生 …… 163
44. 无耻的张松 …… 167
45. "大老虎"李严 …… 173
46. 杀妻的刘安 …… 176
47. 诸葛亮的一家子 …… 178

48. 高瞻远瞩的司马徽 …………………………… 181

49. 曹魏第一名将张辽 …………………………… 185

50. "说客"张辽 …………………………………… 189

51. "古之恶来"典韦 ……………………………… 192

52. "虎痴"许褚 …………………………………… 195

53. 是非功过说于禁 ……………………………… 200

54. 陈宫与曹操的恩怨 …………………………… 204

55. "卧底"陈登 …………………………………… 208

56. 贾诩的几个为什么 …………………………… 212

57. 许攸的悲剧 …………………………………… 216

58. "贪色"的曹操 ………………………………… 220

59. 辛宪英的睿智 ………………………………… 223

60. 干政的吴国太 ………………………………… 226

61. 暗藏祸心的孙坚 ……………………………… 229

62. 少年英雄孙策 ………………………………… 233

63. 周瑜与诸葛亮的较量 ………………………… 236

64. 周瑜的"智" ………………………………… 240

65. 清醒与迷糊的鲁肃 …………………………… 245

66. 诸葛恪的"智"与"愚" …………………… 250

67. "女丈夫"徐氏 ……………………………… 252

68. 汉献帝的兴国梦 ……………………………… 254

69. 王允的执着 …………………………………… 259

70. "三姓家奴"吕布 …………………………… 263

71. 吕布的生存之道 ……………………………… 266

72. 袁术的"皇帝瘾" …………………………… 270

品事录

1. "三顾茅庐"与"毛遂自荐"辨析

刘备"三顾茅庐"请诸葛亮出山的故事，可谓家喻户晓、老少皆知，这可以算作是罗贯中的功劳。他用了洋洋洒洒六千多字的篇幅来描绘这段被誉为千古佳话的故事，写得一波三折、精彩纷呈、意境深远，令人难以忘怀。

罗贯中描述的这个"三顾茅庐"故事出自诸葛亮自己的说法。诸葛亮曾在建兴五年（公元227年）三月出师北伐之前向后主刘禅上过一篇《出师表》，其中诸葛亮提到："臣本布衣，躬耕于南阳，苟全性命于乱世，不求闻达于诸侯。先帝不以臣卑鄙，猥自枉屈，三顾臣于草庐之中，咨臣以当世之事，由是感激，遂许先帝以驱驰。"写得一清二楚，是刘备"三顾茅庐"才把自己给请出来的。很明显，西晋史学家陈寿在撰写《三国志》的时候就采用了《出师表》中"三顾茅庐"的说法。陈寿《三国志·诸葛亮传》载："由是先主遂诣亮，凡三往，乃见。"这就是正史当中的记载，也就是"三顾茅庐说"。

不过在比陈寿更早的史家著作之中却有一种截然不同的说法，也叫作"毛遂自荐说"。据三国时期魏人鱼豢所撰《魏略》记载：曹操统一中国北方以后，荆州成为众矢之的，直接面临曹操、孙权这两方面的军事威胁，荆州牧刘表又缺乏应对之策。被曹操赶出中原地区的刘备此时驻扎在樊城，引起了诸葛亮的注意。为了使荆州免受战火的蹂躏，诸葛亮亲赴樊城去找刘备。见面的时候刘备正在会客，刘备见诸葛亮非常年轻，又素不相识，也没把诸葛亮放在眼里，把他晾在一边。等到会客结束，只剩下诸葛亮一人的时候，刘备还是不理不睬。正好有人送来了一支牦牛尾，刘备只顾自己用牦牛尾结毦。诸葛亮见此情景，不禁正色而言道："我以为将军必定胸怀大志，想不到原来却只知道结毦而已。"这才把刘备的注意力集中到自己的身上。经过一番交谈，刘备发现眼前的年轻人的确与众不同，是一位难得的人才，便把诸葛

● "三顾茅庐"与"毛遂自荐"辨析

亮留为己用。这就是最早的"毛遂自荐说"的版本。除《魏略》一书之外，后来西晋司马彪在其著作《九州春秋》中也提到了内容差不多的故事。

这样一来就出现了两个不同的说法，哪一个是正确的呢？最早提出意见的是南北朝的裴松之。裴松之把《魏略》和《九州春秋》中的这种说法放入自己为《三国志》作的注中。不过裴松之在完成了这个资料的收集后，也发表了自己的观点："臣松之以为亮表云'先帝不以臣卑鄙，猥自枉屈，三顾臣于草庐之中，咨臣以当世之事'，则非亮先诣备，明矣。虽闻见异辞，各生彼此，然乖背至是，亦良为可怪。"

显然裴松之是赞同"三顾茅庐说"的。

近几百年来，关于"三顾茅庐说"和"毛遂自荐说"的争论又重新被热议起来。就这个问题争论的相关范围越来越广，说法也越来越多样化。针对这些争论，笔者想谈谈自己的看法。

首先，"三顾茅庐说"出自诸葛亮的《出师表》，载于陈寿的《三国志》。

作者陈寿的个人经历决定了他比《魏略》的作者鱼豢及《九州春秋》的作者司马彪更有权威性,这是"三顾茅庐说"的最大优势。

其次,"三顾茅庐说"在《三国志·诸葛亮传》中可以找到一个最关键的佐证:诸葛亮的《出师表》。有人怀疑《出师表》中的说法是诸葛亮为了抬高自己身价编造出来的。这种说法欠妥。首先,编故事要看在什么时间、什么场合。《出师表》是诸葛亮上奏给后主刘禅的一份官方文件,上奏的时间距离"三顾茅庐"也就二十年,诸葛亮上《出师表》之时,虽然刘备已死,但很多同刘备、诸葛亮一起从荆州到益州的大臣都在,编出这个瞎话是自取其辱,与诸葛亮的性格不符。"毛遂自荐"的说法未能成为主流观点,最大原因就出在这里。

第三,"毛遂自荐说"认为,诸葛亮不可能等着刘备来"三顾"。这种观点的主要意见有两个,一是认为诸葛亮一定会出山;二是诸葛亮出山就一定会找刘备。其实这两个理由都不能成立。首先,诸葛亮想出山,他可以去找刘表,他和刘表原本就沾亲带故;也可以去找孙权,哥哥诸葛瑾在江东很受重用。之所以诸葛亮没有去找这二人,是因为他们的性格和理念与诸葛亮有很大差异。诸葛亮看不上刘表,因为刘表只知闭关自守,不符合诸葛亮的政治理想;诸葛亮不选择孙权,是因为孙权"能贤亮而不能尽亮"。诸葛亮需要的是完全发挥所长,在孙权手下做不到这点。因此诸葛亮选择了隐居。诸葛亮出山是有很多先决条件的。如果这些条件得不到满足,诸葛亮很有可能会在隆中隐居一辈子。其次,诸葛亮也不见得一定要去找刘备。虽然刘备的声望很高,但是刘备的政治声誉很差。且刘备在荆州数年时间,诸葛亮可以选择在任何时间去找刘备,为什么一定要等到刘备在荆州寄寓的最后一年才去找他呢?或许正是因为诸葛亮对刘备的性格特点和政治理念不是完全了解,导致了他高卧隆中。直到刘备"三顾茅庐",诸葛亮才完全了解刘备,认定刘备是自己可以终生为之奋斗的明君,这才答应跟随刘备。

第四,认为诸葛亮不会那么大的架子要刘备"三顾"。这个观点其实忽略了一个最简单的假设:如果诸葛亮前两次真的不在呢?这种观点似乎有点搞错方向。似乎是受了《三国演义》的影响。因为小说中把"三顾茅庐"安排在了两年中,但在历史中并没有这样的记载。

第五,认为"毛遂自荐说"与"三顾茅庐说"都是历史真实。这种观点也是经不起推敲的。这种观点是建立在同时承认《魏略》及《三国志·诸葛亮传》的基础上,而恰恰是这两种记载的并存证明这种观点是错误的。按照《魏略》的说法,诸葛亮登门自荐,刘备发现了诸葛亮的才能。《魏略》中说:"备由此知亮有英略,乃以上客礼之。"虽然不能证明刘备经过这次谈话就把诸葛亮留在自己身边,但也能够证明刘备对诸葛亮表现出了强烈的招纳意识,那么就不可能出现《三国志·诸葛亮传》中徐庶推荐诸葛亮时候说的"此人可就见,不可屈致也"之类的话。因为诸葛亮去见已经是"屈致"了。另外,诸葛亮如果知道刘备的意图,就不可能要等刘备"三顾",否则就真成了摆架子。

笔者认为:无论这三种观点中的任何一点属于历史真实,都对诸葛亮的历史地位没有丝毫影响。之所以产生诸多不同的理解和看法,反映出对历史人物、历史事件真相的一种探索精神。较之目前社会风气的一种浮躁,这种探索精神是非常值得提倡的。

2. 诸葛亮的"锦囊妙计"

"锦囊妙计"这个词,国人耳熟能详,出自《三国演义》,说的是诸葛亮的神机妙算。在小说中,诸葛亮使用"锦囊妙计"一共也就三次。

第一次是在第五十四回及五十五回。当时刘备趁曹操赤壁之战失利,大肆扩充地盘,先后占领荆州数郡,引起东吴的警惕。为限制刘备势力,鲁肃奉命向刘备讨还荆州,但遭到拒绝。东吴大都督周瑜向孙权献计:趁刘备的夫人病故,用孙权的妹妹孙仁为诱饵,将刘备骗到南徐,幽囚在狱中。但是,这个诡计被诸葛亮识破。诸葛亮将计就计,让刘备择日迎亲,派赵云前去保护,并给了赵云三个锦囊,让赵云依计而行。结果,刘备一行人按照锦囊中

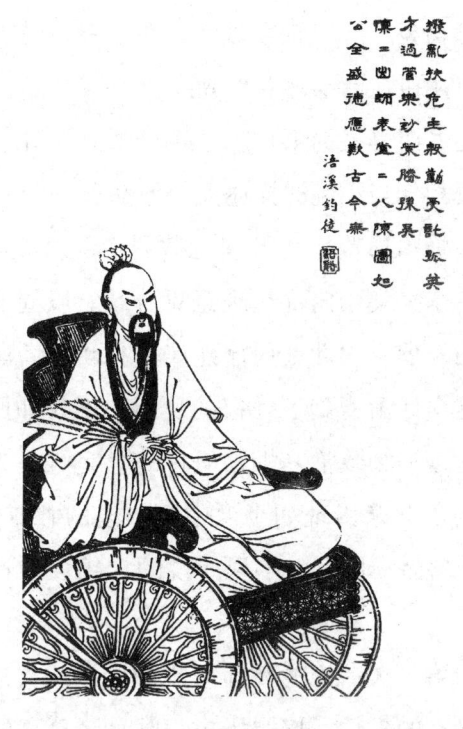

●诸葛亮的"锦囊妙计"

的妙计,私会乔国老,智激孙夫人,其后再气周公瑾,使得东吴赔了夫人又折兵。

第二次是在第九十九回。诸葛亮大战司马懿,派魏延、王平迎击魏军先锋张郃。诸葛亮又给姜维、廖化一个锦囊,让两人引三千精兵,偃旗息鼓,埋伏在前山之上,如见魏兵围住王平和张嶷、十分危急之时,开锦囊看视,自有解危之策。结果,姜维、廖化按"锦囊妙计"的安排,不救被魏军围困的王平、张嶷,而是奇袭司马懿大营,造成魏军阵脚大乱。张嶷等人趁机大败魏兵,杀得魏军"死者极多,遗弃马匹器械无数"。

第三次在第一百零四回,诸葛亮临终前给了杨仪一个锦囊,并对他说:"我死,魏延必反;待其反时,汝与临阵,方开此囊。那时自有斩魏延之人也。"后来魏延果真造反,杨仪则用此计,魏延被马岱杀死。作者在这里还用了一首诗来称赞诸葛亮:"诸葛先机识魏延,已知日后反西川。锦囊遗计人难料,却见成功在马前。"

不得不承认,诸葛亮三次"锦囊妙计"的效果非常神奇。然而,在历史上诸葛亮到底有没有用过"锦囊妙计"呢?

按照小说的描述,诸葛亮的第一次"锦囊妙计"出现的时间是在孙刘结亲的时候。历史的真相却与小说的描述大相径庭。

据《三国志》《资治通鉴》等资料记载:赤壁之战以后,面对刘备势力在荆州的急剧扩张,东吴集团内部出现意见分歧。以周瑜为首的强硬派认为应该限制刘备集团的发展。因此,周瑜建议孙权将刘备骗到江东,用美女玩好迷惑刘备。不过这个计策遭到了孙权的反对。不仅如此,孙权还主动将妹妹嫁给刘备。虽然这是一场政治联姻,但目的也完全是为了维护孙刘联盟的稳定。双方结亲期间也并未出现如小说中所描述的甘露寺之类的惊险场面,而是一团和气,其乐融融。因此,小说所说的"锦囊妙计"只不过是一个虚构的情节而已。

小说中诸葛亮的第二次"锦囊妙计"出现在诸葛亮北伐时期。这个故事在历史上也是子虚乌有的事情。按照历史记载,诸葛亮的这次北伐是他第三次出兵。在这场战役中,诸葛亮面对的主要对手是曹魏的雍州刺史郭淮。不是小说所说的司马懿。因此,这次的"锦囊妙计"也就成了另外的一个虚构故事。

小说中的第三次"锦囊妙计"是在诸葛亮临终之时。这个"锦囊妙计"在历史上也找不到任何记载。而且,历史上魏延事件的真相并不是谋反,而是因政见不和而引起的一场内讧。诸葛亮对于魏延的态度与小说中所描述的区别很大。魏延和杨仪同为诸葛亮器重的人物,但相互关系不睦,为此诸葛亮非常头痛,一直试图化解和弥补双方之间的矛盾。不过事与愿违,在诸葛亮死后,杨仪与魏延的矛盾爆发,并成为蜀汉政权内部一次血淋淋的权力争斗。最终结果是杨仪笑到了最后,魏延死于非命。不过,在这场内讧中,根本没有出现什么"锦囊妙计"。这个故事也是罗贯中虚构出来的。

从以上的对照可以得出这样的一个结论:诸葛亮所谓的"锦囊妙计",不过是小说家的虚构而已,在历史上根本没有发生过。

要说发生在东汉三国时期的疑似案例，还真有一个。不过用的不是锦囊，而是木匣。这个事件发生在孙权与曹操争夺合肥时期。据《三国志·张辽传》记载：献帝建安二十年（公元215年），孙权率军进攻合肥。此时镇守合肥的曹军将领分别是张辽、李典和乐进，三人关系一向不睦。如何抵御孙权的进攻呢？当时远在汉中的曹操想了一个办法：给护军薛悌留下了一个木匣。并嘱咐三人在孙权进攻时打开木匣查看。当孙权向合肥发动进攻后，三人打开木匣，里面是曹操简简单单的几个字："若孙权至者，张、李将军出战；乐将军守，护军勿得与战。"结果张辽等人按照曹操的部署，向立足未稳的孙权发动进攻，大败孙权。

这个故事有没有触发罗贯中的创作灵感不得而知。但是这个略显神奇的历史记载很早就被宋、元时期的剧作家及民间艺人们重视并加以改变。只不过故事的主角变成了诸葛亮。元代无名氏杂剧《隔江斗智》中，诸葛亮的"锦囊妙计"终于出现了。

该剧出现的"锦囊妙计"，也正是后来《三国演义》中诸葛亮第一次使用该剧的时段——孙刘招亲期间。故事的情节大致是这样：

刘备在赤壁之战后实力急剧增强，引起周瑜的不满。周瑜与孙权合谋，打算用孙权的妹妹孙安为诱饵，以招亲为名，趁送亲之机引兵夺取荆州。万一该计不成，就让孙安刺杀刘备。这个计策被诸葛亮识破。诸葛亮将计就计，只让孙安的一辆翡鸾车及其随身侍女入城，成功化解了周瑜引兵入城的阴谋，使孙安与刘备顺利拜堂成亲。孙安见刘备器宇轩昂，一见倾心，早把孙权及周瑜订下的刺杀之计抛到九霄云外，与刘备成了一对真夫妻。

周瑜一看此计不成，又想出了另外的一个计策：让孙权邀请刘备夫妻回娘家，打算等刘备来到江东之后将其扣留。不料这个计策又被诸葛亮识破。刘备过江之后，诸葛亮让刘封以送冬衣为名去见刘备，暗中让刘封带上一个锦囊交给刘备，并特意让刘备在酒宴中诈醉，将锦囊故意遗失在孙权面前。孙权拿到锦囊后，看到锦囊中的信上写着：

诸葛亮书奉玄德公座前开拆。自过江东之后，众将各安，勿劳记念。今有曹操为赤壁之恨，点集大兵百万，要来攻取荆州。如书到日，主公且慢回来,等贫道分拨众将,紧守各处关隘,早晚便过江问吴王再借些军马,共拒曹操。一者江东众将,都是旧识;二者孙刘结亲,又添上这一重亲眷,必然无阻。此书勿泄于外。诸葛亮书。

孙权信以为真,以为刘备赖在江东不走的原因是想向自己借兵抗曹。于是,他立即让妹妹孙安收拾行李与刘备一起回到荆州。

等周瑜得到刘备离开的消息派兵追赶,诸葛亮早在接刘备归途中安排重兵保护,不但成功接回了刘备夫妇,还将周瑜狠狠羞辱了一顿。

杂剧中的整个故事,极具创意。从后来《三国演义》的情节设计来看,几乎是在《隔江斗智》基础上进行的改编。

通过以上考证得知,"锦囊妙计"是罗贯中在元代杂剧基础上进行的一次再改编、再创造。当然,在《三国演义》中的"锦囊妙计"比起早期的平话、杂剧来,无论是在故事设计、精彩程度上都要高出很多,显示出罗贯中这位文学巨匠的深厚功力。

不过,这里还是有两个疑问:首先,罗贯中杜撰这个情节的目的是什么?其次,作者的目的达到了吗?

第一个问题很容易回答。这是罗贯中为了塑造诸葛亮这个智慧化身而特意为之的。这样的情节在小说中很多。看看小说中那一幕幕由罗老贯中生杜撰出来的精彩篇章:火烧博望坡、舌战群儒、七星坛祭风、三气周瑜、空城计、这三次"锦囊妙计"等等等等,实在是太多了!篇章的确特别精彩、特别过瘾。

第二个问题就要好好思量一下。

说起来也真的有点奇怪:小说中诸葛亮的这三次"锦囊妙计"能够成功,他凭的是什么?未卜先知?还是对刘备、司马懿、魏延的了解?客观地说,这三次"锦囊妙计"能否成功,就算换了是历史上诸葛亮也不一定拿得准。之所以能成功,我看功劳要算在《三国演义》作者罗贯中的头上。但同时也让人有点望而生疑:如此神化诸葛亮这个人物有什么不妥吗?

鲁迅先生在《中国小说史略·元明传来之讲史》中谈到《三国演义》的时候提到:"(《三国演义》)至于写人,亦颇有失,以致欲显刘备之长厚而似伪，壮诸葛之多智而近妖。"这个批评非常中肯。这的确也是罗先生对诸葛亮形象塑造上的过失：过头了。

首先，这三次"锦囊妙计"存在着一些过分夸张的成分，这个近似神化的渲染，过分突出了诸葛亮在整部作品中的地位；其次，"锦囊妙计"事先秘而不宣，不论是计策的执行者还是中计者，都如同玩偶一般，任其摆布，弱化了其他角色甚至是主要角色的形象，这或许也是中国古典小说作家对于主要正面人物进行塑造和描述时的一种习惯吧。

3. 是诸葛亮害了马谡

说到马谡，很多人觉得他是个纸上谈兵的人物典型，这种人物的结局绝对是比较悲惨的。的确，在陈寿《三国志》中，马谡最终是兵败后被诸葛亮处死（一说下狱后死亡）。马谡为何落得个如此下场？他的死到底说明了什么呢？让我们从相关的史料中进行了解和研究来得出一个比较客观的结论。

马谡，字幼常，是蜀汉重臣马良的弟弟，襄阳郡宜城人氏，兄弟五人皆有才名。刘备占据荆州之时，马谡和其兄马良一起被刘备召为州府从事并随刘备一起入蜀征战，先后担任绵竹令、成都令、越嶲太守。史书上说马谡才气过人，好谈论军事，诸葛亮非常器重其在军事计谋方面的才能，常常引见谈论，从白天直到深夜，并委以重任。虽然先主刘备临终时曾告诉诸葛亮马谡言过其实，不可重用，但诸葛亮一直不以为意。由此可见，诸葛亮对马谡的信任和器重在当时的蜀汉是有目共睹的。

从以上一段记载不难发现：能和诸葛亮这样的中国古代第一智者有共同语言并让诸葛亮对刘备遗言置若罔闻的人物应该是很不简单的，至少具备相当的水平。那么，马谡到底又做过些什么事情让诸葛亮对他信任有加呢？史书只记载了一件事情：诸葛亮南征七擒孟获时，马谡曾献计："南中恃其险

● 是诸葛亮害了马谡

远,不服久矣,虽今日破之,明日复反耳。今公方倾国北伐以事强贼。彼知官势内虚,其叛亦速。若殄尽遗类以除后患,既非仁者之情,且又不可仓卒也。夫用兵之道,攻心为上,攻城为下,心战为上,兵战为下,原公服其心而已。"按现代的话说,马谡提出了正确的民族政策,具有相当高的战略眼光。诸葛亮采用了马谡的主张,"赦孟获以服南方。故终亮之世,南方不敢复反"。从这个角度看,诸葛亮对马谡的信任和器重是有一定道理的。再者,从马谡被杀后"十万之众为之垂涕"这一事实也可以看出马谡在蜀汉军队中具有一定声望。蒋琬也对诸葛亮说:"昔楚杀得臣,然后文公喜可知也。天下未定而戮智计之士,岂不惜乎!"这也代表了蜀汉政府高级官员对马谡的评价。

后主建兴六年(公元228年)诸葛亮一出祁山。当时蜀汉名将魏延、吴壹等人都认为自己将担任先锋一职,而诸葛亮不听众议提拔马谡镇守街亭,马谡违背诸葛亮的战前部署,行动失当,最终被魏军击败,自己因此一命呜呼。

马谡是人才不假,长于军事谋略而疏于现场指挥是不争的事实,兵败被杀也是罪有应得,但他的死究竟是由谁造成的呢?

答案是:马谡的死是诸葛亮造成的。简单地说,诸葛亮没有掌握人才的局限性和使用人才的方向性,拔苗助长,害得马谡丢了性命。

诸葛亮看好马谡,认为他是人才并委以重任,这并没有错。诸葛亮的错误在于没有看清楚马谡这个人才并非是文武全才,有着很明显的局限性。担任绵竹、成都令,越嶲太守之类地方行政长官也许很在行;担任帐前参军,出谋划策也许眼光独到,但未必就能阵前杀敌,攻营拔寨。在对马谡的培养上,诸葛亮"每引见谈论,自昼达夜",反复观察;在重视程度上,诸葛亮用人不疑。可问题偏偏就在使用上,忽略了取其长处,或者说是根本没有发现马谡的不足。《宋史》曰:"人才难得,能否不一。"人才是难得的,但各有长短。一名优秀的管理者就应该看到这些长短之处,把合适的人放到合适的位置上。显然在这方面,诸葛亮做得不好,把马谡这个人才用错了地方。为了让马谡这个很少或者从来没有上过战场披坚执锐、攻城拔寨的心腹尽快成长,得到锻炼,立下战功而服众,错误地派马谡亲临前线镇守街亭,希望其能凯旋,以事实证明自己的决定和判断的正确性。很显然,诸葛亮对马谡的认识和了解是不全面的。以至于到最后事与愿违,不得不挥泪斩马谡。诸葛亮的眼泪与其说是为自己最信任的部下犯错、没有达到自己愿望流下的,还不如说是终于意识到因为自己对马谡的认识不够、使用不当而痛心疾首:是自己害了马谡!

4. 东风不是借来的

《三国演义》中有个听着过瘾、看着神奇、想着疑惑的情节：借东风。这个故事出现在小说第四十九回。先不讨论这个故事所引发的种种话题，单看当时的场景，就已经是非常震撼了。

场景一：环境布置。"军士取东南方赤土筑坛。方圆二十四丈，每一层高三尺，共是九尺。下一层插二十八宿旗：东方七面青旗，按角、亢、氐、房、心、尾、箕，布苍龙之形；北方七面皂旗，按斗、牛、女、虚、危、室、壁，作玄武之势；西方七面白旗，按奎、娄、胃、昴、毕、觜、参，踞白虎之威；南方七面红旗，按井、鬼、柳、星、张、翼、轸，成朱雀之状。第二层周围黄旗六十四面，按六十四卦，分八位而立。上一层用四人，各人戴束发冠，穿皂罗袍，凤衣博带，朱履方裾。前左立一人，手执长竿，竿尖上用鸡羽为葆。以招风信；前右立一人，手执长竿，竿上系七星号带，以表风色；后左立一人，捧宝剑；后右立一人，捧香炉。坛下二十四人，各持旌旗、宝盖、大戟、长戈、黄钺、白旄、朱幡、皂纛，环绕四面。"

场景二：主角装扮。"（诸葛亮）沐浴斋戒，身披道衣，跣足散发。"

场景三：现场纪律。"不许擅离方位。不许交头接耳。不许失口乱言。不许失惊打怪，如违令者斩。"

场景四：主要角色。诸葛亮、一百二十名守坛将士。

场景四：主角表现。"（诸葛亮）缓步登坛，观瞻方位已定，焚香于炉，注水于盂，仰天暗祝。"

场景五：故事结果。"将近三更时分，忽听风声响，旗幡转动。瑜出帐看时，旗脚竟飘西北。霎时间东南风大起。"

这个故事自《三国演义》广泛流传之后所引发出来的其他故事就更多

●东风不是借来的

了。首先,它的出现给我国地方戏曲带来了一个吸引观众的经典剧目。无论是京剧、赣剧、滇剧、徽剧、豫剧、婺剧、川剧、秦腔、广东汉剧中,都有与"借东风"相关的专门剧目;其次,"借东风"也变成了一个数百年来被反复使用的流行词汇,时至今日,这个词仍然风靡全国。此外,"借东风"也成了评论家们争论不休的一个话题。有的说"借东风"是迷信,既不合情又不合理,也有人认为"借东风"是小说中经典的篇章之一,凸显了诸葛亮的智慧。这些争论一直持续到今日。

既然"借东风"这个故事造成了如此之大的影响,人们自然要问:这可能吗?历史上真的发生过"诸葛亮借东风"的故事吗?这个故事究竟从何而来?

这里可以先负责任地告诉大家:东风肯定不是诸葛亮借来的,"诸葛亮借东风"的故事完全是艺术虚构。

品事录　15

据《三国志》等历史资料记载，曹操率军进攻荆州之后，荆州牧刘表病死，次子刘琮投降。刘备向南撤退，在当阳长坂地区被曹军精锐的虎豹骑打得大败。幸好此时东吴使者鲁肃来到当阳，与刘备商议共同对抗曹操。为了尽快达成联合，刘备派诸葛亮前往江东拜会孙权。面对共同的敌人，双方迅速取得一致，以东吴军队为主在赤壁地区与曹操展开大战，这就是历史上著名的赤壁大战。在这场战争中，诸葛亮充当的角色不过是刘备的使者，主要负责代表刘备与孙权取得联系。用现在的话说，诸葛亮充其量不过是个联络参谋。等到目的达成之后，诸葛亮便返回了刘备的大本营——夏口。在赤壁大战的过程中，诸葛亮并没有参与具体的兵力部署和前线作战，自然也就谈不上去东吴"借东风"了。这段史实也就证明了"借东风"与诸葛亮一点关系都没有。

不过，有一点是历史的事实：曹操大军在赤壁之战的失败确与风向有关。据《三国志·周瑜传》记载：周瑜与曹操在赤壁决战之前，周瑜部将黄盖针对曹军船舰首尾相接的弱点，提出了火攻的策略，这个意见被周瑜采纳。决战当日，黄盖亲自率领蒙冲斗舰数十艘，装满木柴干草，浇上油脂，并在外面蒙上帷幕，上面再插上军旗，以投降的名义向曹军水上大营进发。曹操不明真相，被黄盖火烧赤壁。《三国志·周瑜传》中说："时风盛猛，悉延烧岸上营落。顷之，烟炎张天，人马烧溺死者甚众。"这就说明当时是风借火势、火借风威，将曹军杀得大败。这个故事其实也就是后来的"火烧赤壁"了。什么风向呢？《三国志·周瑜传》中没有交代。但是在该传注引《江表传》中却有明确记载："时东南风……火烈风猛，往船如箭，飞埃绝烂，烧尽北船，延及岸边营柴。"这个注引告诉后人，风向是东南风。从以上的两个记载中可以证明，曹操的失败确与当时风向有着密切的关系。看来，当年气候反常，往年的西北风变成了如今的东南风，这就让熟悉长江气候特点的东吴水军将领给利用上了。这个借并不是像《三国演义》里诸葛亮那样仰天暗祝给求来的，而是借助的意思。因此，关于这个历史典故与诸葛亮是没有任何牵连的。

既然这个东风不是诸葛亮求来的，那又怎么与诸葛亮扯上关系呢？从现存的资料看，即便是在数百年后的唐代，唐代大诗人杜牧的著名诗句"东风不与周郎便，铜雀春深锁二乔"中，也只是强调了东风给孙刘联军带来的有利客观条件，并没有提及诸葛亮。在唐代尚未出现所谓的"诸葛亮借东风"的故事雏形。北宋年间文人墨客的诗词中，也未找到东风与诸葛亮之间的联系。北宋词人苏东坡著名的《赤壁怀古》中，将赤壁之战的功劳都划在了周瑜名下，与诸葛亮没有丝毫关系。查阅现存宋代民间讲史说话艺术资料可以发现，虽然"说三分"在宋代非常盛行，民间艺人们创作出了大量的三国故事，但并没有出现关于"诸葛亮借东风"的记载。因此，诸葛亮和"借东风"扯上关系最早也就只能是在宋末元初。

在元代集民间三国故事之大全的名作《三国志平话》中，"诸葛亮借东风"的故事终于出现。几乎在与此同时，另一种流传于元代的戏曲表演形式——元曲风靡华夏，元曲中也出现了"诸葛亮借东风"的剧目。

《三国志平话》中，"诸葛亮借东风"的故事比较完整，但情节比较粗糙，也比较荒诞。虽然平话中已经将火攻曹军的提出者由历史上的黄盖改成了诸葛亮和周瑜，但之后却编造出了诸葛亮自吹自擂说自己是自古以来三位祭风者之一的荒诞说辞，让读者感觉非常离奇、怪异。之后诸葛亮是"披着黄衣，披头跣足，左手提剑，叩牙作法，其风大发"，这才将东风借来，协助周瑜大破曹军。这里的诸葛亮不仅是一个智慧的化身，简直是一个神仙。之后出现的王仲文所撰《七星坛诸葛祭风》杂剧故事情节与平话大体相似。都是说诸葛亮在七星坛作法，借来东南大风，助周瑜完成了火烧曹营打败曹军，取得赤壁之战的胜利。

从《三国演义》的描述看，显然作者受到了平话和杂剧的巨大影响，并在此基础上进行了加工和改编，才使得故事更加完整。同时也由于罗贯中的妙笔，让这个在历史上并未出现的故事变得广为人知并流传了数百年。

《三国演义》中"诸葛亮借东风"的故事到底是否可信，是否合情合理呢？这个问题历来看法不一。有人认为：该故事的封建迷信性很强，既烦琐又神秘，具有很浓厚的巫术色彩，是全书的糟粕所在。这种意见正确吗？笔者在此谈谈自己的看法。笔者认为：之所以会出现以上的说法，主要是源于对《三国演义》的误读。"诸葛亮借东风"的情节其实是合情合理的。

为什么说这里会出现误读呢？因为很多人只将目光盯住了诸葛亮装神弄鬼的"身披道衣，跣足散发"这一表象，却忽略了在这背后作者暗藏的玄机。小说中写道：诸葛亮在与周瑜接触后不久，料到周瑜会加害自己，故此在第四十五回和刘备说过这样一段话："亮虽居虎口，安如泰山。今主公但收拾船只军马候用。以十一月二十甲子日后为期，可令子龙驾小舟来南岸边等候。切勿有误。"这就意味着在到达位于南岸边赵云的小舟之前，诸葛亮就一定要设法躲过周瑜的追杀。所以他才故弄玄虚，要求坛上吴军"不许擅离方位。不许交头接耳。不许失口乱言。不许失惊打怪，如违令者斩"，使得现场的东吴军队动弹不得，这样就保证了自己在七星坛的安全；等到坛上兵士的注意力都集中到东南风的时候，诸葛亮已经悄然离开七星坛，向赵云的小舟转移。周瑜从自己的军营里抽调军队进行追杀时，诸葛亮已经有了足够的时间登上赵云的小船，脱离险境。从这个意义上说，这个情节是合情合理的。

证明诸葛亮提出"借东风"是故弄玄虚的证据还有一个，那就是之前发生的"草船借箭"。读者可能还记得，在诸葛亮成功借箭之后，曾经与鲁肃有一段对话。这一段对话正好可以为后来的借东风起一个真相说明作用。这段对话是这样的：

（鲁）肃曰："先生真神人也！何以知今日如此大雾？"孔明曰："为将而不通天文，不识地利，不知奇门，不晓阴阳，不看阵图，不明兵势，是庸才也。亮于三日前已算定今日有大雾，因此敢任三日之限。公瑾教我十日完办，工匠料物，都不应手，将这一件风流罪过，明白要杀我。我命系于天，公瑾焉能害我哉！"

这里有个关键句子："亮于三日前已算定今日有大雾，因此敢任三日之限。"诸葛亮能够预测出江面会出现大雾，这就说明他对当地的气象变化非常熟悉。既然能预测大雾，自然也就能预测风向变化。只不过为了以最安全的方法摆脱周瑜的追杀，诸葛亮故意装神弄鬼地提出要做一个七星坛，又说自己能做法求风，这一切都是为了尽快地离开周瑜的身边，为安全回到夏口创造有利条件。因此，诸葛亮不得不用"祭风"为名来实施自己的计划。所谓的"祭风",说穿了只不过是诸葛亮摆脱周瑜追杀的障眼法。按照这样的逻辑对"诸葛亮借东风"进行分析,还能说小说中的这个故事不可信、不合情理吗?《三国演义》中迷信的成分确实不少,但拿"诸葛亮借东风"为例,多少有些不妥。

5. 曹操是如何变成花脸奸臣的

鲁迅先生曾经说过:"我们讲到曹操,很容易就联想到《三国志演义》,更而想到戏台上那一位花脸的奸臣……其实曹操是一个有本事的人,至少是一位英雄。"(见《而已集》)的确,曹操在历史上是一位杰出的政治家、军事家。他出生在一个宦官家庭,少有大志,在镇压黄巾起义的战争中崭露头角,并逐步扩大了军事力量,"挟天子以令诸侯",先后打败豪强割据势力袁绍、袁术、吕布等,逐步统一了中国北方。献帝建安十三年(公元208年)他在赤壁之战中被孙刘联军击败,退回北方,同蜀、吴成鼎足之势。曹操在北方屯田、兴修水利,对农业生产起了一定作用;曹操用人唯贤,打破了世族门第观念,罗致地主阶级中下人才,抑制了豪强地主的势力。他还是一位著名诗人,他的诗篇激昂慷慨、悲壮苍凉,深受后人喜爱。

在曹操死后的几百年里,他的形象总体来说是不错的。西晋陈寿在《三国志》中称曹操"非常之人,超世之杰";西晋陆机在《吊魏武帝文》中称曹操"建元功于九有,故举世之所推"。直至宋代之前,曹操的形象仍然比较高大。唐太宗李世民在《吊魏太祖文》中称赞曹操:"以雄武之姿,当艰难之运;栋梁之任当乎曩时,匡正之功异于德代。"在这几百年里,虽然也出现了贬低曹操的种种评价,但不是主流评价。可以说直至唐代末年,曹操无论是在封建统治阶层还是在普通民众的心目中,基本上属于一个正面人物。

曹操形象的根本性转变出现在宋代。苏轼《东坡志林》就提到:"至说三国事,闻刘玄德败,频蹙眉,有出涕者;闻曹操败,即喜即快。"这说明这

●曹操是如何变成花脸奸臣的

一时期曹操的形象已经有了明显变化。理学家朱熹对曹操进行攻击:"只有先主名分正,曹操自是贼。"(《通鉴纲目》)陆游诗中也有"邦命中兴汉,天心大讨曹"的句子。再到后来又逐渐出现了丑化曹操的剧目,这一点在元代的杂剧中最为明显。元代民间艺人的讲史话本《三国志平话》中对于曹操的丑化,更加说明曹操的形象已经被大大贬低。罗贯中最后集大成,他在小说《三国演义》中对于曹操的塑造,更是令曹操的奸臣形象活灵活现,深入人心。

那么,造成这种现象的原因是什么呢?这主要是由于民族矛盾引起的。从宋代到元末的几百年间,汉族屡遭外族的残酷压迫和统治,使得汉族人民不得不奋起反抗,有了"还我河山"的愿望。这种社会现象反映在当时的文艺作品之中,就突出地表现为一些带有明显倾向性作品的出现。而当时的作家又以当时最为流行的三国故事作为题材来体现"人心思汉",把刘备、诸葛亮的蜀汉政权人物当作自己民族的英雄来怀念,而把董卓、曹操之流看成是残暴的统治者而仇恨,加上在历史上曹操也的确有过类似的劣迹,因此,曹操也终于由一个有本事的人、一个英雄变成了一个花脸奸臣了。

其实,在群雄并起诸侯割据的三国时代,为了达到各自的政治目的,刘备、孙权之流又何尝不是致民众之生死于不顾呢?被后世尊为正统的刘备,不是曾经"在广陵,饥饿困踣,吏士大小自相啖食"(见《三国志·先主传》注引《英雄记》)吗?孙氏父子三人,为了达到逐鹿天下的目标,不也是四处征讨,杀人无数吗?袁术、袁绍、刘焉之流,又哪里让人民享受什么好日子,但唯独曹操为千夫所指,岂不怪哉?

曹操曾经写出诸如"白骨露于野,千里无鸡鸣"的诗句,表达对乱世的忧心和民众苦难的悲悯,这不正说明他对于太平生活的渴望吗?当时的历史背景,正如曹操在《让县自明本志令》中所说的:"设使国家无有孤,不知几人称帝,几人称王",而在这样一个改朝换代已毫无悬念的局面下,虽三分天下有其二,曹操却始终保留了汉臣的名分,如此气魄,岂是"奸臣"二字所能涵盖的呢?

6. 倒霉的曹操

在《三国演义》里,最倒霉的人物恐怕要数曹操了,罗贯中根据"拥刘贬曹"倾向的需要,把曹操这个在历史上很有作为的人物,完完全全写成了一个奸雄,多次有意丑化曹操。

《三国志·武帝纪》及其他史料中根本就没有提到曹操杀害吕伯奢。《魏书》曰:"太祖以卓终必覆败,遂不就拜,逃归乡里。从数骑过故人成皋吕伯奢;伯奢不在,其子与宾客共劫太祖,取马及物,太祖手刃击杀数人。"《世语》曰:"太祖过伯奢。伯奢出行,五子皆在,备宾主礼。太祖自以背卓命,疑其图己,手剑夜杀八人而去。"孙盛《杂记》曰:"太祖闻其食器声,以为图己,遂夜杀之。"原本这事情就是一桩疑案。吕伯奢一家到底为何而死

●倒霉的曹操

尚属疑问，吕伯奢本人并没有被杀。等这桩疑案到了罗贯中手里，为表现曹操的狡诈多疑、忘恩负义、嗜杀成性，不但将故事变成了吕家上下好心好意招待曹操，却被曹操杀害，还非要让吕伯奢也成了曹操的刀下鬼，临了还来了一句："宁教我负天下人，休教天下人负我"的名言。

"小斛分粮"的故事原见《三国志·武帝纪》注引《曹瞒传》："（曹操）常讨贼，廪谷不足，私谓主者曰：'如何？'主者曰：'可以小斛以足之。'太祖曰：'善。'后军中言太祖欺众，太祖谓主者曰：'特当借君死以厌众，不然事不解。'乃斩之，取首题徇曰：'行小斛，盗官谷，斩之军门。'"原本是管粮官自己出的馊主意，但在罗贯中笔下，为了说明曹操诡诈阴险，作者又让曹操演出了一场暗中命令管粮官王垕用小斛发军粮，之后用王垕的头来稳定军心的丑剧。

濮阳攻吕布时，曹操打了败仗。《三国志·武帝纪》注引《献帝春秋》

曰:"太祖围濮阳,濮阳大姓田氏为反间,太祖得入城。烧其东门,示无反意。及战,军败。布骑得太祖而不知是,问曰:'曹操何在?'太祖曰:'乘黄马走者是也。'布骑乃释太祖而追黄马者。门火犹盛,太祖突火而出。"本来就够惨的了,可罗贯中还觉得不解气,又加上了"却说曹操见典韦杀出去了,四下里人马截来,不得出南门;再转北门,火光里正撞见吕布挺戟跃马而来。操以手掩面,加鞭纵马竟过。吕布从后拍马赶来,将戟于操盔上一击,问曰:'曹操何在?'操反指曰:'前面骑黄马者是他。'吕布听说,弃了曹操,纵马向前追赶。"非要让曹操再被吕布画戟敲敲脑袋,多受一点罪。

历史上的铜雀台建于献帝建安十五年(公元210年)冬,曹植的《铜雀台赋》(又名《登台赋》)写于献帝建安十七年(公元212年)。赋的全文在《三国志·陈思王传》注引中有据可查。赤壁之战则发生在献帝建安十三年(公元208年),那时还没有铜雀台及《铜雀台赋》,罗贯中偏偏要把它们扯到一起,还硬在《铜雀台赋》中塞进了"揽二桥于东南兮,乐朝夕之与共"两句,用来激怒周瑜,说明曹操好色。最终气得周瑜下定决心抗曹。

曹操兵败赤壁,在《三国志·武帝纪》中是有记载的。文曰:"公至赤壁,与备战,不利。于是大疫,吏士多死者,乃引军还。备遂有荆州、江南诸郡。"到了罗贯中的《三国演义》里,曹操出尽了洋相:火中仓皇逃窜,乌林地、葫芦口及华容道三次大笑,讥讽对手奢谈兵法,次次都落得被对手围追堵截,狼狈不堪。

再如战马超。原本历史上这一仗,曹操打得酣畅淋漓,大获全胜。但罗贯中还是没有放过曹操,又想出了一个新花样来折磨一下曹操:割须弃袍。小说第五十八回言道:"操在乱军中,只听得西凉军大叫:'穿红袍的是曹操!'操就马上急脱下红袍。又听得大叫:'长髯者是曹操!'操惊慌,掣所佩刀断其髯。军中有人将曹操割髯之事,告知马超,超遂令人叫拿:'短髯者是曹操!'操闻知,即扯旗角包颈而逃。"最后罗贯中还用了一首所谓的后人诗羞辱曹操——"潼关战败望风逃,孟德仓皇脱锦袍。剑割髭髯应丧胆,马超声价盖天高",让曹操丑态百出。好在罗贯中还算笔下留情,要不然再加上一句:"穿红裤者是曹操!"那曹操岂不是就要裸奔了?!

历史上的曹操在罗贯中的《三国演义》中虽然变成了一个丑角，但作为艺术形象的曹操则是一个成功的典型，一个性格复杂、有血有肉的乱世奸雄。从这个角度来说，曹操又是幸运的。罗贯中对曹操这一人物形象的塑造是非常完美的。每当罗贯中让曹操倒霉一次，广大读者就为情节的精彩击节叫好一回，赞叹作者的生花妙笔，而这又无损作品中曹操的人物形象。较之于小说中另一主角——诸葛亮的神化、妖化，曹操这个人物形象要可信得多。

7. "孟德献刀"，子虚乌有

"孟德献刀"的故事出现在《三国演义》第四回"废汉帝陈留践位，谋董贼孟德献刀"当中，发生在董卓绞死唐妃、灌杀少帝之后。司徒王允借生日之际与满朝文武在家中小酌。席间王允痛感董卓弄权，异常悲愤，众大臣苦无良策，只得抱头痛哭。这时曹操出现，一个刺杀奸臣董卓的故事由此开始："操曰：'近日操屈身以事卓者，实欲乘间图之耳。今卓颇信操，操因得时近卓。闻司徒有七宝刀一口，愿借与操入相府刺杀之，虽死不恨！'允曰：'孟德果有是心，天下幸甚！'遂亲自酌酒奉操。操沥酒设誓，允随取宝刀与之。操藏刀，饮酒毕，即起身辞别众官而去。众官又坐了一回，亦俱散讫。

"次日，曹操佩着宝刀，来至相府，问：'丞相何在？'从人云：'在小阁中。'操径入。见董卓坐于床上，吕布侍立于侧。卓曰：'孟德来何迟？'操曰：'马羸行迟耳。'卓顾谓布曰：'吾有西凉进来好马，奉先可亲去拣一骑赐与孟德。'布领令而出。操暗忖曰：'此贼合死！'即欲拔刀刺之，惧卓力大，未敢轻动。卓胖大不耐久坐，遂倒身而卧，转面向内。操又思曰：'此贼当休矣！'急掣宝刀在手，恰待要刺，不想董卓仰面看衣镜中，照见曹操在背后拔刀，急回身问曰：'孟德何为？'时吕布已牵马至阁外。操惶遽，乃持刀跪下曰：'操有宝刀一口，献上恩相。'卓接视之，见其刀长尺余，七宝嵌饰，极其锋利，果宝刀也；遂递与吕布收了。操解鞘付布。卓引操出阁看马，

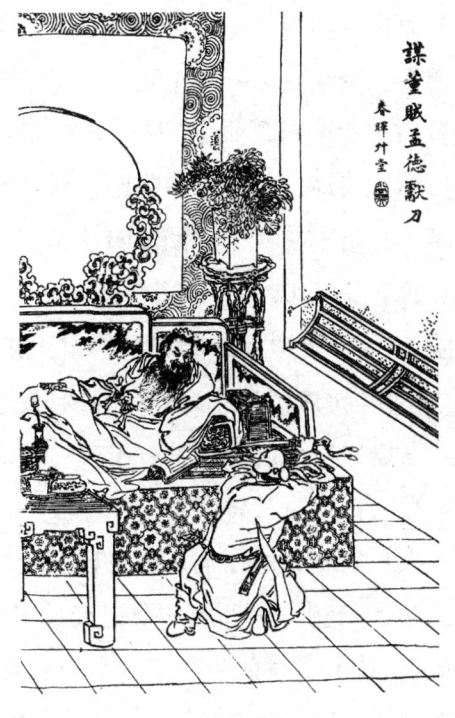

● "孟德献刀",子虚乌有

操谢曰:'愿借试一骑。'卓就教与鞍辔。操牵马出相府,加鞭望东南而去。"

这个故事历来被评论家们认为是曹操勇敢、机智性格的完美体现。那么,这里就引申出两个话题:首先,这个故事是真的吗?其次,应该如何来评价《三国演义》作者对这个故事的设计和安排呢?

首先要说的一点是:"孟德献刀"的故事在历史上是一件子虚乌有的事情。曹操根本就没有刺杀过董卓,也不存在"献刀"之说。

关于曹操在董卓乱政前后的表现,历史记载很清楚。袁绍建议大将军何进招凉州军阀董卓进京时,曹操对这个主意嗤之以鼻。《三国志·武帝纪》注引《魏书》中说:曹操听说何进接受了袁绍的建议招董卓进京后曾经说过:要诛杀宦官也就一个狱吏足矣,何必纷纷召外将?这大张旗鼓的行动,一定会泄露出去,到时候无法取得成功。事情的发展也正如曹操所预料的一样。董卓还没到,大将军何进便身首异处,死于宦官之手。虽然袁绍、袁术等人趁机诛杀宦官，铲除了这个东汉社会的最大毒瘤，但董卓的进京立即使得袁绍、袁术等人的努力化为泡影。董卓进京后，迅速掌握了京城洛阳的军事力量，并开始把持朝政，废少立献。袁绍无奈，只得只身逃离洛阳。身在洛阳的曹操成了董卓极力拉拢的对象。《三国志·武帝纪》中说，董卓表奏曹操为骁骑校尉。曹操不为所动，立即东归陈留，与袁绍等人一起举起了讨董大旗，组成关东联军，开始了长达一年的讨董之战。在曹操离开洛阳之前并没有发生过"献刀"的事情。《魏书》中还特别提到：曹操早在董卓专权之初就已经意识到董卓必定失败，所以才不肯接受董卓授予的职位，逃离洛阳。

由此可见，"孟德献刀"的故事在历史上并没有发生过。不仅如此，后来出现的民间传说、元杂剧、平话之中也没有出现过类似的记载。唯一一个与之相似的故事出现在晋人孙盛的《异同杂语》之中。该故事说的是年轻时期的曹操曾经私自进入大宦官张让的住宅。被张让发现后，曹操挥舞短戟成功越墙而逃。因此，有学者猜测，很可能这个记载成了小说中"孟德献刀"故事的原型，《三国演义》作者很可能是依据这个记载进行加工改造。不过，这个故事与小说中相差太远，证据似有些不足，因此只能存疑。

"孟德献刀"的故事写得如何？历来评论家都认为突出了曹操的性格特征，属于罗贯中的点睛之笔。钟伯敬在该回总评中就曾经提到："曹操谋杀董卓，固是英雄本色。"众所周知，曹操在《三国演义》中是个反面的人物，小说家为了突出"拥刘贬曹"，多次对曹操的历史形象进行了创造、移植和改编，"孟德献刀"一节当属罗贯中的创造之一。对于这样一个小说中的反面人物，小说家的刻画是非常成功的。他并没有对曹操一味贬低，在深刻揭露其"奸"的同时，也充分肯定了曹操的"雄"。有时候为了表现曹操的"雄"，还特意杜撰出一些事件来，"孟德献刀"就是其中一例。很明显，作者的目的是为了体现曹操的机智与勇敢。但是，这样的创造和杜撰是不是成功的呢？笔者认为在"孟德献刀"的情节处理上，小说家的设计出现了明显的漏洞和错误，属于文学巨匠的败笔之一。

首先，作者在故事设计上出现了瑕疵，这个瑕疵主要出现在七宝刀上。既然此刀是王允的家传之物，又被曹操知晓，说明王允的这把刀在当时已经有一定的知名度。那么，为何在曹操行刺失败之后，董卓不顺着七宝刀的线索进行追查，反而对王允依旧予以重用直到自己被王允所杀呢？作者忽略了交代这个问题的下文了。

其次，曹操是去行刺的，并不是去送刀的。那为什么一定拿王允的七宝刀呢？难道是用七宝刀比用自己的兵器顺手？如果一旦行刺失败，岂不是把王允也搭上了？

第三，按照作品中曹操行刺前后的反应，很明显曹操做了全身而退的打算。但因"惧卓力大，未敢轻动""吕布已牵马至阁外"，放弃了刺杀计划。那么，就算曹操把董卓杀了，董府的吕布和侍卫们就会四散奔逃吗？曹操又怎么全身而退呢？这显然不合逻辑。

综上所述，笔者认为：对于《三国演义》这样的文学巨著，我们所持的态度也应该客观而公正，并不能因为作品整体的伟大而忽略其中的瑕疵，任何伟大的作品都会有瑕疵和漏洞，这是不可否认的事实。

8. 刘备之功挂在诸葛账上

如果说《三国演义》前三十六回的主要人物是曹操和刘备，那么从第三十七回开始，诸葛亮就正式取代了前二者成了小说中最为重要的人物。诸葛亮出场时"三顾茅庐"的故事已经成为万人敬仰的美丽传说，为后人所反复称颂；第三十九回出现的"诸葛亮火烧博望坡"又将诸葛亮的形象推向了一个高峰。在情节处理上，小说家对刘、关、张的态度进行了数笔勾勒，就使得情节非常有趣。不但关羽、张飞对于诸葛亮战前的排兵布阵心存疑虑，就连刘备也疑惑不定。而诸葛亮引而不发。直到博望坡之战胜利后，兄弟三人均对孔明的神机妙算赞叹不已。

"火烧博望坡"的故事，在历史上是真是假？

这事还真发生过。不过，历史版本与诸葛亮一点关系都没有。这个故事

●刘备之功挂在诸葛账上

出自《三国志》，故事梗概大致如此：

献帝建安七年（公元202年）年底，曹操派遣大将夏侯惇、李典等人袭扰荆州地区，刘备奉命进行抵御，在博望附近与曹军对峙。交战期间，刘备突然自烧营寨，撤军而去。夏侯惇打算率兵追击，李典认为刘备无缘无故撤退，一定会有埋伏，且刘备撤退的路线地形狭窄，草木茂盛，对追击部队非常不利。但夏侯惇不听劝告，执意进行追击。最后果然中了刘备的埋伏，被刘备击败。

以上就是博望之战的全过程。与《三国演义》中的情节进行比对后发现，有两个地方的差异。首先是时间不对。历史上的博望之战发生在献帝建安七年年底，而诸葛亮出山是在献帝建安十二年，这就否定了小说中诸葛亮指挥博望之战的可能性，这场战斗的实际指挥者是刘备；其次，小说中所谓的"火烧博望坡"实际上只不过是刘备火烧自己营垒，而不是小说中所说的漫山遍野放火。

既然历史上不曾有过"诸葛亮火烧博望坡"的故事，那么，小说中的这个情节又是怎么来的呢？

与小说中很多情节的来源一样，这个故事出自元代的平话、杂剧。只不过这个故事的主人公一开始并不是诸葛亮，而是徐庶。《三国志平话》中"火烧博望坡"的故事是这样的：

许昌路上有曹操使公子曹仁将十万大军，数百员名将，来取樊城、新野。皇叔大惊。张飞笑曰："看先生抵当。"徐庶曰："皇叔放心，吾使曹伯忠片甲不回。"叫赵云，附耳低言，说与一计。邀皇叔往南门曰："此吉地也。"先生披头跣足，用香羹茶饭一盘，祭起旋风。赵云引众军绕城使火箭下射，四面皆火起。曹兵大败，烧死不知其数。曹伯忠无千人逃命而回。

平话中的这个故事非常简单，没有说明故事的发生地是在博望，而且曹军的主将是曹仁。这个故事出现后，就被当时的杂剧作家们所注意了。关汉卿的《关大王独赴单刀会》中也提到了"博望烧屯"。同期有的杂剧作家又将这个故事进行了重新改编，创造出了一个新版的"火烧博望坡"，故事的主角也发生了变化，徐庶被诸葛亮取而代之。元代无名氏的《诸葛亮博望烧屯》中，"火烧博望坡"的故事较为成熟。该剧中的诸葛亮已变成了刘备的军师，主导战事。诸葛亮调兵遣将之时，张飞就带头起哄，认为诸葛亮不会行兵，战斗期间还多次冷嘲热讽。后诸葛亮派赵云诱敌，刘封设伏，糜竺、糜芳兄弟俩火烧曹军，关羽被安排进行水淹，唯独不用张飞。直到刘备说情，诸葛亮才派张飞进行战斗最后的堵截。诸葛亮认为曹军来到张飞的面前时，只剩下残兵败将，并预言张飞抓不住夏侯惇。张飞不信，与诸葛亮立下文状，并与诸葛亮赌头争印。战斗的结果正如诸葛亮所预料的一样。刘备大获全胜，诸将皆来报功，唯独张飞寸功未立，只得向诸葛亮请罪。诸葛亮准备按军法对张飞进行处置，经刘备求情后张飞才免于一死。

"火烧博望坡"的故事被移植到诸葛亮身上，是有一定原因的。《三国志·诸葛亮传》中提到：关羽、张飞"三顾茅庐"请诸葛亮颇有微词。"关羽、张飞等不悦，先主解之曰：'孤之有孔明，犹鱼之有水也。愿诸君勿复言。'羽、飞乃止。"而诸葛亮在加入刘备阵营后，除了在赤壁之战期间前往江东说服孙权联吴抗曹之外,并没有什么大的作为,这就很难满足民间艺人赞颂诸葛亮的愿望。因此,他们也就顾不得历史上原本"火烧博望的功劳"是刘备而非诸葛亮。

元代杂剧、平话中三国故事的大量涌现,对于后来《三国演义》的成书起到了重要的参考作用。这些资料到了罗贯中手中,立刻成为了创作《三国演义》的重要素材。因此,小说中的"火烧博望坡"又变成了另外一番情景。

罗贯中笔下的"诸葛亮火烧博望坡"基本上照搬了《诸葛亮博望烧屯》中的情节,张飞依然是那个在旁嘲笑的角色。虽然他与诸葛亮立下文状,却增加了诸葛亮乞假剑印的细节,使得故事的发展更加合情合理。小说家还删除了杂剧中诸葛亮祭风、关羽水淹等情节,将故事编排得更加精练,真可谓细微之处见功夫。"火烧博望坡"这段情节的作用有两个:第一是突出了诸葛亮的神机妙算,第二也形象地展现出了张飞鲁莽、直率的人物性格。二者相映成趣,相得益彰。

9. 三种"千里走单骑",三种结局

"关云长千里走单骑、过五关斩六将"的故事在中国留传了几百年。我们也都知道这个故事的广泛流传是因为罗贯中的《三国演义》。所谓"千里走单骑",在历史上的确发生过。西晋陈寿所著《三国志·关羽传》中有明确记载:"及(关)羽杀颜良,曹公知其必去,重加赏赐。羽尽封其所赐,拜书告辞,而奔先主于袁军。"不过,小说中出现的"过五关斩六将"并非历史的真实,只不过是小说家的杜撰而已。

首先,小说中"千里走单骑"的路线非常奇怪,按照小说的描述,关羽是从许县出发,一路上闯过了东岭关、洛阳、汜水关、荥阳、滑州,最后渡过黄河。按照实际的地理位置,关羽去找刘备,从许县到黄河渡口的直线距

离仅四百里，一路向南就可抵达。洛阳、荥阳都在许县西北，中间还隔了中岳嵩山。关羽有平路不走，非要绕道洛阳一带，走了一个三角形路线，岂不是舍近求远吗？

其次，小说中被关羽斩杀的孔秀、韩福、孟坦、卞喜、王植、秦琪这六名曹军将领，在历史上并没有记载，这六人是小说作者虚构出来的。如果在关羽逃出许县后真的发生斩杀曹军六将这么大的事情，就算史家不列出死亡将领名单，至少也会在相关人物的传记中提及这一事件。

历史记载中的这个故事比较简单。《三国志·先主传》提到，官渡之战期间，汝南黄巾军余部刘辟投靠袁绍对抗曹操。袁绍派刘备率兵和刘辟等人一起进攻许县附近各县，这时候，关羽也从曹操处逃到了刘备的身边。《三国志·关羽传》对事情经过又做了一个补充：关羽投降曹操后，曹操很佩服关羽的为人，派张辽去打听关羽是否有久留的意思。关羽对张辽直言不讳地说："我知道曹公对我很好，但我深受刘备的大恩，立誓生死与共，不离不弃。我会离开曹公去投奔刘备。不过我会在曹公立下大功后才离开。"之后，关羽在官渡之战中斩杀了袁绍大将颜良，曹操便意识到关羽很快就要离开自己，于是加重了对关羽的赏赐，想以此留住关羽，但关羽不为所动，将赏赐之物悉数退还。临行之前，关羽还留书作别，到袁绍的地盘去投奔刘备。曹操的手下得到关羽离开的消息，纷纷建议曹操派兵追赶。曹操说了一句："各为其主，勿追也。"

从以上的两个记载来看，关羽离开曹营是历史的真实，但他的离开和小说中描述的情节不尽相同。虽然都是留书作别，但是历史上曹操并没有亲自送别，仅仅是命令手下不用追赶，放关羽自由离开，关羽的"千里走单骑"其实是在曹操的默许下完成的，途中并未受到任何阻拦。

综合以上的对比和分析可以得出这样的结论：历史上关羽的"千里走单骑"没有出现意外情况，也不需要关羽过关斩将，更像是一次短途旅行。

如果把关羽这段无惊无险的离去姑且算作是"千里走单骑"的话，那在三国历史上，还有两个也可以称之为"千里走单骑"的故事，比关羽的"千里走单骑"难度更大，体现出来的内涵都比关羽有过之而无不及。首先来介绍第一个。这个故事的主角是蜀汉将领廖化。

据《三国志·廖化传》记载，献帝建安二十四年（公元219年），吕蒙白衣渡江偷袭荆州，关羽兵败而亡。关羽手下将领廖化不得已投降东吴。尽管如此，廖化"身在吴营心在汉"，心系旧主刘备，无时无刻都想找机会回到刘备身边。在长达两年多的时间里，廖化想了各种各样的办法，终于想出了一个匪夷所思的主意：诈死。廖化的精心准备和布置终于骗过了所有人。公元221年，廖化出发向益州逃去。临行前廖化不忍心抛下自己的母亲，母子二人"昼夜西行"，历尽艰辛，终于在秭归同刘备会合。

比之于关羽的"千里走单骑"，廖化的"千里走单骑"除了与关羽共有的"忠义"，还多出了中华民族一向提倡的"孝"，实在是难能可贵。

还有一个"千里走单骑"故事的发生时间是青龙元年（公元233年），不过故事的主角不是一个，而是有四个：秦旦、杜德、黄强、张群，他们都是孙权的臣子。这个历史故事，最初被记录在三国时东吴太史令韦昭的《吴书》之中，后来司马光又把这个故事搬到了《资治通鉴》之中。故事的大意是这样的：

青龙元年（公元233年）初，公孙渊派人向东吴称臣，孙权很高兴，于是在三月派遣太常张弥、执金吾许晏、将军贺达、中郎将万泰、校尉裴潜等人率军万人，携带金银珠宝、奇珍异货，乘船渡海前往辽东，赐封公孙渊为燕王。孙权的举动在东吴内部引发轩然大波。自丞相顾雍以下的满朝大臣都直言相劝，认为此举不妥。东吴老臣张昭更是一针见血地指出：公孙渊图谋背叛曹魏，但又担心曹魏的军事打击，因此才远渡重洋示好江东，原非其本意。一旦公孙渊改变主意，我们派去的庞大使团就会成为其向曹魏献媚的绝佳礼物。这会让天下人耻笑我们这次幼稚的行为！

事态的发展，正如张昭事先所预料的那样。公孙渊认为江东距离辽东太远，难以依靠，便打起了重归曹魏的如意算盘。东吴这支庞大使团也就成了公孙渊向曹魏效忠的礼物。

张弥、许晏到达辽东之后，公孙渊借故不见，引起张弥、许晏等人的怀疑。没等张弥等人离开，公孙渊立即进兵围攻，将张弥、许晏、万泰、裴潜杀死，其余吏兵被俘。公孙渊将被俘吏兵拆散，把秦旦、张群、杜德、黄强等六十人软禁在玄菟准备加害。四人看穿公孙渊的诡计，经过集体商议后，决定鱼死网破。但是事情后来被泄露，秦旦、张群、杜德、黄强翻墙逃出。当时张群膝盖生疮，在逃亡途中病情加重，"不复能前，卧草中，相守悲泣"。为了大家的安全，张群打算将其留下。而杜德却说："万里流离，死生共之，怎么能忍心扔下你不管呢?!"于是秦旦、黄强在前探路，杜德则负责照顾张群，以野菜、山果为生。后来秦旦、杜德到达高句丽国。为了完成归国的心愿，二人灵机一动，宣称是孙权派他们前来"诏于句丽王位宫及其主簿，给言有赐"，但是送来的礼物却被公孙渊给抢了。这位稀里糊涂的高句丽王居然相信了秦旦、杜德，不但派人将身处困境的杜德、张群接回，还"遣皂衣二十五人，送旦等还吴，奉表称臣，贡貂皮千枚，鹖鸡皮十具"。经过了这一番周折，秦旦、张群、杜德、黄强才得以平安返回东吴。当秦旦等人见到孙权以后，不禁"悲喜不能自胜"。孙权被他们的壮举所感动，将四人都提升为校尉。不仅秦旦、张群、杜德、黄强死里逃生，返回了自己的家乡，还促进了民族关系，可谓是"塞翁失马，焉知非福"。

对比这三个"千里走单骑"可以发现最后的这个故事意义更加重大：体现了秦旦、张群、杜德、黄强的随机应变，表现出中华民族所一向倡导的"忠、孝、仁、义"的道德操守。

不过，这三个"千里走单骑"的故事的结局是完全不同的。关羽因为这件事情，被很多作家、戏曲家杜撰改编，大书特书，为后世缅怀颂扬。廖化没有那么好运气。虽为史料所载，却为后人所遗忘，如果不是因为"蜀中无大将，廖化作先锋"的成语，恐怕很多人都不一定知道廖化是谁。而最后的这个"千里走单骑"的故事，虽然更加曲折离奇，跌宕起伏，但后世又有几人记得呢？真希望有编剧、导演能将这个动人的历史故事挖掘出来进行一番加工改造，好让我们能好好地缅怀秦旦、张群、杜德、黄强这四位不远千里、不惧艰辛、排除万难才不至于流落异国的华夏志士。

10. 三种"打督邮"，三种意境

说到"打督邮"，想必大家都非常熟悉。不过，三国时期"打督邮"的故事在一千年来却有着三种不同的版本。从这三种不同的版本中，我们可以看出不同类型作品中在描述历史事件时的构思和想法，也能够从中区分出历史面貌、民间面貌和文学面貌这三种对于历史事件描述方式的区别。

三国时期"打督邮"的故事大致有三个版本。先说一个曹魏方面的，这个故事的主角是满宠。《三国志·满宠传》记载：曹魏名臣满宠在担任高平县令之时，当地人张苞是郡里的督邮。此人平时贪污受贿，大发横财。他又用这些贪污来的金银贿赂上司，找到了自己的保护伞，在高平县中横行霸道、鱼肉乡里，引起了极大的民愤。但是，由于张苞的后台太硬，谁也拿他没有办法。作为高平县的父母官，满宠目睹了张苞的种种恶行，对其深恶痛绝，下定决心为民除害。

一日，满宠得知张苞回到高平，立即带着吏卒冲进了张家将其抓获，对张苞进行审讯，历数了张苞所犯下的种种罪行。在大量证据面前，张苞无法抵赖，只得当庭认罪。一个谁也惹不起的贪官就这样栽倒在满宠的手里。

这个版本是《三国演义》中"怒鞭督邮"的原型吗？不是，因为"怒鞭督邮"的历史记载除了满宠之外，在汉末还有一位，主角竟然是《三国演义》中素以仁厚见长的刘备。这个记载分别见于《三国志·先主传》及其注引《典略》中。陈寿的《三国志·先主传》记载：

> 灵帝末，黄巾起，州郡各举义兵，先主率其属从校尉邹靖讨黄巾贼有功，除安喜尉。督邮以公事到县，先主求谒，不通，直入缚督邮，杖二百，解绶系其颈着马柳，弃官亡命。

鱼豢的《典略》中对这一事件有一个较为详细的记载：

> 其后州郡被诏书，其有军功为长吏者，当沙汰之，备疑在遣中。督

●三种"打督邮",三种意境

邮至县,当遣备,备素知之。闻督邮在传舍,备欲求见督邮,督邮称疾不肯见备,备恨之,因还治,将吏卒更诣传舍,突入门,言"我被府君密教收督邮"。遂就床缚之,将出到界,自解其绶以系督邮颈,缚之著树,鞭杖百余下,欲杀之。督邮求哀,乃释去之。

虽然陈寿在撰写《三国志》的时候参考了鱼豢的《典略》,但对于刘备"打督邮"这一历史事件,陈寿在自己尚未弄清来龙去脉之前,只是简单地将其记录在《三国志·先主传》中而没有指出缘由。作为严谨的史学家的态度略见一斑。

如果说陈寿对于"打督邮"的记载体现出的是严谨的话,这段历史材料到了后来的民间艺人手里就变成了另外一副模样,充分展现出民间艺人们的独特思维。元代《三国志平话》就体现出这一特点。首先,民间艺人们觉得"打督邮"的故事如果按照史实放在刘备身上的话,不符合作为以仁义著称的刘备形象,而放在已经被他们认定的莽汉张飞身上更加合适,所以干脆就来了一个张冠李戴。《三国志平话》的故事设计是这样：

  朝廷发下使命督邮，姓崔名廉，御史台走马，前至定州馆驿内安下。大小众官来见使命，问使命有何公事。督邮曰："为杀了本处太守，以此差我来问您众官人每，这里有县尉么？""县尉在门外，不敢便来见。"使命随叫县尉。

  县尉引兵三百余人，内有关、张，左右随尉二十三人，来见使命。使命曰："你是县尉？"刘备曰然。使命曰："杀了太守是你么？"刘备曰："太守在后堂中，明有灯烛，上宿者三五十人，杀太守二十余人，灯下走脱者，须认得是刘备。那不是刘备。"督邮怒曰："往日叚主让被你弟张飞打了两个大牙，是你来！今日圣旨差我来问你杀太守之贼。前者参州违限，本合断罪，看众官面，不曾断你。因此挟仇，杀了太守。你休分说！"喝左右人拿下者。

  傍有关、张大怒，各带刀走上厅来，唬众官各皆奔走，将使命拿住，剥了衣服。被张飞扶刘备交椅上坐，于厅前系马桩上将使命绑缚。张飞鞭督邮边胸，打了一百大棒，身死，分尸六段，将头吊在北门，将脚吊在四隅角上。有刘备、关、张众将军兵，都往太山落草。

痛快吧！活脱脱的江湖好汉、草莽英雄！

  民间艺人可不管你历史上是怎么回事，怎么痛快就怎么说。你也不能说它不好。估计当时在市井街坊讲述这个"打督邮"故事时，听众们一定是掌声雷动，叫好不止，已经全然忘记了历史上"打督邮"的故事是发生在刘备的身上，也就更不会去理会最后刘、关、张三人去落草为寇的结局是不是符合刘备的性格。不过，这个故事的漏洞也是很明显的。首先，这个故事太过血腥，将张飞变成了一个连女人都杀的强盗。崔廉虽然罪有应得，但是其最后的结局是分尸六段，将头吊在北门，将脚吊在四隅角上，这样的描述实在让听众和读者反胃。其次，故事的结尾也出现了很大问题，刘备居然和张飞等人一起前往太山落草，由汉室宗亲变成绿林好汉，这种处理虽然很痛快，但把《三国志平话》中就已经开始着力打造的刘备形象越描越黑。因此，这样的失误也只能出现在《三国志平话》之类的作品之中。

如何把正史记载中的刘备"怒鞭督邮"的故事用在自己的作品中呢？按照《三国志平话》中的描述显然是不行的。因此，罗贯中采用了一个巧妙的移植。把《三国志平话》中所做出的最重大改变——"张飞怒鞭督邮"保留了下来，同时对故事的前因后果又重新进行了一番描述，创作出一个更加精彩而又合理的打督邮：

> 却说张飞饮了数杯闷酒，乘马从馆驿前过，见五六十个老人，皆在门前痛哭。飞问其故，众老人答曰："督邮逼勒县吏，欲害刘公；我等皆来苦告，不得放入，反遭把门人赶打！"张飞大怒，睁圆环眼，咬碎钢牙，滚鞍下马，径入馆驿，把门人哪里阻挡得住，直奔后堂，见督邮正坐厅上，将县吏绑倒在地。飞大喝："害民贼！认得我么？"督邮未及开言，早被张飞揪住头发，扯出馆驿，直到县前马桩上缚住；攀下柳条，去督邮两腿上着力鞭打，一连打折柳条十数枝。玄德正纳闷间，听得县前喧闹，问左右，答曰："张将军绑一人在县前痛打。"玄德忙去观之，见绑缚者乃督邮也。玄德惊问其故。飞曰："此等害民贼，不打死等甚！"督邮告曰："玄德公救我性命！"玄德终是仁慈的人，急喝张飞住手。傍边转过关公来，曰："兄长建许多大功，仅得县尉，今反被督邮侮辱。吾思枳棘丛中，非栖鸾凤之所；不如杀督邮，弃官归乡，别图远大之计。"玄德乃取印绶，挂于督邮之颈，责之曰："据汝害民，本当杀却；今姑饶汝命。吾缴还印绶，从此去矣。"督邮归告定州太守，太守申文省府，差人捕捉。玄德、关、张三人往代州投刘恢。恢见玄德乃汉室宗亲，留匿在家不题。

在《三国演义》中，"打督邮"的还是张飞，但是没有了《三国志平话》中"鞭督邮边胸，打了一百大棒，身死，分尸六段，将头吊在北门，将脚吊在四隅角上"的血淋淋场面，又删除了刘备与关羽、张飞一起落草为寇的不合理情节。从故事的编排到对人物的描述及合理性比《三国志平话》更加精细。

我们仔细比较一下《三国志》《三国志平话》《三国演义》这三部作品关于这个故事描述的区别。《三国志》所体现出的是史学家严谨和简略的历史面貌；《三国志平话》则体现出民间艺人的随心所欲、天马行空的民间面貌；而《三国演义》却又让我们看到了文学家那种取之于历史、改之于传说、用之于作品的文学面貌。三种描述，真是各显风采、各尽其妙，三种"打督邮"，体现出来了三种意境，可谓妙哉！

11. 吕布诛董卓的背后

东汉末年，董卓乱政。司徒王允联合吕布，最终除掉了董卓。王允想杀董卓是很容易理解的，他和他所代表的士大夫集团早就对董卓的倒行逆施不满，处心积虑，一直在等待机会铲除董卓。而吕布和董卓的情况却与王允截然不同。吕布和董卓"誓为父子"，在董卓的一手栽培下成为中郎将、都亭侯，仕途可谓一帆风顺。为什么在这个时候会听从王允的摆布而放弃大好的前程呢？难道真的是因为董卓"尝小失意，拔手戟掷布"及"与卓侍婢私通，恐事发觉"这两件事情就与董卓反目成仇并把董卓杀了吗？

要回答这个问题，应当从三个方面来考虑：吕布投靠了董卓以后与董卓的关系到底怎样？丁原被杀后吕布与丁原的旧部关系相处得怎样？究竟为什么吕布把董卓杀了？我们逐一进行分析。

吕布和董卓的关系

首先是吕布和董卓的关系问题。在这一点上，正史、野史的记载大体一致——关系密切。《三国志·吕布传》说："卓以布为骑都尉，甚爱信之，誓为父子。"《后汉书·吕布传》说："卓以布为骑都尉，誓为父子，甚爱信之。稍迁至中郎将，封都亭侯。"由此观之，似乎确实不错。不过，在史料记载中还有一段记载容易被忽略。《三国志·吕布传》《后汉书·吕布传》和《资治通鉴》等正史都记载："然卓性刚而褊，忿不思难，尝小失意，拔手戟掷布。布拳捷避之，为卓顾谢，卓意亦解。由是阴怨卓。卓常使布守中合，布与卓

霸业成时为帝王不成
且作富家郎谁知
天意各私曲郁
坞方成已灭亡
辛酉

●吕布诛董卓的背后

侍婢私通，恐事发觉，心不自安。"

另外，在《太平御览》卷五五注引《典略》提到"董卓虽亲爱吕布，然时醉则骂，以刀剑击之，不中而后止。"

这个记载很容易让人理解为：董卓有误在前、吕布怀恨在后，纯属个人恩怨。但笔者认为恰恰是这个资料证明吕布与董卓的关系有了重大转变，不应该单纯地理解为董卓"性刚而褊"。

"布便弓马，膂力过人，号为飞将"，这是时人对吕布的看法，而且吕布手下还拥有一干丁原旧部，这就自然而然会形成一个以吕布为首的并州小集团。董卓对吕布"迁至中郎将，封都亭侯"，并且"誓为父子"，带有很强的政治意图：安抚和利用这个以吕布为首的并州小集团为自己卖命。等到董卓地位巩固、外部威胁减少以后，对吕布的态度有所改变也是一件正常的事情，另外，吕布在后来投靠袁绍寄人篱下的时候还会发生"将士钞掠"的情况，说明吕布对部下的管制不严，极有可能此时已经发生过类似事件，引起了董

品事录　39

卓的不满，加之其他的矛盾，导致董卓"拔手戟掷布"，这也是非常有可能的。此推测之一。

吕布在董卓身边做了什么，有两条很明显：

> 卓自以遇人无礼，恐人谋己，行止常以布自卫。

> 卓常使布守中合，布与卓侍婢私通，恐事发觉，心不自安。

这两个记载在《三国志·吕布传》《后汉书·吕布传》《资治通鉴》中都可以看到。这说明什么？说明吕布已经从"飞将"变成了董卓的保镖。此时吕布手下还有众多并州兵马，驰骋疆场才是吕布的特长，董卓的举动是什么意图呢？有人认为是对吕布的信任，笔者认为不尽然。与其说这是对吕布的信任，还不如说这是董卓加强对吕布控制的一种手段，变相切断了吕布和自己部下的联系，以便直接加强对并州兵士的控制，把吕布控制在自己的身边，就等于把整个并州军队牢牢地抓在手里。此推测二。

从以上的两个推测分析，吕布和董卓的关系属于相互利用。在这种前提的影响下，两人的关系随时会因为一些外来因素的影响而发生改变，也就注定这种关系非常不稳固。

吕布及手下的发展

以上分析了第一个问题：吕布和董卓的关系。如果说这种推测证据不足的话，我们可以通过第二个问题——丁原被杀后吕布与其旧部的关系进行判断。从史料分析，吕布和其手下的并州官兵在董卓的阵营中是非常受排挤的，而且矛盾比较激烈。（参见方诗铭先生《三国人物散论》）

董卓手下对吕布有明显的敌视情绪。虽然不能将责任直接归咎于董卓的指使，但其手下的态度会直接影响吕布及并州兵士对董卓的态度，双方的矛盾也会不断加剧。另外从《三国志·董卓传》中"初，卓女婿中郎将牛辅典兵别屯陕，分遣校尉李傕、郭汜、张济略陈留、颍川诸县"的记载分析，董卓对吕布并不放心，所以把吕布牢牢地控制在自己的身边，根本不让吕布有在外屯兵的机会。

吕布和董卓的较量

那么，既然矛盾和敌视都存在，董卓为什么还要继续使用吕布呢？笔者认为这是董卓的判断出了问题：没有预见到吕布会有如此强烈的反应。造成董卓判断失误的主要原因并不是董卓对吕布这个武夫不了解。在董卓看来，吕布所拥有的一切都是自己赐予的。吕布乃一介武夫，政治头脑差，就算对自己有什么不满，都不会闹到刀兵相间的地步。前期事态的发展与董卓的预料几乎一致。董卓没有想到的是自己信任的司徒王允一直心怀叵测。司徒王允的出现，使得矛盾陡然升级、愈演愈烈，终于酿成了吕布联合王允的结果，这才是董卓最大的失策。

王允与吕布是同乡，平时关系比较密切。《三国志·吕布传》载："先是，司徒王允以布州里壮健，厚接纳之。"对于吕布的处境，王允非常清楚，所以他才会有针对性地说服吕布。此时的吕布心情郁闷，投诉无门，找到王允这个同乡自然满心欢喜。在与王允的谈话又了解到朝廷官员对董卓的不满，摸清了王允的态度，自然也就不吐不快，同王允成了同盟，最终干掉了董卓。当然，吕布倒没有王允那种忧国忧民的情操，他所担心的只是自己的生存，这时候他还是想到了与董卓的关系，所以才假惺惺地问王允："奈如父子何！"王允很给吕布面子："君自姓吕，本非骨肉。今忧死不暇，何谓父子？"王允给了吕布一个下台阶，又把问题的本质说了出来，吕布就更加不会犹豫了。从《后汉书·董卓传》中"驰赍赦书，以令宫陛内外。士卒皆称万岁，百姓歌舞于道。长安中士女卖其珠玉衣装市酒肉相庆者，填满衢肆"的记载可以看出，这一次杀董卓也的确是造福于民，有功于社稷，值得大书一笔。吕布立了大功，虽然他没有那么高的政治觉悟，也总算是做了一件好事。

12. 吕布杀丁原的另外两种可能

吕布杀害丁原投靠董卓，是一件臭名昭著的历史事件，不但是吕布"轻

●吕布杀丁原的另外两种可能

狡反复,唯利是视"(见陈寿《三国志·吕布传》)的开始,也成为文学作品和民间传说中吕布"三姓家奴"恶名的成因。

本文无意为吕布翻案。只是想通过一些历史记载来分析这个历史事件发生的另外一些可能性。

吕布(公元？—198年),五原郡九原人,早年因为骁勇在并州官府当差。并州刺史丁原担任骑都尉屯兵河内郡时期,吕布被任命为主簿,这是史料记载中吕布所担任的第一个较为高级的职位。这个职务对吕布来说显得比较有趣。主簿是东汉三国时期中央和州郡长官所属属官,其职为主管文书,协助处理事务,是个文职。而我们从吕布一生骁勇善战、缺乏政治头脑的表现来看,这个职务似乎专业不对口,在这个岗位上吕布能发挥多大的能力尚属疑问。《三国志·吕布传》注引《英雄记》中是这样介绍丁原的:"原字建阳。本出自寒家,为人粗略,有武勇,善骑射。为南县吏,受使不辞难,有警急，追寇虏，辄在其前。裁知书，少有吏用。"从这段记载看，丁原基本上属一介武夫，能否做到知人善任也是一个疑问。虽然《三国志·吕布传》说丁原对吕布"大见亲侍"（《后汉书·吕布传》中亦云"甚见亲侍"），但吕布态度如何值得怀疑。但不管怎么说，吕布迈入仕途不久，就算对丁原有点什么不满，也不会过早表露出来，因此，笔者提出第一个疑问：吕布对于丁原的"大见亲侍"感恩戴德吗？会不会存在这样的一种可能性：因为丁原没有重用吕布而导致吕布不满，最终在董卓的利诱之下杀害丁原呢？

献帝中平六年（公元189年）董卓乱政。为消灭异己，董卓指使吕布把时任执金吾的丁原杀死，开始控制朝政，造成天下大乱的局面。董卓用了什么手段离间了原本关系亲密的丁原、吕布呢？陈寿的解释非常含糊。《三国志·董卓传》中说："卓又使吕布杀执金吾丁原，并其众。"在《三国志·吕布传》中也只是说："卓以布见信于原，诱布令杀原。"到后来南北朝范晔大概也没有相关资料作为佐证，因此在《后汉书·吕布传》也只能跟随陈寿的说法，写上了"董卓诱布杀原而并其兵"。宋代司马光在《资治通鉴》中也只能是说："卓又阴使丁原部曲司马五原吕布杀原而并其众，卓兵于是大盛。"既然在正史中没有直接说明吕布诛杀丁原的直接原因，我们不妨通过这些正史和野史的记载中了解一下当时复杂的历史背景，寻找出一个大致的答案。

董卓接到大将军何进的命令赶至途中时，洛阳形势已非常混乱。何进遇刺、宦官被杀、少帝及陈留王刘协仓皇出逃。董卓是第一个找到少帝及陈留王刘协并把他们带回洛阳的。此时的董卓是赫赫有名的封疆大吏、朝廷重臣。此次勤王有功，自然备受关注和推崇。面对洛阳的混乱局面（当时进京的部队共有八支之多），董卓展示了自己非凡的应变能力。《九州春秋》中就记载了这样一个故事：

> 卓初入洛阳，步骑不过三千，自嫌兵少，不为远近所服；率四五日，辄夜遣兵出四城门，明日陈旌鼓而入，宣言云"西兵复入至洛中"。人不觉，谓卓兵不可胜数。

董卓这个举动非常高明。虽然他暗藏祸心，但对稳定洛阳的局势却起到了决定性作用。结果如何呢？何进、何苗的部下纷纷投靠董卓，丁原所率领的并州军队也随着吕布一起投靠了董卓。从表面上看，此时的董卓有功于社稷，并得到了部分朝廷官员的拥护。

丁原被杀，固然有当时复杂背景的因素，同时也有丁原自己在这场混乱中的态度有关。于涛所著《三国前传——汉末群雄天子梦》中提到：

> 丁原、董卓，他们与袁绍之间也存在着联系，这则秘密后来由公孙瓒揭示出来。那是在公孙瓒与袁绍交恶的时候，公孙瓒向天下公布了十宗罪……袁绍犯下的第一宗罪就是："何氏辅政，绍专为邪媚，不能举直，至令丁原焚烧孟津，招来董卓，造为乱根，由此可见。"由此可见，丁原、董卓的行动事实上是要听命于袁绍的指挥。

由此可见，无论丁原还是袁绍，都是促成董卓进京的关键人物。只不过当时两人都没有察觉出董卓巨大的政治野心。董卓进京之后，杀死丁原，等于除去了这支听命于袁绍的军队。同时，董卓又掌握了驻扎京城的何进、何苗所部，实力大增。

如此错综复杂的局面，让吕布做出一个正确的选择，真是难为了这个以武力见长而头脑拙劣的吕布，他的想法未必有袁绍、曹操等人那么清晰。更何况连大将军何进的部下都投靠了董卓，部分公卿也支持董卓。以笔者之臆断：在吕布的心中，董卓很可能成为正义的代表，而丁原这个上司也就成为叛逆，被董卓唆使去杀害丁原，自然变成了义举，属于弃暗投明。通过这次刺杀行动，吕布也获得了明显的利益：受到董卓的重视，加官晋爵，掌握了丁原的旧部。

总之，吕布的行为不论出自任何目的，都是非常时期的非常之举。同时也避免了京城洛阳再次陷入战火之中。因此，他的行为或许存在这样的可能性：这是吕布为顺应复杂局面以自保而采取的选择。

13. 从关公斩华雄说起

关羽的神勇，在罗贯中的《三国演义》中被表现得淋漓尽致。有人做过统计，小说中关羽一共同二十七位有名有姓的将领交手，其中有十六人死在关羽的青龙偃月刀之下。在被关羽杀掉的十六人中，既有蔡阳、孟坦、管亥、荀正、韩福、孔秀、卞喜、王植、秦琪、杨龄、夏侯存、成何、程远志这样的一般将领，也有如华雄、颜良、文丑这样的名将。这样的战绩在《三国演义》中可谓首屈一指。尤其是关羽"温酒斩华雄"和"飞马杀颜良"的细节描写，更是精彩。在此，我们不妨先来重温一下。

首先是"温酒斩华雄"。当时，关东联军与董卓手下的大将华雄交锋。先锋孙坚大败而归。之后华雄用长竿挑着孙坚的赤帻，引兵来到联军寨前大骂挑战。袁绍先后派出俞涉、潘凤与华雄交手，很快就被华雄给杀了。正当袁绍等人束手无策之时，关羽出现了。关羽自愿出战华雄。但当袁绍等人得知关羽仅仅是一个小小县令手下的一名马弓手时，袁术不屑一顾，命令手下将关羽打出大帐，幸亏曹操及时制止。之后，一个精彩的场面出现了：

关公曰："如不胜，请斩某头。"操教酾热酒一杯，与关公饮了上马。关公曰："酒且斟下，某去便来。"出帐提刀，飞身上马。众诸侯听得关外鼓声大振，喊声大举，如天摧地塌，岳撼山崩，众皆失惊。正欲探听，鸾铃响处，马到中军，云长提华雄之头，掷于地上。其酒尚温。

再来看看另外的一个情节：斩颜良。这个情节出现在官渡之战时期。当时袁绍手下的头号大将颜良对曹军对阵。颜良连杀曹军宋宪、魏续两将，又打败徐晃，使得曹军士气受挫。这时，关羽又及时出现了：

关公举目一望，谓操曰："吾观颜良，如插标卖首耳！"操曰："未可轻视。"关公起身曰："某虽不才，愿去万军中取其首级，来献丞相。"张辽曰："军中无戏言，云长不可忽也。"关公奋然上马，倒提青龙刀，跑下山来，凤目圆睁，蚕眉直竖，直冲彼阵。河北军如波开浪裂，关公径奔颜良。颜良正在麾盖下，见关公冲来，方欲问时，关公赤兔马快，早已跑到面前；颜良措手不及，被云长手起一刀，刺于马下。忽地下马，割了颜良首级，拴于马项之下，飞身上马，提刀出阵，如入无人之境。

这两个情节可谓脍炙人口，均被誉为是《三国演义》中艺术成就较高的篇章。不但引来无数评论家们的高度评价，而且通过各种表演形式被搬上了舞台、荧屏、荧幕，成为广大观众耳熟能详的经典片段。

关羽的这张成绩单在《三国演义》中可谓风光无限，但是在真实的历史当中，这张成绩单的水分实在是太多了，这十六个人中，有十五个与关羽毫无关系。

首先来说说华雄。历史上关于华雄的记载很少，而且他的姓名和职位都存在一定的争议。现在为人所知的华雄一名见于《三国志·孙破虏传》，他的职务是董卓手下的都督。而在近人卢弼所撰《三国志集解》中，引用了清人潘眉的一段注释，认为华雄真名应为叶雄，职务也不是都督，而是都尉。潘眉指出："《广韵》二九叶引《吴志·孙坚传》：'有（董卓）都尉叶雄。'知宋本如此，今本误。"不过，这个说法也只是一家之言，到目前为止没有一个明确的结论。因此，到底是都督华雄还是都尉叶雄还是一个谜。

历史上华雄的经历和《三国演义》中有一点是相同的。他的确是董卓手下的一员大将，参与了与关东联军之间的战斗，最后死在联军将领的手中。不过，其过程却与小说有着很大的不同。《三国志·孙破虏传》中是这样介绍的：

关东联军对董卓发生直接冲突之后，身为董卓军中都督的华雄被董卓调往两军阵前。对华雄对阵的是长沙太守孙坚。华雄最后是死在孙坚的手里，死亡的地点是在阳人地区。而此时的关羽连是否参加过讨董之战都是一个疑问，杀华雄的事情自然与他没有任何牵连。

小说中被关羽杀死的另外一位名将是袁绍军中的大将文丑。这个人物在历史上的确存在。《三国志·武帝纪》中记载：颜良被杀后，袁绍军队在延津一带与曹军再次爆发激战。袁绍军队领军的将领就是文丑。当时曹操设下了诱敌之计，故意将马匹、辎重丢弃在道路的两旁，诱使袁军抢夺造成阵势混乱。曹操趁乱出击，打败袁军斩杀了文丑。这一仗的参战将领是徐晃，和关羽也没有丝毫的瓜葛。

至于小说中提到的孟坦、韩福、孔秀、卞喜、王植、秦琪、程远志、成何、夏侯存、荀正这十人，翻阅相关历史文献，均查无此人，可以断定是《三国演义》作者罗贯中杜撰出来的人物，因此在关羽的成绩单中也应该删除掉。

小说中被关羽所杀的管亥，历史上确有其人。据《三国志》及《后汉书》等史料记载，管亥是汉末黄巾军的将领，曾与孔融、太史慈等人在北海交锋过，但之后便再无踪迹，自然与关羽也没有关系。

减掉了以上这十五位，小说中的那份名单上就只剩下了颜良一人。这个人倒真是被关羽所杀的。不过，关羽杀死颜良的历史记载又爆出了另外一个秘密。先来看看《三国志·关羽传》的记载：

（袁）绍遣大将军颜良攻东郡太守刘延于白马，曹公使张辽及羽为先锋击之。羽望见良麾盖，策马刺良于万众之中，斩其首还，绍诸将莫能当者，遂解白马围。

看来关羽斩杀颜良的故事是真的了。不过，史学家陈寿在此用的是个"刺"字，也就说明了关羽使用的兵器并非像大刀那样的劈砍式武器，而更像是如戟、矛之类的直刺式兵器。另外，在三国时代还没有出现像青龙偃月刀一样的长柄大刀。这种偃月刀出现在唐、宋时期，主要是用来操练，以示威武雄壮，并非实战使用。因此，关羽那口著名的青龙偃月刀也是小说家杜撰出来的。

这里要说明一下，为什么关羽的兵器会变成青龙偃月刀呢？唐人郎君胄《壮缪侯庙别友人》一诗中有这样的句子："将军秉天姿，义勇冠今昔。走马百战场，一剑万人敌。"宋人黄茂才《武安王赞》曰："气盖世，勇而强。万众中，刺颜良。"宋无名氏《武成王庙从祀赞》曰："剑气凌云，实曰虎臣。勇加一国，敌号万人。"这说明至少在宋代之前，关羽使用的兵器还是剑、矛、戟一类与史实接近的直刺式兵器。到了元代，关羽用刀的说法开始在不同作品中出现。元人郝经《重建庙记》曰:"跃马斩将万众中,侯印赐金还自封。横刀拜书去曹公,千古凛凛国士风。"在元杂剧中,关羽也是用刀。在《三国志平话》中,关羽也是用刀参加"三英战吕布"的:

  第三日,吕布又搦战,众诸侯出寨,与吕布对阵。张飞出马持枪。张飞与吕布交战二十合,不分胜败。关公忿怒,纵马轮刀,二将战吕布。先主不忍,使双股剑,三骑战吕布,大败走,西北上虎牢关。

  从这些资料分析,关羽使用的兵器从矛(戟)至剑,最后在刀上正式定型了。目前还不清楚青龙偃月刀之说是不是《三国演义》首创,但通过《三国演义》,青龙偃月刀和关羽已经是合二为一、密不可分。

  这样一考证的结果就比较有趣了,不但小说中关羽的成绩单中所列的十六个死于青龙偃月刀下的将领仅有一人属实,连关羽的青龙偃月刀都变成了假的。这就随之而来了另外两个问题:为什么罗贯中让安排了这十五个"冤魂"死在关羽手下呢?为什么罗贯中一定要让关羽用上青龙偃月刀而不是别的兵器呢?

  第一个问题很容易回答:作者如此安排是为了突出关羽神勇的英雄形象。历史上的关羽虽然没有小说中描述的如此具体的神勇事例,但也是一位著名的勇将。《三国志》的作者陈寿就评论道:"关羽、张飞皆称万人之敌,为世虎臣。"曹操手下谋士刘晔也称关羽"勇冠三军";东吴名将周瑜亦赞关羽为"熊虎之将"。这些例子都说明在汉末三国时期,关羽已经成为勇将的代名词。

  至于第二个问题:为什么罗贯中一定要让关羽用上青龙偃月刀而不是别的兵器呢?笔者认为从《三国演义》中可以做出一个大概分析。围绕这把青龙偃月刀,作者设计了很多精彩情节:刀挑锦袍、单刀赴会、失刀夺刀,这把青龙偃月刀在小说中出现的时间比关羽还要长。正如丘振声先生所言:"在中国古典文艺里极讲究人物手里的玩意儿。别看是一刀一枪,它们往往成为人物性格的鲜明标志……这种人和物的和谐统一的传统手法,是我国古代优秀作家的艺人们在长期艺术实践中逐步摸索出来的,今天仍有借鉴的意义。"(见《三国演义纵横谈》)

14. 关公并未战长沙

徜徉长沙市及所属县区，能看到很多与三国有关的遗址，听到很多相关的三国故事。这时候自然而然会想起著名的"关公战长沙"。这个故事流传了几百年，在罗贯中小说《三国演义》及诸如《善化县志》之类地方志中都有介绍，想必长沙人更是耳熟能详了。

围绕着"关公战长沙"这个故事和相关的名胜遗址，我们不妨沿着时光的隧道回到过去，来探索、搜寻历史给我们留下的点点滴滴。

历史真相的回顾

翻开西晋史学家陈寿的《三国志》和宋代司马光的《资治通鉴》及其他一些相关历史典籍，再来看看"关公战长沙"这个故事，一定会大吃一惊，没准还会惊呼一声：历史上怎么没有呀？我们又上当了！

是的，历史上根本就没有"关公战长沙"。而且历史上的刘备夺取荆州四郡也没有文学作品中那么复杂。现在让我们根据这些历史典籍的记载对这个所谓的"关公战长沙"做一个大致的了解。

献帝建安十三年（公元208年），曹操在赤壁之战中被孙刘联军打败。刘备随即向荆州地区大肆扩张。他推举荆州牧刘表的儿子刘琦为荆州刺史，利用刘家在荆州的影响力取得荆州大部分地区官吏、豪强地主、百姓的支持。同时，刘备亲自率军南征武陵、桂阳、零陵和长沙四郡，以武力威胁。在刘备强大的政治、军事压力面前，以上四郡先后投降。为团结这些刘家旧部，除桂阳太守换成了赵云以外，包括长沙太守韩玄在内的三郡太守均是官居原职（也就是说，韩玄并未被杀），并未做出调整。此时的黄忠尽管身处长沙郡，但并不是与小说中所言的韩玄在一起，而是同刘表的从子刘磐一起镇守攸县。听到太守韩玄投降的消息后，黄忠也归顺了刘备，属于主动投降，期

●关公并未战长沙

间也没有发生与刘备军队冲突。至于关羽的行踪,史书中没有交代,有没有来过长沙尚未可知,看来这个"关公战长沙"基本上是子虚乌有的(此外,还有一个证据可以证明关羽与黄忠并未交锋过。这个记载出自《三国志·费诗传》。刘备自立为汉中王后,拜黄忠为后将军。关羽听说之后勃然大怒,表示"大丈夫终不与老兵同列"。"老兵"是贬义词,指的是黄忠。如果关羽和黄忠果真在长沙惺惺相惜,那他是不会这样当着费诗的面辱骂黄忠的)。倒是另外一个名人——诸葛亮肯定来过。刘备在平定四郡后,任命诸葛亮担任军师中郎将,他督桂阳、零陵和长沙三郡,征收赋税,供军政费用。这种后勤事务需要诸葛亮经常在长沙等地现场办公。

　　通过以上历史事件的解读,我们更多的是看到了刘备(或许这里也有诸葛亮的一份功劳)的审时度势和雄才大略。至于黄忠,在这里充其量也不过是个小配角,而关羽有没有到过长沙还是个未知数。由此观之,那些名胜遗址着实有点莫名其妙了。

早期创造的痕迹

"关公战长沙"的这个故事,前面已经证明是虚构的。那么,这个故事是怎么出现的呢?故事的雏形大概历史较为久远。元杂剧《走凤雏庞掠四郡》和讲史话本《三国志平话》中已经有了"关公战黄忠"的内容。这里选取《三国志平话》来做一个介绍:

太守金族引军出马,与孔明对阵。金族使一将出马。军师大惊。统曰:"此鄂郡人也,姓黄名忠,字汉升。"军师使魏延相杀。二日不分胜败。使张飞对阵,与黄忠斗到十合,又不分胜败。黄忠言曰:"吾只识云长,岂识张飞!"魏延前后十日不能收金陵郡。军师言曰:"黄忠乃将材也。皇叔不能降这汉?"使一人入荆州,令关将引五千军从荆州来。众官接入寨。无三日,关将与黄忠斗中,不见输赢。军师问庞统,言曰:"前者说四郡时,庞统言曰,曾与黄忠道话。黄忠言:'吾乃江南一贼,金族与我恩厚。若金族在,当杀身而报;倘若金族死,然后择其主而佐。'"诸葛言:"得黄忠也。"无三日,武侯与黄忠对阵。武侯诈败。金族赶落阵,行数里,复把金族拦住。武侯四马车,车内坐军师,倒身,弩箭皆出,射杀金族。军师班军入寨。无三日,黄忠来报仇。庞统说黄忠,不肯纳降。黄忠言曰:"我有一病,您误然杀我主公,我须报仇,岂有纳降者!"与张飞交马,斗到百合,不分胜败。又使魏延出马,二将合并黄忠。忠威武转加。军师言曰:"老贼忒逞不睹事,当斩黄忠!"四骑马交战,见一道血起,一将落马。

却说黄忠马失,轮刀步战三将。关公言曰:"此乃大丈夫也,世上皆无!"军师高叫:"三将停马!"武侯美言说黄忠,降了汉。黄忠把金族埋殡了毕。军师班军入荆州见皇叔。皇叔看三将:为首者是庞统,皇叔言:"贤人也。"又看魏延,"贤德也。"言:"不若吾弟关公。"又看第三将是黄忠老将。

应该说这个故事还是比较有创意的。原因何在呢?无论是诸葛亮、庞统,还是关羽、张飞、黄忠、魏延,虽然在刘备集团居功至伟,但在刘备南征四郡的过程中都毫无闪光点，这引起了后世艺人和剧作家们的关注。他们认为可以利用这段巨大的空白对这些英雄人物进行塑造，从而创作出了《走凤雏庞掠四郡》和《三国志平话》中的"关公战长沙"的故事。这些故事，不但填补了历史的空白，也为之后的《三国演义》的创造提供了思路。这些艺人和剧作家对于《三国演义》这部伟大文学作品的贡献实在是功不可没。

不过，这些创造是相当粗糙的，有一些明显的漏洞和缺陷。首先是把黄忠的上司搞错了，原本是韩玄，这里却变成了金族；其次，地点也错误地成了金陵而非长沙；为了突出黄忠，不惜让关羽、张飞、魏延都做了陪衬，这也是有缺陷的。因此，这种早期创造还需要进一步修改和完善。

罗贯中的成就和失误

要不怎么说罗贯中是一代文学巨匠呢。这一段粗糙的早期创造故事到了他的手上，马上就变了一副模样。无论是过程还是结果都是皆大欢喜：黄忠去了他该去的地方——长沙，关羽也做了他应该做的事情——义释黄忠。英雄相见，惺惺相惜，旗鼓相当。一个不斩，一个不射，实在令人羡慕。既突出了关羽，又照顾了黄忠，相得益彰，两全其美。

不过，罗贯中还是犯了两个小错误，让后世的读者和评论家们诟病不已。一是关羽和黄忠的关系。既然在"关公战长沙"中两人如此的惜英雄重英雄，后来关羽又怎么可能骂黄忠是"黄忠何等人，敢与吾同列？大丈夫终不与老卒为伍"呢？其二就是魏延的反骨了。虽然说这是罗贯中有意而为，但是实在有点荒诞。

看看，文学巨匠也会出错，有意无意之间露出了一点毛病。不过这也难怪。人无完人！要不然怎么会有那么多的读者、评论家说长道短、著书立说来进行批评呢？这也算是罗贯中给后人的一点"贡献"吧！

浪漫而实用的再创作

如果说历史学家们、评论家们要做的是还历史的本来面目、对文学作品进行评论分析，那么民间艺人们则是根据历史记载及文学作品中的留白进行再加工和再创作。《三国演义》成书之后，民间艺人们觉得还是没有达到自己心目中的要求，于是衍生出一种完全按照自己意愿再创作的思路，因此后来又出现了很多关于"关公战长沙"的故事。他们不会理会那些条条框框，怎么讲能够吸引听众那就怎么创作吧！所以到后来的"关公战长沙"的故事越来越浪漫，越来越动听，并一代一代流传了下来，一些相关的名胜遗迹也逐渐出现，这也反映出广大人民群众对英雄的一种怀念和热爱。当地的官吏和士绅乐于出现这样的传说和遗迹，这对提高长沙的知名度、拓展旅游市场有好处。于是在《善化县志》及一些地方志中便有意把这些民间传说加以吸收，变成了一种官方记载。于是乎长沙及其所属县区也就出现了那么多关于"关公战长沙"的浪漫民间传说并广为流传。那些相关的名胜遗迹也变得引人注目，成为人们凭吊关羽、黄忠这些三国英雄们的驻足之处了！

15. 谈谈关羽失荆州

看过《三国演义》的读者对关羽失荆州这个话题绝不会感到陌生，年轻时看《三国演义》，每每读到这里，总是感到无比痛惜。以后看了《三国志》等史书之后，对关羽以及关羽失荆州，才有了更深的了解。那么，历史上的关羽失荆州究竟是怎样一个过程，其中又有哪些值得思考的地方呢？

关羽围攻襄阳、樊城的目的和时间

我们都知道，关羽是在包围樊城后被吕蒙从背后偷袭，结果痛失荆州的。那么，关羽为什么会尽遣主力去围攻樊城，而使得后方空虚呢？

对于关羽围攻襄阳、樊城，有人认为这是为了配合刘备在西线军事行动，以荆州的军事行动来减轻刘备在汉中的压力。事实果真是这样吗？

刘备斩杀夏侯渊并夺取汉中的时间是在献帝建安二十四年（公元219年）春正月。虽然在夏侯渊战败之前曹操亲率大军已经出发，但直到三月，曹操

●谈谈关羽失荆州

才赶到阳平关一带。结果还是迟来一步,被刘备依险拒守。五月,曹操被迫退兵,刘备终于控制了汉中地区。这年秋天,刘备"于沔阳设坛场,陈兵列众",受拜为汉中王,封赏诸将,汉寿亭侯关羽就是在这时被拜为前将军、假节钺。

接下来我们再看看关羽进攻襄阳、樊城是在什么时间。

《三国志·武帝纪》载:"秋七月,以夫人卞氏为王后。遣于禁助曹仁击关羽。八月,汉水溢,灌禁军,军没,羽获禁,遂围仁。使徐晃救之。"这就是说,曹操是在献帝建安二十四年秋七月才派于禁南下,八月间发生了"水淹七军"之事,结果于禁被俘,曹仁被关羽围困在樊城。

既然刘备在这年夏天就已经稳稳地占据了汉中,那么关羽为什么在秋天仍然发动这么大规模的攻势呢?是不是关羽的军事行动跟刘备的军事行动之间毫无关系呢?关羽与曹仁的战斗究竟是何时打响的呢?

关于关羽对曹仁作战的早期情况,特别是在"水淹七军"之前的战争情况,史书的上记载并不详细,不论是投入的兵力,还是战斗时间等都难以找到明确的记载,但我们还是能从《三国志·吕蒙传》中找到一点线索。

《三国志·吕蒙传》中有这样一段文字:

> 后羽讨樊,留兵将备公安、南郡。蒙上疏曰:"羽讨樊而多留备兵,必恐蒙图其后故也。蒙常有病,乞分士众还建业,以治疾为名。羽闻之,必撤备兵,尽赴襄阳。大军浮江,昼夜驰上,袭其空虚,则南郡可下,而羽可禽也。"遂称病笃,权乃露檄召蒙还,阴与图计。羽果信之,稍撤兵以赴樊。魏使于禁救樊,羽尽禽禁等,人马数万,托以粮乏,擅取湘关米。权闻之,遂行,先遣蒙在前。蒙至寻阳,尽伏其精兵𦩍𦩼中,使白衣摇橹,作商贾人服,昼夜兼行,至羽所置江边屯候,尽收缚之,是故羽不闻知。遂到南郡,士仁、糜芳皆降。

这段文字虽然没有具体的年月描述,但我们从事件的前后顺序可以很清楚地看到,关羽先进攻樊城,但在公安和南郡都留了相当的守军,然后吕蒙才用计使得关羽放松警惕,使关羽把几乎全部的兵力都投入到前线,再然后才发生曹操派于禁助曹仁和"水淹七军"以及后来东吴的偷袭,等等。从这个时间顺序来看,于禁应当是在关羽全力攻打樊城的情况下才被派去增援曹仁,继而全军覆没的。

那么,关羽最初与曹仁开战同"水淹七军"之间就有一个时间差,在这段时间内,发生了吕蒙诱骗关羽倾巢而出导致曹操派于禁助曹仁的事件,但这段时间究竟有多长,我们仍然不得而知。这就需要参考更多的史料来进行推敲。

《三国志·于禁传》中有这样一段:"建安二十四年,太祖在长安,使曹仁讨关羽于樊,又遣禁助仁。秋,大霖雨,汉水溢,平地水数丈,禁等七军皆没。"这段文字很清楚地表明,曹仁与关羽开战的时间应当是在献帝建安二十四年的某个月,而这个月,曹操刚好在长安。那么,在献帝建安二十四年,曹操是什么时候在长安的呢?

《三国志·武帝纪》云"秋七月,治兵,遂西征刘备,九月,至长安",讲的是献帝建安二十三年曹操率军亲征刘备,并于九月将大军开至长安的事。

而在《三国志·武帝纪》关于献帝建安二十四年有这样的一段："三月，王自长安出斜谷，军遮要以临汉中，遂至阳平。备因险拒守。夏五月，引军还长安。秋七月，以夫人卞氏为王后。遣于禁助曹仁击关羽。八月，汉水溢，灌禁军，军没，羽获禁，遂围仁。使徐晃救之。"

这样看来，曹操在献帝建安二十四年的正月至五月这段时间在长安。综合前面的分析，我们可以提出一个这样的结论：如果关羽和曹仁的战斗是发生在三月之前，那我们可以认为关羽是在配合刘备西线的战事，而如果樊城的战事是在五月之后才展开，由于这时刘备已经稳住汉中，那么关羽的军事行动就不应当是为配合刘备而进行的。

如此，问题的焦点有一个：曹仁与关羽是何时开战？或者说曹仁是何时接到曹操讨关羽的命令的？是在三月前还是在五月后？

我们结合曹操生平的作战来看，会发现他有一个特点：绝不轻易两线作战，何况是大规模的两线作战，更不可能由他主动发起。其实不要说曹操，就是刘备本人，其实也是不会轻易两线作战的，何况是面对像曹操这样的劲敌。所以我们基本上可以断定，曹操令曹仁讨关羽应当是在献帝建安二十四年五月之后，也就是他从汉中撤兵回到长安，即汉中战事宣告结束之后。

既然关羽攻打襄阳、樊城的目的不是要配合刘备西线，那关羽这次军事行动的目的是什么呢？只有两种可能，一是刘备在汉中获胜后想趁热打铁、乘胜追击，于是命令关羽在荆州发动攻势；另一种可能则是这次大打出手，并不完全在刘备的掌控之中，而是关羽为了立功而采取的独立军事行动。

先看第一种可能。刘备即位汉中王后，派刘封、李严、孟达等人攻取房陵、上庸、西城等地，但如果关羽的军事行动与刘封等人的军事行动是一体的，那么作为协同作战的部队，相互间是需要有一定的配合的。但《三国志·刘封传》的记载是："自关羽围樊城、襄阳，连呼封、达，令发兵自助。封、达辞以山郡初附，未可动摇，不承羽命。"

从刘封、孟达不承羽命看，刘备给他们的任务仅仅是攻占房陵、上庸和西城三郡，而没有夺取樊城的计划。事实上，刘备为夺取汉中消耗了大量的人力、物力，不适于在如此短的时间内再次发起大规模的战事。因此，在这两种可能中，关羽擅自发动进攻的可能性最大。

翻阅《三国志》不难发现，看不到任何有关刘备给关羽下令的记载，这是关羽攻襄阳、樊城一事的一个疑点。那么，关羽有没有可能擅自发动这么一场大规模的战役呢？答案是肯定的，有。

还在刘备领兵入川的时候，就已经"拜羽董督荆州事"，将荆州事务悉数交给关羽打理。而且刘备即位汉中王之后，以关羽为前将军、假节钺，张飞虽说拜为后将军，却只是"假节"。"假节钺"与"假节"虽说只是一字之差，但在权力上相差甚远。"假节"只拥有对低级军官的生杀大权，而"假节钺"中的"钺"，是王权的象征，某种程度上相当于代替刘备亲征。"假节钺"在三国时代出现得并不多，可以说是屈指可数，尤其是蜀汉集团，是绝无仅有。除了关羽，没有第二个人享有过这项权力，关羽在刘备心中的地位，由此也可见一斑。

既然关羽拥有这么大的权力，这么高的地位，显然他也要以实际的表现来证实自己的实力，但事实上关羽立功的机会却并不多。平定西川，他没份参加；攻克汉中，他也没份参加。作为一名征战沙场多年的武将，对于功名的渴求是不言而喻的，如果我们还记得关羽在被任命为前将军时那句愤怒的"大丈夫终不与老兵同列"（见《三国志·费诗传》）的话就不难想象，当看到黄忠因为汉中一战的功劳而与他这个汉寿亭侯几乎平起平坐时，关羽对胜利的渴望会是何等的强烈！而这正是关羽之所以发动对襄阳、樊城的攻势，并在久攻不下之时铤而走险、倾巢出动的原因。

关羽为什么没能拿下樊城

如果只是看了《三国演义》可能会觉得如果不是东吴在后面捅刀子，关羽是可以一路杀到许县甚至更远的。但如果深入地了解一下这场战役，可能结论就不一样了。关羽拿下樊城是一个不可能完成的任务，为什么会这样说呢，主要基于以下几点理由：

首先，樊城是曹魏集团在南方的重要据点，战略意义极其重大。樊城失守，则中原门户大开，后患无穷。我们可以看看曹操的军事调动。他不但先后派于禁、徐晃增援曹仁，又从合肥抽调夏侯惇、张辽这样的精锐部队赶赴樊城，而且不顾从汉中回师的劳顿，亲率大军前来。这一切都表明在丢掉了汉中之后，樊城已经绝不容有失。

其次，从军事力量上看，关羽以半个荆州的实力跟曹操几乎举国之力来争夺樊城，其难度可想而知。且不说"水淹七军"之事有一定的偶然性，即使关羽拿下了樊城，之后仍要面对曹军潮水般的攻势，能否全身而退都是个问题。

第三，战场上一个重要的因素就是人。樊城守将与城共存亡的坚定信念是关羽久攻不下的一个重要原因。当时樊城"围数重，外内断绝，粮食欲尽，救兵不至"，在被重重包围、粮草几乎用光而救兵不至的情况下，满宠力劝曹仁坚守，"乃沈白马，与军人盟誓"（见《三国志·满宠传》）。曹仁"激厉将士，示以必死，将士感之皆无二"（见《三国志·曹仁传》）。每每读到这里，总是感慨良多，正如史书上所说的：曹大司马之勇，贲、育弗加也（见《三国志·曹仁传》裴注引《傅子》）。

有了上面三点，关羽其实已经难言胜算。加上东吴在背后的小动作，关羽这一战必败无疑。《三国志·关羽传》裴注引《蜀记》就有"羽初出军围樊，梦猪啮其足，语子平曰：'吾今年衰矣，然不得还！'"的记载，看来关羽自己也意识到了这一战凶多吉少。

关羽失荆州的教训

虽然夺取樊城是个不可完成的任务，但丢荆州却是个能避免的失误。

首先，关羽发动的攻势缺乏战略上的考虑，意气用事。关于他开战的意图，前面已经有所分析，这里不再复述。如果关羽能以大局为重，慎重行事，交由刘备来统一部署，而不意气用事，将来或许真有攻克樊城、直取许县的可能。

其次，在交战中，占据主动的关羽并非没有撤兵的机会。徐晃为了激励被困曹军的士气，曾将孙权准备袭关羽的消息捆在箭上射入城中，围城的关羽也截获了这个信息，但他却没有立即退兵。策划此事的董昭看准了关羽的性格弱点，他认为"羽为人强梁，自恃二城守固，必不速退"（见《三国志·董昭传》）。结果真如董昭所料。而且关羽在偃城被徐晃击败之后，仍然用大量水军据守汉水一线，意欲顽抗，实为不智。

再次，荆州被袭在很大原因上跟荆州内部关系处理不当有关。《三国志·关羽传》记载："南郡太守糜芳在江陵，将军士仁屯公安，素皆嫌羽自轻。羽之出军，芳、仁供给军资，不悉相救。羽言'还当治之'，芳、仁咸怀惧不安。于是权阴诱芳、仁，芳、仁使人迎权。"看来，糜芳、士仁之所以投降，跟关羽不无关系。

以往人人都说张飞鲁莽，但其实从张飞的生平却看不出有多少鲁莽之处，反倒颇有国士之风。反观关羽，却显得十分鲁莽。不论是在攻襄、樊还是在丢荆州这件事上，关羽的性格都起着决定性的作用。

16. 谈谈"降汉不降曹"

首先要说明的一点是，关羽降曹的故事在历史上是确有其事的，这一点在史料上有三个记载可以为证。

《三国志·武帝纪》中提到："郭嘉亦劝公，遂东击备，破之，生禽其将夏侯博。备走奔绍，获其妻子。备将关羽屯下邳，复进攻之，羽降。"

《三国志·先主传》中亦说："五年，曹公东征先主，先主败绩。曹公尽收其众，虏先主妻子，并禽关羽以归。"

《三国志·关羽传》中也明确提到："建安五年，曹公东征，先主奔袁绍。曹公禽羽以归，拜为偏将军，礼之甚厚。"

至于关羽投降的原因，史料上都没有说明，估计不外乎两个理由：一是走投无路，被迫投降；二是"弃暗投明"，主动投降。

这里我们虽然不讨论投降的具体原因，但从三国时期的情况看，无论是哪种方式投降，都十分正常。俗话说："识时务者为俊杰。"类似的情况很

●谈谈"降汉不降曹"

多,也没有什么值得非议的。加上后来关羽又返回了刘备的阵营,成为一段历史佳话,关羽降曹这段历史事件虽然有点不光彩,但逐渐被人所遗忘,没人对此说长道短。

不过,随着广大人民群众对关羽的热爱和崇拜,关羽逐渐被神化。为了让关羽这个人物形象更加符合传统的"高、大、全"的英雄面貌,有关关羽的史实也开始被民间艺人和作家们进行重新的加工。笔者在《三个"千里走单骑",三种结局》一文中曾经提到:历史上的关羽弃曹归刘原本是由于曹操的大度,关羽才能安全地回到刘备的身边。民间艺人和作家们觉得这对刻画关羽的光辉形象还不够深刻,于是杜撰出了"千里走单骑,过五关斩六将"的故事。而在对关羽投降曹操这一历史事件的态度上,民间艺人和作家们都觉得这是对关羽形象的一种侮辱:千秋忠义的关羽怎么可能会做出这种背信弃义的事情?一定是有原因的,而且理由应该是相当充分的。基于对关羽的崇拜，民间艺人和作家们开始对关羽降曹这个史实进行各种改造。

早在宋、元时期，民间艺人们就已经通过说书等形式对关羽降曹进行了一系列的润色和改造，并在元代逐步形成了一种比较流行的说法。《三国志平话》中，这个历史故事已经变成了另外一种场景：

> 张辽在于厅下，美髯公问曰："徐州是失？皇叔、张飞不知存亡？"张辽曰："乱军所杀也。"美髯公哭曰："吾死不惧。尔来莫非说我乎？"辽曰："不然。虽皇叔、张飞为乱军所杀，公将家属不知何处，倘若曹兵至城下，岂不事有两难？关公自小读书，看《春秋左氏传》，曾应贤良举，岂不解其意？曹操深爱。"关公曰："我若投曹如何？"辽曰："便加将军重职，每月四百贯、四百石。"关公曰："若依我三件便降。"张辽曰："将军言。""我与夫人，一宅分两院。如知皇叔信，便往相访。降汉不降曹。后与丞相建立大功。此三件事依，即纳降；若不依，能死战。"张辽笑曰："此事小可。"张辽回见曹公，具说此事。

这个处理可以说集几百年民间智慧之大全，关羽投降有了三个条件，而"降汉不降曹"的说法也第一次出现在文学作品之中。不过这个构思有一些明显的漏洞。所谓"我与夫人，一宅分两院"的提法，显得太琐碎，立意太低，写得太露骨。容易让人感觉另有所指，似乎有意在为历史上曾经发生的关羽同曹操争抢秦宜禄夫人这一风流事进行掩饰，有点欲盖弥彰的味道。所以在罗贯中的《三国志通俗演义》中，这个情节又有了一番改造：

> 公曰："一者，吾与刘皇叔同设誓时，共扶汉室，吾今只降汉帝，不厢曹公，凡有杀戮，不禀丞相。二者，二嫂嫂处，请给荒疏俸禄养赡，一应上下人等皆不许到门。三者，但知刘皇叔去向，不管千里万里，便当辞去。三者缺一，断然不肯降，望文远贤弟急急回报。"

从文字技巧上看，罗贯中的手笔明显比民间艺人们高出了很多。不过，清代的毛宗岗父子觉得这个说辞还是有问题。因此在毛本《三国演义》中又做了一次改动，我们先来看看毛宗岗父子的写法：

> 公曰："一者，吾与皇叔设誓，共扶汉室，吾今只降汉帝，不降曹操；二者，二嫂处请给皇叔俸禄养赡，一应上下人等，皆不许到门；三

者，但知刘皇叔去向，不管千里万里，便当辞去：三者缺一，断不肯降。望文远急急回报。"

经过对比可以发现毛宗岗父子改动的核心内容其实就一个地方：把罗本中的"曹公"改成了"曹操"。很明显毛宗岗父子对罗贯中的《三国志通俗演义》中关羽对曹操"曹公"的尊称感到非常不满，特意而为。经过这三次的加工和改造，关羽降曹的故事终于定型，也终于有了一个明确的开脱理由。

以上这三种改法究竟好不好呢？问题的焦点集中在"降汉不降曹"上。显然毛宗岗父子认为是很不错的，他在该回书的总评中提到：

云长本来事汉，何云"降汉"？"降汉"云者，特为"不降曹"三字下一脚注耳。曹操借一"汉"字笼络天下，云长即提一"汉"字压倒曹操。如张绣、张鲁、韩遂等辈，名为降汉，而实则降曹者也。吕布、袁术等辈，不降曹而亦不降汉者也。华歆、王朗、郭嘉、程昱、张辽、许褚等辈，不知有汉而但知有曹者也。荀彧、荀攸，误以为汉即是曹、曹即是汉，而不知汉必非曹、曹必非汉者也。汉是汉，曹是曹，将两下划然分开，较然明白，是云长十分学问，十分见识。非熟读《春秋》，不能到此。

这一段宏论似乎有一些道理。不过笔者倒是有一个疑问：且不说"汉是汉，曹是曹"，就这个"降汉"也是有相当大的问题。试想：刘备一直打着兴汉的旗帜与曹操争雄，经关羽这么一说，原本的"正义之师"岂不变成了"反贼"？关羽倒是解脱了，那刘备及其所从事的"正义事业"不就变味了吗？从表面上看，关羽似乎是大义凛然，实际上却还是露出了马脚。看来经过几百年的加工改造，民间艺人和作家们似乎还是没有为关羽降曹这段历史事件寻找出一个令人信服的开脱理由，所谓的"降汉不降曹"实在有点画蛇添足之嫌。以笔者浅见：还不如干脆就写曹操爱惜人才，以刘备的两个夫人来要挟关羽。关羽事出无奈，只得举手投降，同时向曹操提出了"二嫂处请给皇叔俸禄养赡，一应上下人等，皆不许到门；但知刘皇叔去向，不管千里万里，便当辞去"。笔者认为：两个条件就足够了。就算这样写，会对关羽的英雄形象产生什么伤害呢？我看还不至于。不管怎样去掩饰，反正关羽到底还是投降了，这一点是改变不了的。

17. 以讹传讹的关羽之妻

关羽妻子的问题，不但在陈寿《三国志》、范晔《后汉书》等史料里没有记载，就是在罗贯中《三国志通俗演义》这部小说之中也不见踪迹。不过，作为千古忠义的化身，数百年来那么多民间艺人又怎会放弃这么一个千载难逢且可以充分发挥想象力的创作机会呢？明代出现的根据民间传说改编的《新编全相说唱足本花关索出身传等四种》中，就已经特意添加了关羽妻子的情节。罗贯中《三国志通俗演义》成书之后，版本出了很多种，虽然毛本《三国演义》中不曾出现这位关夫人，但另一名为《全像通俗三国志传》的版本中，作者就特意把《新编全相说唱足本花关索出身传等四种》的这个故事做了一番修改，加到小说之中。

《全像通俗三国志传》在"关索荆州认父"一段中，有这样的描写：

忽有小校报曰："门外有一小将军，姓名花关索，身长七尺，面似桃花，他要进见，特来报知。"关公曰："唤他入来见吾。"小校传令与索。索谓母曰："母亲与妇暂切在此片时，儿先入见爹爹。"索入见关公，双膝脆下，垂泪曰："儿三四岁时，见父不在家，常问于母。母道父亲自杀本处霸豪，逃难江湖，雁杳鱼沉，不知何所。又值家贫，只依外父胡员外抚养长成，指教说父昔日在桃园结义，今闻在荆州，特来寻见。"关公迟疑不信。索曰："父不认儿，儿无所倚。"哭昏在地。

张飞扶起，谓云长曰："吾看此子，必不妄认。兄出外日久，家中事恐忘怀了。可仔细思想，逃难之时，嫂嫂有怀孕否？"关公沉吟半晌，曰："吾逃难时，妻小果有怀胎三个月。但此子即是吾儿，宜姓关，何姓花，名关索，吾故不敢遽认。"张飞复问其故。索答曰："七岁时，元宵观灯，迷失道路，被索员外拾去，养至九岁，送与班石洞花岳先生学习武艺的，因此兼三姓，取名花关索。"关公听毕，掩面哭曰："吾儿若不来，怎知你子母艰辛。"经过一番曲折，夫妻也因此团圆。

原本以为这个故事只是《全像通俗三国志传》作者和之前的民间艺人的杜撰，不料到后来居然出现了一个更加离奇的事情。据钱静方《小说丛考》一书记载："清康熙戊午，解州守王朱旦浚井，得关公圹砖，上刻公之祖考两世讳字生卒甲子甚详。"圹砖，也就是墓碑，上面刻有关羽上两代人的资料。王朱旦根据这些资料，写下了《关侯祖墓碑记》。在该文中也提到了关羽的妻子："侯长娶胡氏，于灵帝光和元年戊午五月十三日生子平。"《全像通俗三国志传》和《关侯祖墓碑记》中居然同样提到关羽的妻子姓胡。这一惊人的巧合，不由得让人产生这样的疑问：到底这是历史真实呢，还是以讹传讹的附会呢？

其实答案非常简单：这两个故事都是民间艺人和小说家的附会。关羽原本就是一个平民化的英雄人物，出生低微，早年亡命江湖，家庭离散很正常，妻子不见经传并不出奇。只是因为后来关羽名震华夏，关于他的野史稗文越来越多，起到了混淆视听的作用。其实，不但是这个关妻，就连关索也是虚构出来的人物，这一点已经被历史学家所证实。

18. 关羽的出身和姓氏

我们先来看看关羽的出身。

陈寿《三国志·关羽传》的记载为："关羽字云长，本字长生，河东解人也。亡命奔涿郡。"过了一千多年以后，明代小说家罗贯中的《三国演义》第一回关羽出场时又演变成了这样的说法：

> 吾姓关，名羽，字长生，后改云长，河东解良人也。因本处势豪倚势凌人，被吾杀了，逃难江湖，五六年矣。今闻此处招军破贼，特来应募。

虽然历史和小说都一致说关羽是在家乡出了事情而亡命逃到涿郡，不过在这两种说法当中还是有一些令人不解之处：在《三国志·关羽传》中为什么关羽要改长生为云长呢？又是什么具体原因使关羽要背井离乡亡命涿郡？史书上没有交代。《三国演义》虽然照搬《三国志·关羽传》中的说法，还特意加上了"本处势豪倚势凌人，被吾杀了"的句子，明明是有所指，但却语焉不详，又到底是指什么事情呢？罗贯中的这种说法又是从何而来？这一段故事在一千多年来又是如何演变过来的呢？这一段情节在历史资料和文学作品中都没有得出一个明确的答案。

面对着一个被后世美化成"千古圣人"的关羽，怎么可能会留下一段如此巨大的空白呢？虽说是"英雄莫问出处"，但作为"千古圣人"，后世崇拜者怎么也不能容忍一个来路不明的杀人犯成为自己的偶像。于是，民间艺人们纷纷根据自己的想象开始填补这一段空白。

元代出自民间艺人之手的《三国志平话》就把这一段空白进行了填补：

> 话说一人，姓关名羽，字云长，乃平阳蒲州解良人也，生得神眉凤目，虬髯，面如紫玉，身长九尺二寸，喜看《春秋左传》。观乱臣贼子传，便生怒恶。因本县官员贪财好贿，酷害黎民，将县令杀了，亡命逃遁，前往涿郡。

这个故事虽然比较简单，但它把关羽亡命逃遁的原因进行了补充，使读者一开始就对关羽的正义形象有了一个认识。后来罗贯中的《三国演义》也基本上采用了《三国志平话》的说法。

不过，也许因为这个故事太简单了，不能令广大的关羽迷们满意，民间艺人们又创作出了很多的民间传说进行了充实。其中有一个就被清代学者梁章钜收录在《归田琐记》中，故事的大意是这样：

关羽小的时候力气很大，经常惹祸，父母把他关在后花园中。一天晚上，关羽开窗而出，听到老者哭泣。仔细询问得知本县县令的舅爷强抢老者的女儿。关羽闻之大怒，拔剑冲入县署，把县令和其舅爷都杀了，然后亡命涿郡。途中在河边洗脸的时候，发现脸变成了枣红色，所谓的重枣脸也就是这么来的。

这个故事在民间流传很广，另外的一些传说大致都基本如此。虽然也有几个传说将这个故事更加神化,但总体来看,民间艺人们显然更加愿意关羽和他们一样属于劳苦大众出身。因此,关羽基本上被说成是农民、小商贩的子弟,出身并不高贵,但富有同情心和正义感,这也符合民间创作的特点。

尽管创作这些民间传说的艺人们水平不高,但有时的突发奇想,竟然会把一些剧作家也搞糊涂了,以至于闹出了一些笑话。这也就是关羽的姓氏问题。前面提到的《归田琐记》的那个传说,就说关羽本不姓关。只是在逃跑来到潼关的时候,指关为姓,才开始姓关的。这明显是杜撰出来的,但一些剧作家或有心或无意也来凑了一回热闹。在清代的戏曲选本《清音小集》中的"夜读春秋"中,也不知道是怎么考证的,居然说"关羽姓冯名贤字寿长";此外以前的京戏《斩熊虎》中又说关羽姓胡(至于关羽更名改字的原因又和《归田琐记》差不多)。据说连毛泽东还就关羽的姓氏问题问过周谷城。由此也可以看出民间传说的影响力之大、流传面之广了。

俗话说"人怕出名猪怕壮",关羽被民间艺人们一折腾,这回可真的是"面目全非"了。不过,这也许就是名人身上所必然会产生的千奇百怪的附会吧,就算是"圣人"也不能幸免。

19. "面如重枣"过不了医学关

罗贯中在《三国演义》里关羽的外表时是这样写的:"身长九尺,髯长二尺;面如重枣,唇若涂脂;丹凤眼,卧蚕眉,相貌堂堂,威风凛凛。"

从写法上看,从关羽这个人物一出场,作者罗贯中就有点迫不及待地把关羽塑造成了一个绝对的正面人物。身高、髯长、五官、面色都交代得清清楚楚。这已经足以吸引读者的眼球,同样也使得读者变得急于想了解关羽接下来的英雄事迹。当然,在小说中关羽的形象是崇高的。斩颜良诛文丑、千里走单骑、过五关斩六将、义释曹操、水淹七军,这一桩桩一件件都体现了关羽这个英雄人物的高大形象。可以这么说,小说中关羽长相的描述符合这个人物的性格特点。

这个长相的其他方面都比较容易理解,不过这个"面如重枣"就有点让人犯迷糊。所谓的"重",按字典的解释是:程度深,这个"枣"比喻的是红色,也就是说关羽的脸是大红色的。这个样子在古代好看吗?站在今人的角度上,不怎么样。大家都知道:无论是咱们中国人还是东亚的其他民族,基本都是黄色肌肤的。放眼当今世界,除了黄色、白色、黑色这几种肤色之外,比较少见的也就是北美地区的棕色,而关羽这种大红色的肤色可谓绝无仅有。因此,很多读者阅读至此不免留下了一个疑问:关羽的这张脸是原本历史记载如此,还是小说家的发明创造呢?

首先来解答第一个问题,关羽的相貌。这一点在史书中留下了一点记载,不过并没有说到关羽的身长、肤色、五官,只谈到了一个地方——胡子。这个记载见于《三国志·关羽传》。该传中提到:刘备占据益州之后,汉末时期另外的一位虎将马超也成为刘备军中的一员,受到刘备的重用。远在荆州镇守的关羽闻讯后,立即写信给诸葛亮,询问是马超厉害还是自己勇武。诸葛亮知道关羽的脾气,特地给关羽写了一封信,把关羽狠狠地夸了一番。这封信是这么写的:

> 孟起兼资文武,雄烈过人,一世之杰,黥、彭之徒,当与益德并驱争先,犹未及髯之绝伦逸群也。

在这封信中,诸葛亮所说的"髯",指的就是关羽的胡子。这就说明在历史上,关羽的胡子的确漂亮。看来诸葛亮对于关羽的性格摸得很透。接到诸葛亮的回信后,关羽果然得意扬扬,还把这封信拿着到处炫耀。

虽说胡子漂亮和脸没有什么关系,但是仔细想来还是有一点联系的。汉代有个流行风气:留须。关羽被称为"美须髯",说明对这胡子是经常打理的,这就需要一点时间了,要不然这胡子就会乱糟糟的。《三国志》中蜀汉大臣里面还有一个长着大胡子的仁兄叫作张裕,他虽然也是个大胡子,但是就被刘备当成了笑柄,说张裕是"诸毛绕涿郡"。可见同样是大胡子,打理的好坏直接影响观瞻。而关羽对胡子都如此的精心打理,自然对自己的脸也不会过于马虎。因此,弄成个"面如重枣"的大红脸是不太可能的。他的脸

● "面如重枣"过不了医学关

色应该也就一普通的黄脸,说不定还稍带点黑色。不过,陈寿毕竟没有见过关羽,加上关羽又死得早,也没留下关羽脸色的什么故事,陈寿的《三国志》里也就没有做过多介绍了。

不过,如果说"面如重枣"是罗贯中的发明创造,这也是冤枉罗贯中了。关羽的大红脸其实在宋代就已经成型了。这是怎么回事呢?丘振声先生在《三国演义纵横谈》一书中说:

> 宋元时期的民间艺人,已经使用彩墨化妆,以寓褒贬。南宋灌圃翁《都城纪胜》说:"其话本与讲史着颇同,大抵真假相半,公忠者以正貌,奸邪者与之丑貌,盖亦寓褒贬于世俗之眼戏也。""红脸关公"是"正貌",以表彰他的"公忠"!

由此看来,关羽的红脸当在宋代涂成。这个观点在学界得到肯定,很多人在谈到这个问题的时候,大都采用此说。按照这个说法,关羽"面如重枣"的形象最早应该出现在戏剧舞台上。而戏剧舞台上的作品大都出自于民间故事。

有一个民间故事不但将关羽重枣脸的由来解释了一番,附带连丹凤眼、卧蚕眉的来历都做了一个民间的诠释。这个故事是这么说的:

关羽少年的时候,因为打抱不平,伤了他人性命,被官兵捉拿。无奈之下,关羽躲到一个枣子林躲藏,被看林子的老人收留。那个枣子林的枣子叫作泡红,又被称为重枣。因为枣子林的枣子太多,不仅树上接满了枣子,就连地上也落下了不少。时间长了,枣子烂了,水淌到附近的河里,河水也变成了红色。关羽在这片林子里,吃的是枣子,喝的是被枣子染红的河水,每天洗脸用的也是这里的河水,慢慢地,关羽的脸也就变成了红色,所以叫作重枣脸。同时因为关羽整天待在林子里,要防止有人偷枣子,每天睡觉的时候眼睛总是半睁半闭,似睡非睡,日子长了,就变成了丹凤眼、卧蚕眉,眼睛眯成了一条缝。

元代《三国志平话》中,关羽出场时的描述与后来的《三国演义》已经有些相似,该书是这样描述的:

话说一人,姓关名羽,字云长,乃平阳蒲州解良人也,生得神眉凤目,虬髯,面如紫玉,身长九尺二寸。

这里已经把关羽的身长、胡子、脸色、眼神都做了一番介绍,不过《平话》中的关羽的脸色尚未达到"面如重枣"的程度,仅仅是"面如紫玉"。

从以上列举的资料看,《三国演义》中对于关羽脸色的描述无疑是决定性的。自从《三国演义》流传之后,原本关羽应有的黄脸不见了,《平话》中描绘的紫玉色也消失了。如今无论是戏剧、电影上,关羽的脸色都已经变成了大红色的"重枣"脸。如果要是哪个编剧或者是导演敢冒天下之大不韪,把关羽的脸还原成黄色,估计一定被观众嘲笑为外行。

从以上的分析得知,关羽"面如重枣"其实是几代民间艺人和剧作家们的智慧结晶。罗贯中创作《三国演义》的时候,综合了这些故事,将关羽的外形做了一个最后的定型。当然,从艺术的角度上看,这样的描述无可厚非。不过,从罗贯中本人的经历判断,罗贯中的这个描述实在是有违常理。

为什么这么说呢？

关于罗贯中的个人经历，有本叫作《稗史汇编》的古代资料中有所介绍。该书曾经提到：罗贯中与当时一名叫作葛可久的名医是好朋友。不过看来关系不会怎么样，谈不上是什么好友。原因就出在这"面如重枣"上。因为如果两人关系密切，罗贯中就会问问葛可久这"面如重枣"有没有什么问题。估计他也没问，书稿也没给葛可久看过。结果关羽一出场，就成了一个病人，还糊弄了上亿读者几百年。这里要说上两个字：糊涂！

这"面如重枣"有什么问题呢？前些年有一本叫作《三国演义医学趣谈》的书，作者是两位医生，他们从医学的角度分析了"面如重枣"的问题，算是给前人"补"上了一课。书中提到：

> 临床看，面色的变化可以发现的问题还真不少呢！病人面色大红一般可见于红细胞增多症、肾上腺皮质功能亢进、面部湿疹、面部脂溢性皮炎、高热及某些药物中毒。

按照该书的分析，这个关羽一出场就是个病患者，这个笑话可就闹大了。

关羽长相的故事，其实说明了一个问题：尽管《三国演义》是一部伟大的作品，但是这也不能说它就是完美无缺的，也会出现这样或者那样的错误和缺点。因此，我们在阅读作品的时候，都要多问几个为什么。只有这样，才能找出作品的优缺点，从而增长自己的知识和见识。一味地棒杀不行，一味地捧杀也不行。客观、公正，才是最为科学、合理的方法。

20. 刘虞与公孙瓒反目成仇的背后

刘虞这个人物在《三国演义》中虽然没有给读者留下什么印象，但在真实的三国历史中非常出名，由他而引发出来的重大历史事件也不少。总的来看，此人虽然一心为国，政绩显著，但属于一个壮志未酬的悲剧人物，最后死于公孙瓒之手。同样，公孙瓒的一生和刘虞又有千丝万缕的联系，他从发迹到灭亡都和刘虞息息相关，"成也刘虞、败也刘虞"，真可谓是一对冤家。

公孙瓒这个人，既不属于胸怀天下的英雄豪杰，又不是暗藏祸心的乱臣贼子，连奸诈小人都谈不上，充其量只是个好勇斗狠的一介武夫。虽然早年他同后来的昭烈帝刘备一起在汉末大儒卢植门下学习四书五经，但显然他的头脑比起刘备实在相差太远。

公孙瓒早年被任命为辽东属国长史，作战勇猛，但在同北方少数民族长达几年的交锋中互有胜负，后来还是因为刘虞安抚政策的成功，才基本解决了问题，公孙瓒才跟着沾上了光。在刘虞升任为大司马的同时，公孙瓒也被提拔为奋武将军，封蓟侯。按说公孙瓒应该十分感谢刘虞这个好上司、大恩人，而结果却是双方在一系列问题上发生重大冲突，从一个战壕的战友逐渐发展到反目成仇，兵戎相见，最后先后丢了性命。

冲突一：民族问题。刘虞就任幽州牧后，对待北方各少数民族主张采用安抚的政策，而公孙瓒主张穷追猛打，武力解决。事实证明刘虞的政策还是正确的。公孙瓒和各少数民族交战几年，对于这些少数民族的战斗力有一定了解。灵帝中平五年（公元188年），乌桓丘力居、张纯叛乱时期，公孙瓒与张纯、丘力居激战。公孙瓒追击过程中，由于被丘力居围困于辽西管子城二百余日，粮尽士溃，士卒死伤大半，到最后"力战不敌，乃与士卒辞决，各分散还"，也就是分散突围，各自逃命，无疑这一仗是打败了。至少通过这次的战斗，公孙瓒应该明白用武力解决问题的艰巨性。但当刘虞准备主张用安抚手段解决民族问题的时候，公孙瓒唱起了反调，他的理由是："胡夷难御，当因不宾而讨之，今加财赏，必益轻汉，效一时之名，非久长深虑。"观点没错，但于当时的局势不合。我们联想一下到后来曹操北征乌桓，前前后后也花了近十年的时间，可见刘虞在朝廷政局混乱的当时提出这一主张的正确性。可惜公孙瓒不但没有听从刘虞的命令，反而在刘虞安抚工作已有成效，乌桓丘力居等外族派遣使者前来沟通归附之时，公孙瓒竟然暗中派人在途中暗杀这些使者。对于刘虞为了增进同各少数民族的感情而送去的礼物，公孙瓒也是派人进行抢掠。至此刘、公孙二人的关系开始出现裂痕。为什么公孙瓒要与刘虞这位上司作对呢？史料上说是公孙瓒嫉妒刘虞，害怕刘虞立功对自己不利。这种看法似乎有些欠妥。不管怎么说，刘虞是自己的上司，上司立功，下属自然也跟着升职，这是一条定律，公孙瓒此时已是为官多年，应该不会不明白这个道理。之所以出现这样的裂痕，与公孙瓒幼年的经历有关。公孙瓒是辽西令支人，这一地区在汉朝一直饱受北方少数民族入侵之苦。公孙瓒早年亲眼看到外族的烧杀抢掠，对于家乡人民所遭受的苦难深有感触，对这些少数民族怀有强烈的民族仇恨，所以才会被仇恨掩盖了理智，不顾一切地阻挠刘虞。不过，不管是什么原因都好，公孙瓒和刘虞这梁子开始结上了。

冲突二：立场迥异。汉献帝被迫迁都长安后，想东归洛阳，于是暗中派刘虞之子刘和逃出长安去找刘虞，让刘虞率兵前来相迎。刘和在途中经过袁术的地盘，告诉了袁术汉献帝的愿望。袁术大概是想抢功，便把刘和扣住，假意答应将一起行动，让刘和致信刘虞派遣几千骑兵前来，打算拖延时间。刘虞接信后信以为真，果真派兵前去。公孙瓒看出了袁术的意图，曾经劝阻刘虞不要派兵，结果刘虞没有采纳。本来这是一番好意，但后面发生的情况却是匪夷所思：公孙瓒的一番好意被刘虞拒绝后，害怕袁术会因此责怪自己，就偷偷派堂弟公孙越带领一千骑兵到袁术那里，以示友好，同时暗中唆使袁术继续扣留刘和，抢夺刘虞派去的兵马。原本刘虞只想勤王救驾，不料被公孙瓒破坏，两人关系变得紧张起来。这件事情，公孙瓒做得很不光彩，也把刘虞得罪了。

冲突三：相互关系。按照东汉政权官制，刘虞是公孙瓒的上司，但却如同级官员一样，各行其是。为什么会这样呢？原因还是出在公孙瓒身上。当初刘虞重返幽州之时，有事情还是会找公孙瓒商量的，可公孙瓒却没有把刘虞放在眼里，经常是"称疾不往"，使刘虞很恼火，双方之间的沟通越来越少，误会、矛盾随之加深。东汉末年军阀混战，一片战火，刘虞独善其身，置身事外。公孙瓒却耐不住寂寞，积极参与，终于同袁绍发生冲突。双方先是在界桥展开激战，公孙瓒大败而回，之后公孙瓒再次发兵进攻袁绍，在龙凑一带又被袁绍打败。两次作战令公孙瓒实力大为削弱。在这一段时间里，刘虞作为公孙瓒的上司，没有派兵助战，袖手旁观，眼睁睁看着公孙瓒的失利不闻不问，公孙瓒应该异常愤怒。战败后干脆在幽州治所蓟县东南自筑一个小城,摆开架式让刘虞难堪;刘虞担任幽州牧后,"为政仁爱,念利民物",而公孙瓒"但务会徒觿以自强大,而纵任部曲,颇侵扰百姓",这也让刘虞非常不满,矛盾越发加深。

就是这种种矛盾造成了刘虞、公孙瓒的关系终于发展到敌对状态。献帝初平三年(公元192年),刘虞就想利用公孙瓒兵败之机干掉公孙瓒。为了慎重起见,刘虞向手下进行咨询。东曹掾魏攸劝谏刘虞曰:"今天下引领,以公为归,谋臣爪牙,不可无也。瓒,文武才力足恃,虽有小恶,固宜容忍。"不能不说这是个馊主意,对公孙瓒缺乏本质的了解。可偏偏刘虞这时的心肠软了下来,实在是养虎为患。一年以后,刘虞又与手下密谋,"密令众袭瓒"。率兵进攻公孙瓒。当时,公孙瓒的部属都散布在外地,身边军队很少。不得已,公孙瓒只能固守,伺机突围。但刘虞派出的士兵作战能力太差,加上刘虞下令不准骚扰百姓,因此出现了久攻不下的局面。公孙瓒得到喘息机会,招募精兵数百人,"因风纵火,直冲突之",不但成功突围,挫败了刘虞的企图,不久乘胜追击,攻破了居庸城,活捉刘虞及其一家,最后反倒把刘虞杀了。

历史有时候就是这么捉弄人。原本以为刘虞一死,公孙瓒和刘虞这一对冤家的恩怨应该结束了,可偏偏公孙瓒自己又不争气,在他统治下的幽州民怨沸腾,乌烟瘴气。老百姓怀念以前政绩显著、勤政爱民的刘虞。献帝兴平二年(公元195年),刘虞旧部鲜于辅、齐周、骑督尉鲜于银等推举阎柔为乌丸司马,率兵为刘虞报仇。乌桓峭王率部落军队及鲜卑骑兵七千余骑为之复仇,最终大败公孙瓒于鲍丘,斩首二万余。袁绍趁机联合了鲜于辅及各少数民族的队伍,率兵十万进攻公孙瓒。此时公孙瓒众叛亲离,无法抵抗,献帝建安三年(公元198年)被袁绍斩杀。

这一对冤家的故事留给我们的思索是什么呢?妇人之仁,只会养虎为患,害民害己;而好勇斗狠,也只能是逞凶一时,终难成大事。公孙瓒和刘虞的争斗,都没有给幽州带来稳定,带来的只是一场浩劫。直到曹操统一中国北方以后,幽州百姓才开始逐渐安定。从这个意义上来说,曹操才是一位治世能臣,是曹操完成了刘虞未竟的理想。

21. 街亭之战改变了王平的命运

王平这个人物，在《三国演义》中连个配角都算不上，充其量不过是个跑龙套的。

王平登场是在《三国演义》第七十一回。当时正值曹操与刘备展开汉中之战，身为牙门将军的王平以自己深知汉中地理情况为由，主动请缨协助曹操的前锋徐晃与刘备作战。当徐晃做出前军渡水列阵的错误决定时，王平立即进行劝阻。不料徐晃不但没有采纳王平的意见，反而在战斗失败后责怪王平。王平一怒之下，当夜引本部兵马在营中放火，使得曹兵大乱，徐晃弃营而走。之后王平渡汉水来投赵云，并成为刘备军中的一员，被任命为偏将军，领向导使。

不过在投靠刘备后，王平的戏份基本消失。刘备称帝之前，仅仅是在刘备命人夺取东三郡的战斗中被一笔带过，谈不上有过什么作为。直到诸葛亮南征孟获的时候，王平的名字才再次在《三国演义》中出现。在诸葛亮"七擒孟获"的章回中，虽然王平的名字被提到多次，但出彩的事情一件也没有，而且连话都没一句。这种情况一直持续到诸葛亮"一出祁山"的时候。也只有到了这里，王平这个龙套才总算有了一个表现的机会。

"一出祁山"期间，王平先是南安城下抓住了曹魏的主帅夏侯楙，之后又被诸葛亮派去给马谡做副将，一同镇守街亭。在被派往街亭之前还得到了诸葛亮"吾素知汝平生谨慎，故特以此重任相托"的肯定。到达街亭后，王平指出了马谡扎寨的错误。在马谡不听劝阻的情况下，王平引兵离山十里下寨，作为马谡的呼应。他还将军队扎寨布置画成图本，星夜差人送给诸葛亮。不听王平意见的马谡果然兵败，王平虽然未能挽救局面，不过他救下了高翔、魏延。同时，王平派人送去的图本也让诸葛亮提前预知了街亭之战的结局，为蜀汉大军平安撤回汉中争取了宝贵时间。虽然事后被诸葛亮斥责了一番，但却没有像马谡一样丢掉性命。

原以为从此以后王平的戏份会增加不少,但从《三国演义》后面的故事看,王平仍然没有摆脱龙套的角色。虽然在第九十九回诸葛亮称赞王平"肯舍身亲冒矢石,真忠臣也",但并没有给王平其他的表现的机会。直到一百零三回,王平斩杀了魏将岑威,之后就再无出场纪录,仅仅是在第一百零五回通过蒋琬之口得知王平引兵数万屯于永安,之后就悄然无息地消失了。

王平的形象在《三国演义》中起到了什么作用呢?其实只是个凑数的。他有哪些性格特点呢?非常模糊。

那么,究竟历史上的王平是个什么模样呢?幸好史家陈寿在《三国志》里也为其专门立传,才使得这位三国历史上的蜀汉名将不至于被历史的尘埃所湮没。让我们透过历史的迷雾来了解一下名将王平的传奇人生。

王平,字子均,巴西宕渠人。早年家境贫寒,被寄养在外祖父何氏家并改姓为何,后来才恢复原姓。献帝建安二十年(公元215年)九月,王平随朴胡、杜濩到洛阳,王平被任命为代理校尉。

曹操同刘备争夺汉中之时,王平随曹军出征,并在战斗中投降刘备,被刘备任命牙门将、裨将军。为什么《三国演义》中要加上王平被徐晃逼反的情节呢?很明显这是作者故意用来贬低徐晃的。不过,王平在降蜀之后的处境并不是很好。当时的蜀汉人才济济,主要分为荆州派、东州派和益州派三大类。而王平只是个降将出身,无门无派,并没有得到足够重视,只能默默无闻地生存于蜀汉政权之中,这种情况一直持续到刘备时代结束。

刘备去世后,王平的能力得到了诸葛亮的关注。《华阳国志》记载,当时诸葛亮在汉中建立了一支名为"无当飞军"的精锐部队,而王平担任过这支队伍的指挥官,官职为无当监。诸葛亮"一出祁山"之时,王平作为诸葛亮的嫡系——参军马谡的先头部队出征。而街亭之战完全改变了王平以后的命运。

马谡来到街亭之后,亲率大军主力驻扎在南山之上,这个部署遭到王平的强烈反对。王平认为应该按照出发前制定的计划进行重新部署。但王平的建议遭到了马谡的拒绝。马谡的错误被张郃察觉。因此,张郃立即调整了战术，命令将马谡、王平、高翔三支军队进行分割包围，防止敌军相互策应，同时命令对南山守军围而不攻，并切断其水源。同时，策应张郃作战的郭淮立即向驻守列柳城的高翔发动奇袭，很快将列柳城占领。

原本计划坚守南山居高临下进行阻击的马谡没有料到，张郃不仅将自己包围在南山，还将水源切断，列柳城又被郭淮攻占，自己精心设计的防御体系顷刻之间被张郃、郭淮两人搅得支离破碎，蜀汉将士得知战场形势之后更是人心惶惶。就在南山守军士气受挫之时，张郃的总攻开始了。

张郃得知郭淮所部已经占领列柳城及南山守军军心动摇的消息之后，命令全军向南山发动进攻。蜀军全线动摇，不少士兵未经交战已开始四散奔逃，战争胜负没有了悬念。

张郃在向南山发动进攻时，以一部向山下王平镇守的阵地发动进攻。此时，王平的表现则体现出一名优秀将领的素质。

眼看敌军将至，只有一千多人马的王平临危不惧，命令部下鸣鼓坚守，摆出了一副泰然自若、请君入瓮的架势。面对十倍于己的敌军，王平无法采用硬碰硬的消耗战，那样只能导致全军覆没。只有采用疑兵之计延缓敌军的推进速度，才能保证守军减少损失并安全撤退。

王平的疑兵之计果然奏效，张郃的判断出现失误，以为王平军队设有埋伏，不敢靠近。王平抓住这个有利时机，慢慢收集战斗中失散的士兵，并安全撤出战场，避免了全军覆没的危险。不过，尽管王平为马谡大军保留了一定的实力，但街亭之战的惨败已经无法改变了。

战后，参军马谡与将军张休、李盛被诸葛亮诛杀，将军黄袭被剥夺了兵权，只有王平受到诸葛亮嘉奖，加封为参军，统率五部兵马，监管军营事务，不久又任命他为讨寇将军，封亭侯。

从这段记载可以发现，尽管街亭之战蜀军战败，但王平却因为在战斗中的突出表现一举成名。从街亭之战中也可以发现王平作战的一个非常重要的特点：善于防守。这个特点在日后的数次战争中体现得更加明显。他是三国后期当之无愧的守城将军。

后主建兴九年（公元231年），诸葛亮兵围祁山，王平负责守卫祁山南面阵地，防止司马懿大军的增援。面对敌军的疯狂进攻，王平坚守不动，终于抵挡住了连刘备、诸葛亮都非常忌惮的魏国名将——张郃，出色完成了预定任务。

后主延熙七年（公元244年）春，曹魏大将军曹爽率兵十余万人进犯汉川，先头部队已经到达了骆谷。此时汉中守军总数不满三万。面对数倍于己的曹军，不少将领非常恐慌。有人甚至建议放弃一线防御，坚守汉、乐二城。等到涪县援军到来再救援阳平关。王平沉着冷静，认为如果让魏军夺取阳平关，汉中地区的局势将更加危险。正确的做法只有护军刘敏、参军杜祺占据兴势山，自己作为他们两军的后援。王平指出：如果魏军分路向黄金谷进军，自己只要率领一千人居高临下据守，足以抵御敌军，涪县援军就能及时赶到，局势即可迅速扭转。在王平的力荐之下，护军刘敏采纳了王平的意见，之后的战场形势也正如王平事前所预料的那样。涪县援军和大将军费祎的军队先后赶到，魏军一看形势不对，全军撤退。面对敌众我寡、力量悬殊的局面，王平力排众议，果断应对，最终击退了曹爽对蜀汉政权的进攻。

除了坚守阵地对抗曹魏的进攻之外，王平还参与了平定魏延内乱的战斗。后主建兴十二年（公元234年）诸葛亮去世，魏延作乱。王平率军打败叛军，迅速稳定了局势。因此，《三国志·王平传》中就有这样的记载："魏延作乱，一战而败，平之功也。"充分肯定了王平的功绩。

因功绩卓著，王平先后被升任为后典军、安汉将军。后协助车骑将军吴壹屯兵汉中，领汉中太守。后主建兴十五年（公元237年），王平晋封安汉侯，代替吴壹统帅汉中军队。之后又分别于后主延熙元年（公元238年）和后主延熙六年（公元243年）晋升为前护军、平前监军、镇北大将军等职。《三国志·王平传》这样描述王平在蜀汉后期的功绩："是时，邓芝在东，马忠在南，平在北境，咸著名迹。"《华阳国志》中亦云："张翼、廖化并为大将军，时人语曰：'前有王、句，后有张、廖。'"可见王平在蜀汉政权中的重要地位。

同很多出身贫寒的武将一样，王平没有什么文化知识，"生长戎旅，手不能书，其所识不过十字"，是一个文盲将军。但是，由他口述之后写成的文章、公函，都条理清晰、颇有见地。原来，王平经常让人给他诵读《史记》《汉书》中的本纪和列传，听完之后就能明白大概意思。与人谈起相关内容，不失要旨，并能对人物的优缺点做出正确的分析。这说明王平非常善于学习。

王平还有什么特点呢？《三国志·王平传》略有交代。王平遵守法度，待人彬彬有礼，完全没有一般武人的轻躁之气。不过，王平的性格上也有弱点：性格狭隘多疑，为人不太自重。

王平是在后主延熙十一年（公元248年）去世的，他的儿子王训继承了他的爵位。

陈寿在《三国志·王平传》中是这样评价王平的："王平忠诚勇敢，严肃认真。并抓住了时机，充分发挥了自己的优点，才能成就这样的功业。"从历史记载来看，这个评价是比较中肯的。

作为一部历史小说，《三国演义》从文学的角度向读者展示了三国那一段波澜壮阔的历史。不过小说毕竟是文艺作品，里面不仅存在着一定的虚构和改编，同时也因为人物的塑造、主题思想、作品篇幅等诸多方面的影响，忽略甚至改变一个历史人物的本来面目。本文介绍的王平原本也算是赫赫有名的历史人物，但在小说里却变成了一个容易被人遗忘的龙套角色，这实在让人感到有些无奈。

22. "桃园三结义"的由来

一本《三国演义》，洋洋百万言，其中精彩的情节数不胜数。但是第一个为后人所铭记的当属刘备、关羽、张飞的"桃园三结义"。小说中的这段描述不长，在此不妨先重温一下：

> 玄德遂以己志告之，云长大喜。同到张飞庄上，共议大事。飞曰："吾庄后有一桃园，花开正盛；明日当于园中祭告天地，我三人结为兄弟，协力同心，然后可图大事。"玄德、云长齐声应曰："如此甚好。"

次日，于桃园中，备下乌牛白马祭礼等项，三人焚香再拜而说誓曰："念刘备、关羽、张飞，虽然异姓，既结为兄弟，则同心协力，救困扶危；上报国家，下安黎庶。不求同年同月同日生，只愿同年同月同日死。皇天后土，实鉴此心，背义忘恩，天人共戮！"誓毕，拜玄德为兄，关羽次之，张飞为弟。

《三国演义》的这段描述加起来也就二百多字，看似简单，但是这个故事对后世的影响，估计连作者罗贯中自己都没有想到。随着《三国演义》的广为流传，"桃园三结义"脍炙人口、妇孺皆知。梁启超先生就曾经在《论小说与群治之关系》中指出："今我国民绿林豪杰，遍地皆是。日日有桃园之拜，处处有梁山之盟。"在后来所有的结拜中用的誓言中也少不了"不求同年同月同日生，只愿同年同月同日死"这一句，可见"桃园三结义"的影响力之巨大了。

不过这个故事在历史上是真的还是假的呢？

《三国演义》是一部文学作品，它是按照东汉三国时期的真实历史故事演绎而成的。而记载东汉三国历史的史料主要出自西晋陈寿的《三国志》和南北朝范晔的《后汉书》。在这两部史料中是见不到"桃园三结义"的故事的。不过，对于刘备、关羽、张飞之间的关系，《三国志》中还是有一些记载的，结论是这三人的关系确实不同寻常。在陈寿的《三国志》中有几个地方记载了三人之间的关系。

《三国志·先主传》中说：刘备与关羽和张飞寝则同床，恩若兄弟，在稠人广坐之处，张飞、关羽在刘备身边终日侍立，随刘备南征北战，不避艰险。

《三国志·张飞传》中还特别提到：关羽比张飞大几岁，所以张飞像对待兄长一样对待关羽。

《三国志·刘晔传》中刘晔也曾经说过：关羽和刘备义为君臣，恩犹父子。

从以上的三个记载看，刘、关、张三人的关系很亲密，但并没有结义。而且从最后的一个记载中看出三人之间并不存在结义的可能性。

● "桃园三结义"的由来

那么,桃园三结义的故事是从何而来的呢?难道完全是《三国演义》作者罗贯中的创造吗?答案也是否定的。"桃园三结义"的故事可以说是《三国演义》成书之前数百年时间里民间艺人们的集体智慧。

"桃园三结义"的最早出处已不可考了,目前较早的记载出现在宋末元初郝经所撰《重建庙记》之中,其中就有关羽与刘备、张飞约为兄弟的说法。郝经生活的年代正值南宋末年,这说明在南宋时期就已经出现了"桃园三结义"的故事并流传于世了。虽然不知道这个故事是如何介绍情节的,但从后来元代杂剧中的剧情来判断,这个故事的雏形是非常简单的。

"桃园三结义"的流行,大概在元代。当时杂剧成为一个广为流传的戏曲形式。在元杂剧中就有不少"桃园三结义"故事。其中尤以《刘关张桃园三结义》一剧最具代表性。该剧的情节大致是这样的:

蒲州州尹臧一鬼打算趁汉末大乱之际自立,请关羽担任叛军统帅。关羽诛杀臧一鬼之后逃往涿州范阳。此时张飞正居住在范阳,并开了一家肉店。

张飞平时好结交天下豪杰，故意在店前用巨石压住一把刀，扬言如果有人能搬开巨石，就免费送肉。关羽正巧经过，搬动巨石。张飞得知消息之后，感到关羽非等闲人物，便特意找到关羽并结为兄弟。后来二人又巧遇刘备，三人相邀饮酒。刘备酒醉后，有赤练蛇钻入其七窍之中，关羽觉得刘备将来一定是贵人，于是和张飞一起共拜刘备为兄长。三人在城外桃园杀牛宰马，祭告天地，并立誓不求同日而生，只求同日而死。

这个故事算是早期"桃园三结义"的版本之一。这个故事的设计虽然把因果关系介绍得比较清楚，但是荒诞成分较多，立意较低，不符合人物的性格特点。相对而言，元代出现的《三国志平话》中的情节设计就显得合理多了：

平阳蒲州解良人关羽，因本县官员贪财好贿，酷害黎民，一怒之下将县令杀了，逃亡涿郡。在涿郡范阳，关羽遇到了当地富户张飞。张飞见关羽虽衣衫褴褛，却相貌不凡，于是上前施礼，在交谈之中，张飞钦佩关羽诛杀贪官的壮举，于是邀请关羽一起到酒肆喝酒。正巧当时在范阳以卖鞋为生的刘备也在酒肆喝酒。关、张二人见刘备状貌非俗，有千般说不尽的福气，有心结交。一番谈话之后，三人相互倾心，便相约在张飞家中的桃园结拜为兄弟。三人各序年甲：德公最长，关公为次，飞最小。宰白马祭天，杀乌牛祭地。不求同日生，只愿同日死。三人同行同坐同眠，誓为兄弟。三人共同的理想为欲救黎民于涂炭之中，解天子倒悬之急。

这个故事的设计比起之前的杂剧，在合理性上要高出很多。把"桃园三结义"安排在黄巾之乱的历史背景下，而将三人基本都定位在草根阶层，具备崇高的政治理想和抱负。但是，无论是元杂剧还是《三国志平话》都存在着同样的问题：立意不高，没有突出人物的主要性格特点。因此，如何解决立意问题就成了"桃园三结义"故事的关键。那么，《三国演义》是如何解决这个问题的呢？

《三国演义》中设计的"桃园三结义"，与元杂剧和《三国志平话》相比有几个显著不同的地方。

首先，小说家在正式展开"桃园三结义"故事之前，进行了一系列精心的铺垫。使得故事的立意改变了。这里不妨引用一段《三国演义》的原文来进行比较：

> 且说张角一军，前犯幽州界分……（幽州太守）刘焉发榜招军时，玄德年已二十八岁矣。当日见了榜文，慨然长叹。随后一人厉声言曰："大丈夫不与国家出力，何故长叹？"玄德回视其人，身长八尺，豹头环眼，燕颔虎须，声若巨雷，势如奔马。玄德见他形貌异常，问其姓名。其人曰："某姓张名飞，字翼德。世居涿郡，颇有庄田，卖酒屠猪，专好结交天下豪杰。恰才见公看榜而叹，故此相问。"玄德曰："我本汉室宗亲，姓刘，名备。今闻黄巾倡乱，有志欲破贼安民，恨力不能，故长叹耳。"飞曰："吾颇有资财，当招募乡勇，与公同举大事，如何？"玄德甚喜，遂与同入村店中饮酒。
>
> 正饮间，见一大汉，推着一辆车子，到店门首歇了，入店坐下，便唤酒保："快斟酒来吃，我待赶入城去投军。"玄德看其人：身长九尺，髯长二尺；面如重枣，唇若涂脂；丹凤眼，卧蚕眉，相貌堂堂，威风凛凛。玄德就邀他同坐，叩其姓名。其人曰："吾姓关名羽，字长生，后改云长，河东解良人也。因本处势豪倚势凌人，被吾杀了，逃难江湖，五六年矣。今闻此处招军破贼，特来应募。"

小说家在这一段的描述中，首先突出了刘备汉室宗亲的地位，这就为吸引关、张二人的注意提供了一个依据，这与杂剧和平话中的赤练蛇、状貌非俗完全不同；其次，小说家把故事发生的时间安排在幽州发榜招军之时，而刘、关、张三人的相识与破贼安民戚戚相关，目标一致。这就把之前的杂剧和平话中最为忽略的大环境的重要性显现出来。这样的设计不但丰富了人物思想，同时还为《三国演义》中以刘备为正统的主题做了一个铺垫。

此外，小说家在设计"桃园三结义"的誓言之时，也做了一个精心的改动，在誓言中特意加上了"同心协力，救困扶危；上报国家，下安黎庶"这关键的十六个字，立即把之前作品中纯粹的个人友谊变成了一种共赴国难的相互扶持，使读者倍感崇高而亲切。

小说家选择把"桃园三结义"放在全书的开头，是有着深层寓意的。它不仅从全书的开篇就确定了把"义"作为全书的主题之一，为小说之后的描述中出现的关羽、张飞为辅佐刘备恢复汉室而出生入死、赴汤蹈火的一系列情节埋下了伏笔，同时也将全书以刘备为正统做了一个明确的表述。

不过，这里还要附带说一句：小说在进行描述的时候还是犯了几个错误。小说家在介绍幽州政局的时候，把刘焉写成了幽州太守，这就犯了两个错误。首先，幽州是东汉的一个州，州的长官叫作州牧（也叫刺史），太守只不过是州下属的一个郡的行政长官，显然只能说刘焉是幽州牧或者是幽州刺史；其次，此时刘焉并不是任职幽州，而是在东汉京城洛阳任职，他不可能出现在幽州，而是身处洛阳。第一个错误是由于小说家的失误造成的，属于无心之失。第二个错误则应该是作者特意而为之的。因为在小说后面还这样写了一句："邹靖引见太守刘焉。三人参见毕，各通姓名。玄德说起宗派，刘焉大喜，遂认玄德为侄。"这个意图很明显，是为刘备的汉室宗亲身份做说明的。强调刘备的身份，一直是小说家在《三国演义》中着力留给读者的印象。

23. 甘露寺与吴国太

甘露寺刘备招亲，是《三国演义》中比较热闹的故事。这个故事出现在小说的第五十四回，来龙去脉大概是这样的：

赤壁之战以后，为了向刘备讨回荆州，周瑜想出美人计，企图以招亲的名义将刘备骗到江东，"赚到南徐，妻子不能勾得，幽囚在狱中，却使人去讨荆州换刘备"。但是周瑜的计谋被诸葛亮识破。在诸葛亮的安排之下，刘备仅仅带着赵云及随行五百军士前往江东。先去拜会了孙策、周瑜的岳父乔国老，然后通过乔国老之口告之吴国太。吴国太得知招亲之事原为周瑜的计谋之时，大骂孙权和周瑜，执意在甘露寺见刘备。吴国太说："我不曾认得刘皇叔。明日约在甘露寺相见：如不中我意，任从你们行事；若中我的意，我自把女儿嫁他！"当吴国太在甘露寺见到刘备后，发现刘备相貌堂堂，心中大喜，不但当场拍板同意将自己的女儿嫁给刘备，还把孙权埋伏在甘露寺里的三百刀斧

●甘露寺与吴国太

手斥退。这样一来,假招亲变成了真招亲。刘备平白无故捡了一个夫人,而孙权与周瑜只能"赔了夫人又折兵"。

在这个故事里,吴国太的作用最为关键。没有她,刘备早就小命不保了。孙权和这位吴国太到底是什么关系呢?《三国演义》第七回中曾经提到:"孙坚有四子,皆吴夫人所生……吴夫人之妹,即为孙坚次妻,亦生一子一女:子名朗,字早安;女名仁。"这个次妻,后来也就变成了吴国太;第三十八回中作者还做了一个补充说明,孙权之母吴夫人临终时,特地叮嘱孙权说:"吾妹与我共嫁汝父,则亦汝之母也;吾死之后,事吾妹如事我。"第五十四回,吴国太也对孙权说:"你直如此将我看承得如无物!我姐姐临危之时,分付你甚么话来!"从以上介绍看,这位吴国太与孙权的关系有两层:小妈和姨妈,不是孙权的亲生母亲。尽管如此,孙权对这位小妈兼姨妈非常孝顺。小说中就有"孙权乃大孝之人,见母亲如此言语,随即应承"的描述,都说明了这位吴国太在孙权心目中的重要地位。当然,这也成了后来被诸葛亮利用从而使刘备招亲成功的一个最为关键因素。

这个热闹的故事背后，出现了几个疑问：这个故事是真的吗？小说家又是如何构思刘备招亲的这个情节的呢？

要分辨小说中这个故事的真假，可以从三个方面来进行分析。首先是小说中招亲的地点：甘露寺。

甘露寺是小说中吴国太见到刘备的地方。这个地点存在吗？这个地方还真有，就在今天镇江北固山，是一个著名的旅游景点。当地的旅游部门也一直是以刘备招亲作为卖点进行宣传和推广的。不过，历史上的甘露寺和刘备招亲却一点关系都没有。关于这个甘露寺的建造时间，历史上有着不同的记载，不过最早的也要到南朝。也就是说在后汉三国时期，这里根本就不曾出现过甘露寺，又何来刘备在此地的招亲呢？邓拓曾经写过一首诗《甘露寺》，道出了其中的奥妙："孙吴甘露原无寺，寺建南梁武帝时。远昔废兴都莫问，流传史事尽人知。"

其次，小说中介绍的这位吴国太在历史上也是个子虚乌有的人物。《三国志·嫔妃传》中记载："孙破虏吴夫人，吴主权母也。本吴人，徙钱唐，早失父母，与弟景居。孙坚闻其才貌，欲娶之……于是遂许为婚，生四男一女。"从这里面可以发现两个问题：历史上的吴夫人根本就没有小说中提到的这个妹妹，这个妹妹纯属子虚乌有，这也就表明在小说中的吴夫人和吴国太在历史上其实是同一个人，就是孙坚的妻子吴氏。如果历史上真的存在刘备招亲的话，他娶的也不是小说中孙权的同父异母妹妹，而是孙权的亲妹妹。历史上这位真正的吴国太，她的死亡时间是在献帝建安七年（公元202年），而小说中刘备招亲的故事则是在献帝建安十四年，中间相差七年，因此她也不可能在死后七年去参加刘备的甘露寺招亲了。

既然小说中的甘露寺刘备招亲是虚构的，那刘备招亲是不是历史的真实呢？刘备招亲的故事在历史上是一件真事。故事发生的时间与小说中基本一致，只不过历史的真实比小说中要简单多了。曹操兵败赤壁之后，刘备在荆州地区的势力得到迅速发展。为了进一步维护孙刘联盟的双赢局面，孙权主动把自己的妹妹嫁给了刘备。这个历史记载见于《三国志·先主传》。后来刘备还与孙夫人一起回到江东省亲,这期间也没有发生过任何冲突。至于小说中提到的周瑜献过美人计,在历史上也是有过的。这个记载见于《三国志·周瑜传》。该传提到:周瑜曾经上疏孙权,认为刘备的发展迟早对东吴造成不利影响,建议孙权找机会将刘备软禁在东吴,把刘备与其部曲分开,好让刘备集团群龙无首,只得乖乖听命于东吴。周瑜的建议,孙权并没有采纳,反而将自己的妹妹嫁给了刘备,进一步巩固了孙刘联盟。孙权嫁妹的原因在于:在赤壁之战之后,孙刘结盟是符合当时局势的正确做法。只有孙刘联合,才能共同应付曹操集团,单靠其中的任何一方,都不是曹操的对手。难怪在得知孙刘结盟之后,曹操会吃惊得"方作书,落笔于地",这也说明了周瑜的意见不合时宜,有些操之过急。

既然历史上不曾有过吴国太甘露寺招亲的故事,那么,刘备招亲的故事中何时出现了甘露寺与吴国太呢?

这个故事大概元代就已经有了一个雏形。杂剧《隔江斗智》中,吴国太就已经出现了。该剧中的吴国太还是孙权的生母,而她一开始是孙权计谋的一个拥护者。至于孙夫人,名字叫作孙安。对于哥哥孙权的计谋,没有提出反对意见。孙权的计谋主要是借结亲的名义夺取荆州,必要时让孙安在洞房之时刺杀刘备。但是,这些计策被诸葛亮识破。夺取荆州不成,孙安见到刘备后被其所吸引,成为一对真正的夫妻,并与刘备一起摆脱了周瑜的追杀,安全返回荆州。

元代《三国志平话》中也出现了一个类似的故事,不过在这个故事中,吴国太的作用发生了很大变化,她不但出场次数多了,而且也不再是孙权计谋的支持者了:

> 却说周瑜到于江岸,各下寨,与鲁肃评议:"吾有一计。"鲁肃问,周瑜言:"讨虏有一妹,远嫁刘备,暗囚卧龙之计,可杀皇叔。"元帅使鲁肃过江见讨虏,言孙夫人嫁刘备,阴杀之。当夜,孙权引鲁肃见太夫人。夫人曰:"你每祖父,元本是庄农;宗祖积阴德,你父为长沙太守。今日与皇叔为亲,有何不可?"鲁肃出衙。孙权说与母亲:"今周瑜定计,欲使小妹杀皇叔。"太夫人暗问女子,女子笄年十五岁:"我父破董

卓，今嫁刘备，暗杀皇叔，图名于后矣。"太夫人言："礼长当行，礼短则止。"

…………

皇叔上路，赴江南，和夫人同到建康府。远探告孙权，权自思："前者赤壁会战，退曹公一百万之师，折了七万军，无了数员将。近知猾虏之贼，军师诸葛乃是牧牛村夫，忘吾之恩！"累次，周瑜言刘备不仁，又占了荆州十三郡。太夫人亦知，远请讨虏。讨虏大孝，见太夫人，言："吾儿辞容不喜为何？"孙权说："刘备夺了荆王，动三十万军，夏口退了曹贼，刘备非是有恩之人，若到江南，儿子有意杀皇叔。"夫人言："你爷爷种瓜为生，尔家本是庄农，后统领大军，乃祖宗积到底福。吾儿之妹嫁与皇叔为妻，吾儿若杀了皇叔，你妹嫁甚人？皇叔若来到，当好相待；若不仁，后杀未为晚。"孙权听母亲之言。

无论在杂剧还是平话之中，这个吴国太都是作为孙权的亲生母亲出现的，而她对刘备招亲所发挥的作用也不断被世间艺人和杂剧作家在进行尝试性改变。虽然杂剧、平话中对这个故事及人物的处理均显粗糙，但这也为《三国演义》提供了一个借鉴。

一些学者认为，在塑造吴国太这个人物形象的时候，《三国演义》的作者混淆了历史上的真实人物。笔者认为不尽然。上面提过，小说家在第七回介绍吴国太就已经详细地将其与历史上的孙坚夫人加以区分，并将原本是孙坚夫人所生的女儿变成了自己所生的孙仁。这就说明小说家在进行创作之时就有意虚构吴国太这个人物出来，并使之为剧情发展服务。从《三国演义》对这个情节的艺术处理来看，作者将一个原本在历史上记载简略而充满丰富政治内容的故事变成了小说中非常有趣而又充满悬念的情节，是值得充分肯定的。

24. 扑朔迷离的孙夫人

说起三国时期蜀汉先主刘备的夫人，恐怕人们第一个想到的不是甘夫人、糜夫人，更不会是后来出现的吴夫人，而是孙权的妹妹孙夫人。这大概是受了小说、戏剧的影响。也正因为如此，"甘露寺招亲"和"截江夺阿斗"会变成脍炙人口的故事。不过，大家也都非常清楚，这两个故事都是出自各类文艺作品，并非是历史的真实。不过，这两个故事中出现的孙夫人，还是给人们留下了深刻的印象。近年来由于电影《赤壁》的出现，由赵薇主演的孙小妹再次受到人们的热议，尤其那句"天下兴亡，匹女有责"更是成了流行词。这不由得让人更加关注这位在历史上曾经真实出现过、但又是惊鸿一瞥的一代红颜。不过，通过历史记载，我们却发现，这位如今在影视作品中大出风头的孙小妹，在历史上却给人留下了许许多多的疑问和困惑。

这位孙夫人究竟叫什么名字呢？在《三国演义》第七回中说她的名字叫作孙仁。不过，这也只是罗贯中给她取的。历史记载中并没有这样的叫法。查《三国志·孙破虏传》注引《志林》及《三国志·妃嫔传》中的记载：孙坚的夫人吴氏一共生了四个儿子和一个女儿，这四个儿子分别叫作孙策、孙权、孙翊、孙匡。孙坚还有一个儿子不是正妻吴氏所生的，叫作孙朗，又名孙仁（"少子朗，庶生也，一名仁"）。这不但说明在历史上的确有这位孙夫人的存在，而且还有一个叫作孙仁的儿子。这个孙仁，又名孙朗。这个孙仁是男性，并不是小说中所说的那个孙夫人的名字，显然小说家罗贯中搞错了！

在早期杂剧、平话之中，这位孙夫人还有其他的名字。元代杂剧《军师隔江智斗》中，其名字叫作孙安。之所以杂剧家用了这个名字，大概是因为孙夫人嫁给刘备以后，为孙刘两家带来了几年的平安吧，所以特意杜撰了这个名字，安，平安的安。还有一种说法是孙夫人的名字叫作孙尚香，这个出处是近代的戏曲，虽说有点古色古香的味道，但也是错误的。因此，关于孙

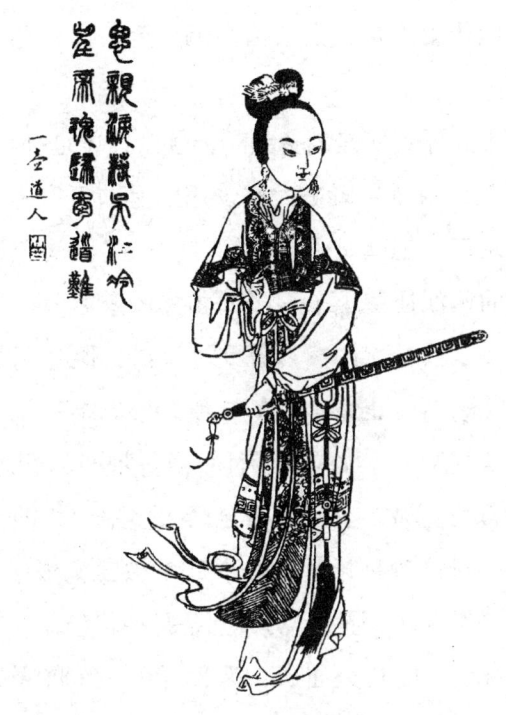

●扑朔迷离的孙夫人

夫人的名字到现在还是一个谜,没有一个可信的说法。

孙夫人是因何嫁给刘备的呢?这个问题在《三国志》《资治通鉴》等史料中都有记载。而且均有一个明确的时间:献帝建安十四年(公元209年)十二月。事情的起因是这样的:

就在孙夫人出嫁的前一年,一场影响汉末中国政治版图的大战——赤壁之战以孙刘联军的胜利结束了。曹操迅猛扩张的势头被遏制,之前还寄寓荆州、力量单薄的刘备发展迅速。刘备抢占了荆州四郡,一下子变成了具有很强实力的割据势力之一。这就给孙权带来了一个难题:是继续贯彻联合刘备对付曹操的策略呢,还是开始遏制刘备的发展。这时候,东吴内部也出现了意见分歧。以周瑜为首的强硬派主张限制刘备的发展。而以鲁肃为首的温和派则认为只有继续与刘备交好,才能在天下大乱之际为东吴谋得更大的利益。这两种意见促成了一个结果:孙权主动将妹妹嫁给了刘备。看来孙权最终是采纳了鲁肃等温和派的意见，继续巩固孙刘联盟对付曹操。不过，这个结亲的行为很明显是中国历史上常见的政治婚姻。至于当时孙夫人自己是什么态度，就不得而知了。

既然双方结亲了，那到底是刘备到东吴接亲，还是孙权送亲呢？《三国演义》及一些民间传说、戏剧、野史大都采用的是前者。《三国演义》中还指出招亲的地方是在京口，也就是现在的镇江。一些民间传说和戏曲中也大多按照此说，在今天的镇江还留下了很多的相关风景名胜。但是根据正史的记载，刘备却没有去江东接亲。虽然刘备到过京口，但时间是在献帝建安十五年（公元210年）十二月，也就是刘备与孙夫人成亲一年以后。这次前往京口自然也就不可能是接亲了。而是去和孙权商量荆州的管理权的。《三国志》及《资治通鉴》中都有记载，刘备觉得自己人多地少，前往京口要求孙权将东吴占领的南郡交给自己管理，这个故事后来被演变成了"借荆州"。此时周瑜又向孙权献上了美人计。周瑜说："刘备是一代枭雄，而且有关羽、张飞这样的猛将辅佐，肯定不能长久屈居，为我所用，终将成为我们的对手。因此我认为应当从长远出发，把刘备软禁在东吴，并用住宅、美女、古玩等物品迷惑他。让刘备与关羽、张飞等人分开。这样一来。刘备的力量也就分散了。然后我再出面统帅刘备的部属，天下大事就可以安定了。"

除了周瑜之外，谋士吕范也认为应该趁机把刘备留在东吴。不过最终孙权没有采纳二人的意见。当刘备回到公安并得知当时的内幕后，心里不安。刘备说："天下的智谋之士，看法都差不多。当时诸葛亮就劝我不要去，也是担心发生这样的事情。我正在危急中，不得不去，这实在是一着险棋，几乎逃不出周瑜之手！"看来，刘备也对自己的鲁莽感到后悔。因此可以断定，无论是罗贯中的小说，还是一些民间传说、戏曲的记载都不符合历史真实。它们都把刘备到京口的时间弄颠倒了，所以才造成了"刘备招亲"以及"甘露寺"的错误。

既然不是刘备接亲，那就是孙权送亲了，那么，刘备迎娶孙夫人的地方在哪里呢？这个地方是今天湖北石首调关镇的绣林山。元人胡三省《资治通鉴》卷二七六注引"刘郎浟"道："江陵府石首县沙步有刘郎浦，蜀先主纳吴女处也。"此外，近人卢弼《三国志集解》中也引用了《一统志》等资料证明了刘备迎亲的地方就在绣林山。

说完了双方结亲的起因和过程，自然就要谈谈孙夫人和刘备成亲后的关系。在相关史料中，看不到两人的亲密程度。不过，我们也可以做一个大胆的推测。根据考证，这对新人的年龄差得有点远。刘备的年纪已经是49岁，而孙夫人的年纪不会超过27岁。也就是说二人相差20岁，这是一个老夫少妻的组合。当然这对双方关系也不会产生多大影响。不过，刘备新婚的第一天心里有点紧张倒是真的。这并不是因为刘备身体出现了什么问题，而是这位新娘子摆出来的阵势有点吓人。《三国志·法正传》中说：这位新娘子自幼受到孙家尚武精神的影响，不但才思敏捷，而且刚猛强悍，很有其大哥孙策和二哥孙权的气度。平时就爱带着手下的侍婢舞刀弄枪的。就连新婚之夜，新房之外都站着一百多个手持钢刀的侍婢，弄得刘备步入新房的时候，心里七上八下，总觉得不踏实。如果说新婚之夜如此，倒也说得过去，毕竟双方彼此不了解。不过，这种情况在以后却一直如此，这就耐人寻味了。虽然孙夫人是孙权的妹妹，但毕竟是自己的夫人，刘备为什么不找个机会表明一下自己的态度，让孙夫人把这些总是站在卧室之外站岗的侍婢解散呢？这最少也说明了一个问题：刘备没有或无法说服这位刚猛强悍的夫人。其结果自然是刘备从此以后只要走进孙夫人的闺房，总是不自在。从此也可以发现双方之间缺乏夫妻之间应有的沟通。连这么隐秘的事情都缺乏沟通，双方的关系自然也会出现一定的隔阂。

前面说过，这场婚姻原本就充满了政治色彩，因此这段婚姻也就注定会随着政治气候的变幻而转变。当时刘备的实力虽然得到了很大的提高，但与曹操、孙权相比仍然处于下风。或许是这种力量对比上的强弱，造成了孙夫人的骄横和自满。前面提到的侍婢站岗的故事或许就是这种力量对比的一种表现形式。刘备没办法改变自己的夫人，其他人自然也无法改变孙夫人的下人。孙夫人陪嫁过来的下人们骄横不法，经常惹事，刘备非常生气，但又不便发作。无奈之下，刘备居然派了大将赵云做起了总管来约束孙夫人的手下。这也可以看出孙夫人及其手下的随从骄横到了什么程度。诸葛亮就曾经回忆道:"当时先主在公安,北畏曹公之强,东惮孙权之逼,身边还要畏惧孙夫人生变,进退两难。"从诸葛亮的这段话中也可以看出,这时候孙夫人在刘备的眼中已经不单是自己的妻子了,而是东吴安排在自己身边的一个卧底了,时刻会对自己造成危险。虽然刘备对于孙夫人的所作所为心怀不满,但是碍于孙夫人娘家的势力又不便发作。刘备能做的,只能是让赵云进行约束和调解。不过,这也说明了刘备已经开始对孙夫人的行为采取了反制措施。在这种情况下,刘备与孙夫人这对夫妻的关系自然不会好到哪儿去。由此分析,刘备与孙夫人的蜜月期很快就宣告结束了。双方由新婚宴尔逐渐变成了互相提防。久而久之,双方的来往也就越来越少了。据唐人李吉甫撰《元和郡县志》中还有一段相关的记载:"孙夫人城在孱陵城东五里,汉昭烈夫人(权妹也)与昭烈(刘备)相疑,故筑此城居之。"这也就意味着在刘备还没有进军益州之时,这两口的关系已经破裂并已经开始分居了。

孙夫人是什么时间回到东吴的呢?史料上有着不同的两个说法。

《三国志·赵云传》注引《云别传》中说:孙权听说刘备进入了益州,便派出大批船只来到公安,打算接回自己的妹妹。而孙夫人临走之时又将刘备的儿子、也就是后来的后主刘禅也一起带上了船。赵云和张飞一起带着人马在江面进行拦截。最终虽然将刘禅给截了下来,但孙夫人从此与刘备天各一方,再无见面。这个故事后来被罗贯中采用,变成了《三国演义》"赵子龙截江夺阿斗"的情节。这个时间后来被《资治通鉴》确定为献帝建安十六年(公元212年)十二月。

还有一个说法出自《三国志·二主妃子传》及《华阳国志·刘先主志》。前者说刘备拿下益州之后,孙夫人才回到了东吴;而后者则记载:因孙夫人手下嚣张跋扈,法正建议刘备将其送回东吴。这两个记载的时间都应该在献帝建安二十年(公元215年)左右。

到底哪一个时间是孙夫人回吴的真正时间呢?历来有着不同的说法。近人卢弼撰《三国志集解》中引用王晸的说法认为第二种答案的可能性比较大:"此不明叙所以还吴之故。则法正已进刘璋妻吴氏于宫中,舟船之迎,实夫人见几之哲。是岁建安二十年乙未,正权袭取长沙分界联合之日。可想见,蜀主与夫人同牢已七年矣。"笔者浅见：王晟认为孙夫人还吴的原因是"法正已进刘瑁妻吴氏于宫中"，借机把孙夫人逼回东吴。这个可能性不能说没有。刘瑁妻吴氏进宫被纳为夫人（也就是正室），那堂堂的东吴第一小姐孙夫人哪能忍受得了？回娘家也是很正常的。当然，第一种说法也不是没有可能的，以孙夫人"才捷刚猛"的性格和与刘备之间的隔阂，最后不顾自己兄长的意图而独自回家也未可知。这个问题已经争论了很多年，到现在还没有一个定论。因此，这又只能说是一个谜。

最后一个谜团是孙夫人的结局如何？现在也没有搞清楚。在今天镇江有一座祭江亭，据说是为了怀念孙夫人而改名的。原来这个亭子叫作凌云亭。据说当年孙夫人听说刘备兵败病死，悲痛之下，在凌云亭投江而死；而在今天的安徽芜湖又有一座灵泽夫人庙，也是纪念孙夫人的。据说是当年孙夫人在孙权黄武三年（也就是刘备死后的次年）在此投江自尽的。不仅如此，在今天的南京、九江等地，都有孙夫人投江自尽的遗迹。虽说这是附会，但最少也说明了后人对于孙夫人结局的一个共识。不过，以当时的情况来说，堂堂蜀汉皇帝的夫人，滞留娘家不归，刘备不但没有派人将孙夫人接回来，反而另立吴氏为后，这就意味着实际上刘备已经将孙夫人抛弃。而作为孙夫人来说，她既没有得到刘备的宠爱，又没有实现哥哥孙权将她嫁给刘备以促进孙刘联盟的初衷，可谓两头不讨好。刘备一死，也就意味着孙夫人的价值完全丧失了。在这种情形下，怎能不让这位孙夫人悲痛欲绝呢。从这个意义上讲，这场悲剧尽管是这场政治婚姻所造成的，而孙夫人自己也要负上一定的责任。

尽管孙夫人的故事存在着很多的谜团，但有一点是可以确定的：孙夫人最后是回到了东吴，回到了自己兄长的身边，从此与自己的丈夫永别了。孙刘结亲，原本就是一场在政治利益驱动下的畸形婚姻。这种婚姻的性质决定了结果。处在这场政治斗争中的孙夫人，尽管"才捷刚猛"，颇有巾帼不让须眉的气概，但最终也难免成为牺牲品。就算孙夫人最后没有投江自尽，她的后半生也注定是形单影只、孤苦伶仃了。

这个历史上的悲剧故事，后来出现了不同的说法，也因此出现了上面介绍的一些记载和遗迹。这是读者对于孙夫人故事所产生的不同理解和看法造成的。作为文艺作品来说，这个带有悲剧色彩的故事，自然是文学创作的一个好题材。因此，在孙夫人之后的千百年里，这个故事被逐渐演变，故事中的孙夫人自然也离历史的原型越来越远。

在三国故事的第一个高潮期——宋元时期，孙夫人的形象已经发生了较大的改变，孙夫人个性也变得鲜明起来。《三国志平话》中，孙夫人的形象已经摆脱了历史记载的局限，变得有血有肉。不过，平话中对于这一形象的塑造尚显粗糙。

在《三国志平话》中，孙夫人也是被安排在赤壁之战以后。周瑜想出了以结亲为名、利用孙夫人刺杀刘备并夺取荆州的计策。周瑜的如意算盘是：在送孙夫人进入荆州的时候，随行五千军士，并暗藏二十员大将，乘势夺取荆州；如果此计不成，就让孙夫人在洞房之夜刺杀刘备。不料，周瑜的计策被诸葛亮识破。在诸葛亮的巧妙安排下，孙夫人一行刚来到荆州城下，便被张飞给拦住了。张飞只准孙夫人和鲁肃进城，其余的军士全部留在城外。这就使得周瑜夺取荆州的计策落空了。而孙夫人在进入荆州之后，对刘备的看法突然发生了转变。她先是称赞随行的张飞、赵云的勇猛，接着把诸葛亮称为良将。成亲的当日，孙夫人不忍杀害刘备，与刘备变成了一对真夫妻。这样一来，周瑜的计划就落空了。之后，孙夫人又提出与刘备一起回江东省亲。在归途之中，周瑜派出甘宁引三百军士追击刘备。孙夫人骂退了甘宁。之后又不理周瑜的劝告，与刘备一起扬帆而去。

《三国志平话》中的孙夫人，已经从历史记载中一个被动接受这场政治婚姻的弱女子变成了敢爱敢恨的女性形象。她没有听从孙权与周瑜的计策杀害刘备，反而为了刘备阻拦了周瑜对自己夫君的追杀。这已经是孙夫人形象塑造的一个突破。不过，平话对于孙夫人的思想转变和内心活动描述的过于简单，让读者觉得突兀而不可信。

元杂剧《两军师隔江斗智》中的孙夫人，是现存古代作品中描写孙夫人最为出色的一例。在这出杂剧中，孙夫人的名字叫作孙安，是剧中的主要人物之一，情感细腻、形象生动。而该剧的故事编排和设计也是独具匠心。该剧的主要情节是这样的：

孙安听侍女梅香说自己被哥哥许配了人家，便提出对方至少要与自己门当户对。这就说明孙安对自己的婚姻有着明确的追求和向往。而当孙权向她说明此举的目的并非对刘备接亲，而是趁机夺取荆州之时，孙安表现出了一种极度的犹豫。一来她担心哥哥的计策会被诸葛亮识破，二来也担心此举会造成干戈不止，三来也担心自己的命运。而在孙安的内心深处，她是赞成这门亲事的。她认为自己是吴国娇姿，刘备则是汉室亲支哥哥。这个描写不但表现出一个年轻女子对于婚姻的向往，同时也体现了孙安对于天下大事的一种了解和关心。说明这个待字闺中的少女具备巾帼不让须眉的性格特点。

孙安按照哥哥的吩咐来到荆州附近之后，看到荆州地区"地方宽，民富实，端的是锦绣城池，无福的难存济"，对刘备已经心存好感。因此，当张飞不让甘宁入城之时，孙安还帮着张飞说情，将甘宁阻挡在荆州城外，使得孙权打算利用自己成婚安排甘宁冲入城中夺取荆州的计策失败。庆贺筵席上，孙安不但夸奖诸葛亮有冠世之才，同时也表示"既嫁鸡须逐他鸡"。这说明孙安在见到刘备之后，已经是一见倾心，愿意将自己的终身幸福托付给刘备。最后，孙安和刘备也就成了一对真夫妻。这个情节就显示了孙安对于自己终身大事的自觉性和自主性。

周瑜一计不成又生一计。他派鲁肃过江邀请刘备夫妇回江东省亲，打算趁机扣押刘备、夺取荆州。在孙权为刘备夫妇安排的酒宴之上，孙安看出这场宴会只不过是一场鸿门宴，为刘备的危险处境担忧。此时的孙安已经与丈夫刘备同声同气。之后诸葛亮设计让孙权放回刘备，孙安心中暗喜，庆幸自己和刘备"只待做了脱金钩东海冠山鳖"。在归途之上，孙安怒骂被周瑜派来追杀刘备的甘宁、凌统，并极力保护自己的丈夫平安脱险。

这个故事与《三国志平话》相比，虽然情节类似，但是在人物性格塑造和情节处理上要更胜一筹。这个故事显然对罗贯中创作《三国演义》也产生了重大影响。小说中孙夫人的故事也基本按照《两军师隔江斗智》的情节来编排的。出于对民间创作的继承以及小说主题思想的影响，罗贯中对孙夫人故事的结局又做了一个补充。《三国演义》第八十四回中，当孙夫人听闻刘备在猇亭兵败并死于军中之时,"驱车至江边,望西遥哭,投江而死"。如此一来,历史上那个性格刚猛强悍、甚至有点仗势欺人的孙夫人也就变成了一个为爱情而死的悲壮女子了。这样的结局虽然悲惨,但已经让后人对这位孙夫人留下了深刻的记忆。这样的故事比起历史记载中来,更容易震撼读者心灵。

25. 伤脑筋的貂蝉

如果问谁是《三国演义》中最为出彩的女性人物,所有的读者都会毫不犹豫地回答:貂蝉。的确,在罗贯中笔下为数不多的女性人物中,貂蝉无疑是最为突出的一个。

貂蝉这个人物留给读者的印象主要有三点。

首先当属貂蝉的美貌。小说对与貂蝉的样貌并没有做直接的描述,而是通过二诗一词做了一个侧面的介绍。我们先来看看原著是如何描述的:

有词赞之曰:"原是昭阳宫里人,惊鸿宛转掌中身,只疑飞过洞庭春。按彻《梁州》莲步稳,好花风袅一枝新,画堂香暖不胜春。"又诗曰:"红牙催拍燕飞忙,一片行云到画堂。眉黛促成游子恨,脸容初断故人肠。榆钱不买千金笑,柳带何须百宝妆。舞罢隔帘偷目送,不知谁是楚襄王。""允命貂蝉执檀板低讴一曲。正是:'一点樱桃启绛唇,两行碎玉喷阳春。丁香舌吐衔钢剑,要斩奸邪乱国臣。'"

尽管没有直接把貂蝉说成一个貌若天仙的美女,但通过上面的描述,一个绝世美女的形象已经深深映入读者脑海。

除了美貌之外,貂蝉的另外一个特点就是智慧。自从接受王允的美人计之后,貂蝉就一直周旋于董卓、吕布二人之间,尽显离间之能事,最后终于让吕布下定决心背叛董卓,并与王允一起杀死了这个为祸朝纲的大奸贼。可以这么说,如果没有貂蝉,王允的计划是不可能成功的。

●伤脑筋的貂蝉

貂蝉留给读者的另外一个印象,其实就是一种缺陷美。这个印象主要表现在貂蝉的结局。《三国演义》第二十回中介绍:曹操杀死吕布之后,将吕布的妻女都带回了许县。这个结局无论是普通读者还是点评家们都感到忧心忡忡。清人毛宗岗就在该回夹评中提到:"未识貂蝉亦在其中否?"显然,以曹操的好色,毛先生是觉得貂蝉迟早会落入曹操的魔掌,有点于心不忍。

不管怎么说,自从罗贯中的《三国演义》问世之后,貂蝉的形象迅速走红。到了后来,貂蝉竟然赫然列入中国古代四大美女的行列,与西施、王昭君、杨玉环等人齐名,并以"闭月"词作为貂蝉的代名词。数百年来,貂蝉的妩媚倩影在各种故事、戏曲、电影里摇曳生姿,就连貂蝉的籍贯地,大家也都争得不亦乐乎。有人说她是山西的,有人说她是陕西的,还有人也不知是怎么研究出来的,证明貂蝉是甘肃的。不过很遗憾,结果是谁也没争赢,还是那么悬着。

上面提到的是《三国演义》中貂蝉的形象及影响,这里要谈另外的一个问题：罗贯中所描述的这个貂蝉在历史上的本来面目究竟是怎样的呢？

查遍史料，历史上根本就没有貂蝉这个人物。

在专门记载后汉及三国历史的史书《三国志》和《后汉书》中，王允、吕布诛杀董卓的事件是个历史的真实。不过其起因、过程和结果与小说中的不尽相同。在此，先做一个简单的介绍。

董卓控制朝政以后，残暴不仁，引起了王允、孙瑞等朝中大臣的强烈不满。为了结束董卓的残暴统治，众人一直就在商量如何诛杀董卓。这时候，王允把注意力集中在董卓的爱将吕布身上。虽然董卓与吕布的关系表面上比较亲近，但实际上董卓对吕布却并不放心，并将其从并州军队领导人的岗位上调开，担任自己的保镖。吕布手下还有众多并州兵马，董卓的行为切断了吕布和自己部下的联系，以便直接加强对并州兵士的控制。这是吕布和董卓出现矛盾的一种产物。此外，董卓性情刚愎，曾经为了一件不如意的小事迁怒于吕布，拔出手戟扔向吕布。幸亏吕布身手矫健，躲开手戟。虽然事后董卓气消了，但吕布却将不满一直藏在了心中。不过，吕布这人也有令人鄙夷的地方。他在担任董卓保镖的时候，又和董卓的一名侍女胡有染，结果弄得自己整天疑神疑鬼、七上八下，担心被董卓察觉。

王允和吕布同属并州，因为这种老乡的关系，双方关系比较密切。吕布心里不藏事，这些事情都告诉了王允，这样就给了王允机会。经过王允的反复规劝，吕布终于背叛了董卓，并与王允一起将董卓杀死。

以上就是王允、吕布诛杀董卓的全过程。在这段历史记载中，完全没有貂蝉这个人物的影子，也没有小说中所谓的美人计这么一说了。

不过，如果据此就判断历史上没有出现过貂蝉这个人物，似乎又有点武断。因为后来据清代著名学者梁章钜说在《汉书通志》一书有过"曹操未得志，先诱董卓，进刁蝉以惑其君"的记载。请注意，这个刁蝉与《三国演义》中的貂蝉同音不同字。虽然在《汉书通志》中的刁蝉并非如小说中所言是王允派出去的而是曹操派出去的，但目的也有类似之处，都是为了迷惑董卓的。只可惜梁老先生所说的这本《汉书通志》早已失传。因此，我们对之后的故事也就不得而知了。

根据以上记载可以得出这样一个大致的结论：这个小说中出现的貂蝉，在历史上只能说是个若隐若现的人物，而所谓的"美人计"的故事则完全是虚构出来的。董卓被杀，是以王允、吕布为代表的并州势力与以董卓为代表的凉州势力之间的一场政治斗争，并不是一场因女人而发生的冲突。

那么，这里就出现了另外的一个问题：貂蝉的故事是罗贯中原创出来的？

答案是否定的。根据现存资料分析，貂蝉的故事早在唐代就已经出现了雏形。

唐代著名诗人李贺有一首《吕将军歌》，其中有这样的句子："榼榼银龟摇白马，傅粉女郎大旗下。"有研究认为，这个傅粉女郎指的就是貂蝉。

貂蝉这个名字的出现，是在元代的杂剧和平话中。元杂剧和平话中出现了一个很有趣的现象，都认定貂蝉姓任。而且都被写成是吕布的妻子。之后的情节同后来小说的描述差不多，王允利用貂蝉离间了董卓和吕布。不过，在杂剧和平话中又存在着明显的不合理情节，兹以《三国志平话》为例进行说明：

> 王允归宅下马，信步到后花园内，小庭闷坐。独言献帝懦弱，董卓弄权，天下危矣。忽见一妇人烧香，自言不得归乡，故家长不能见面。焚香再拜。王允自言，吾忧国事，此妇人因甚祷祝？王允不免出庭问曰："你为甚烧香？对我实说。"唬得貂蝉连忙跪下，不敢抵讳，实诉其由："贱妾本姓任，小字貂蝉，家长是吕布，自临洮府相失，至今不曾见面，因此烧香。"丞相大喜："安汉天下，此妇人也！"丞相归堂，叫貂蝉："吾看你如亲女一般看待。"即将金珠缎疋与貂蝉，谢而去之。
>
> 后数日，丞相请太师董卓筵会。至天晚，太师带酒，见灯烛荧煌。王允令数十个美色妇人，内簇貂蝉，髻插碧玉短金钗，身穿缕金绛绡衣，那堪倾国倾城！董卓大惊，觑移时，自言："吾室亦无此妇人！"王允教讴唱，太师大喜。王允曰："关西临洮人也，姓任，小字貂蝉。"太师深顾恋，丞相许之。宴罢，太师亦起。

无论是杂剧还是平话，都将貂蝉的身世提前向王允做了交代。而在这种情况下，王允把貂蝉既还吕布又送董卓，显得很不合理。

不过，貂蝉这些早期的故事到了巨匠罗贯中的笔下，则完全是另外的一副模样了。

在罗贯中的笔下，貂蝉的身世变得更加清晰而合理。貂蝉自幼就在王允府中，不但色艺俱佳，被王允当着亲生女儿看待，且满怀国家大事，愿意为铲除国贼董卓献身。这个设计比起之前的杂剧和平话，无论是合理性还是立意，都明显高出很多。之后，貂蝉听从王允的安排，周旋于董卓、吕布这两个好色之徒之间，上演了"凤仪亭"这精彩一幕，激化了董卓与吕布之间的矛盾。之后又成功化解了谋士李儒提出的将自己送给吕布的计谋，使吕布对董卓的不满加剧，为王允趁机说服吕布打下了坚实基础。之后才有了王允、吕布联合起来刺杀董卓的一幕。作者在这几回书中对于貂蝉虽然着墨不多，但精彩纷呈，跌宕起伏，将貂蝉形象描绘得活灵活现。

当然，这里也不得不多说一句，毕竟貂蝉不是《三国演义》中的主要人物，因此，作者在处理貂蝉这个人物形象之时，也留下了一个遗憾。这也就是前面提到的貂蝉的结局。作为艺术形象的貂蝉，其结局到底如何安排才算合适呢？《三国演义》中的貂蝉最后落入了另外的一个好色之徒曹操手里，这让读者们非常揪心。

那么，貂蝉这个人物的结局如何安排才比较好呢？《三国演义》成书后，很多剧作家进行了尝试。徽剧、川剧、绍剧、京剧都有《斩貂》剧目，写吕布在白门楼殒命后，貂蝉为张飞所获，送至关羽处（也有说是曹操特意派貂蝉到关羽身边，去引诱关羽）。关羽甚爱怜之，但念及古今英雄豪杰往往以迷恋女色而身败名裂，逼令貂蝉自刎。此外，还有《关公月下送貂蝉》这一剧目，也介绍了貂蝉的结局。不过有趣的是，这些剧目大都把貂蝉和关羽联系到一块。为什么会出现这种现象呢？仔细对照发现，原来这些剧作家另有目的。《三国志·关羽传》注引《蜀记》中曾经提到关羽同曹操争女人这件风流韵事，这对关羽的形象无疑是个极大侮辱。为了维护关羽的尊严，剧作家们才想出这个主意，帮关羽涂脂抹粉，戴高帽子。这也反映出这些剧作家们的无奈：不知道怎样设计貂蝉的结局。

如何构思设计貂蝉的结局？这个问题把古人搞得头晕脑涨，就算到了现代,也还萦绕在文艺工作者面前。20世纪90年代,中央电视台开拍八十四集电视连续剧《三国演义》。当时包括刘世德、李希凡、沈伯俊等国内研究三国的著名专家、学者都对此进行了专门的分析研究和改动。貂蝉的结局终于发生了较大的变化:电视连续剧《三国演义》第七集中,貂蝉在吕布杀了董卓以后悄然离去。这个处理可谓独具匠心,"对貂蝉的结局加以虚化处理,维护了人物形象的完整和美感,给观众流下想象和回味的余地,实为成功之笔"(沈伯俊语)。可以这么说,这是几百年来对貂蝉这一艺术形象的最好处理。

26. 王朗岂是被骂死

诸葛亮,实际上是《三国演义》中的主角。为了表现诸葛亮智绝天下的人物形象,作者从诸多方面对其进行了重点塑造。除了智慧、谋略之外,还突出了诸葛亮的口才。"舌战群儒"是第一例。而在第九十三回描述的"骂死王朗"则是另外一例。这段章节把诸葛亮出色的口才表现得淋漓尽致,在此不妨重温一下:

> 孔明在车上大笑曰:"吾以为汉朝大老元臣,必有高论,岂期出此鄙言!吾有一言,诸军静听:昔日桓、灵之世,汉统陵替,宦官酿祸;国乱岁凶,四方扰攘。黄巾之后,董卓、傕、汜等接踵而起,迁劫汉帝,残暴生灵。因庙堂之上,朽木为官,殿陛之间,禽兽食禄;狼心狗行之辈,滚滚当道,奴颜婢膝之徒,纷纷秉政。以致社稷丘墟,苍生涂炭。吾素知汝所行:世居东海之滨,初举孝廉入仕;理合匡君辅国,安汉兴刘;何期反助逆贼,同谋篡位!罪恶深重,天地不容!天下之人,愿食汝肉!今幸天意不绝炎汉,昭烈皇帝继统西川。吾今奉嗣君之旨,兴师讨贼。汝既为谄谀之臣,只可潜身缩首,苟图衣食;安敢在行伍之前,妄称天数耶!皓首匹夫!苍髯老贼!汝即日将归于九泉之下,何面目见二十四帝乎!老贼速退!可教反臣与吾共决胜负!"

●王朗岂是被骂死

诸葛亮的这番言论,正气凛然,慷慨激昂,义正词严。面对诸葛亮的驳斥,王朗的表现是"气满胸膛,大叫一声,撞死于马下"。每当读书至此,很多读者都不禁击节称赞,无不为诸葛亮的口才而折服。

诸葛亮骂死王朗的故事,在历史上是真实发生过吗?通过对各种史料的分析,可以得出一个肯定的答复:这个故事是小说家虚构出来的。原因很简单:在《三国演义》中被骂死的王朗的死亡时间及死亡地点都与历史记载有明显的差异。

《三国志·明帝纪》中记载:魏明帝太和二年(公元228年)正月,诸葛亮大军进犯曹魏边境的天水、南安、安定三郡,当地军民纷纷倒戈,依附诸葛亮。魏明帝曹睿派遣大将军曹真率兵抵御。左将军张郃在街亭之战中打败马谡,夺回三郡。诸葛亮的第一次北伐失败。在这段时间里,并未出现小说中所言的王朗随军出征的记载。反倒是在《三国志·王朗传》中说:同年十一月,司徒王朗病死。可见王朗死亡的时间是在诸葛亮第一次北伐之后,因此他就不可能如小说所言是在诸葛亮第一次北伐期间死亡的。

另外,《三国演义》里诸葛亮骂王朗"何期反助逆贼,同谋篡位!罪恶深重,天地不容",其实这个记载也是与历史不符。王朗原本是汉室忠臣。据《三国志》记载,王朗在东汉末年担任会稽太守,孙策为袁术攻打会稽,功曹虞翻劝他逃跑,王朗认为自己身为汉吏,应该为国守城,拒不投降。战败后,他携老母及家小由海路一直逃到东冶,最终被穷追不舍的孙策逼降,孙策命人将其置留曲阿。曹操于献帝建安元年(公元196年)奉献帝于许县。献帝建安三年(公元198年),曹操以朝廷名义征辟王朗。孙策遂派人遣送;王朗辗转江海,积年方至。效力曹魏期间,王朗并未参与曹丕篡汉,因此"同谋篡位"一说并不成立。

第三,小说通过诸葛亮之口痛骂王朗"为谄谀之臣,只可潜身缩首,苟图衣食",是一个小人,其实历史上的王朗高风亮节。王朗早年师从杨赐学习经学,后一度为官。杨赐去世后,王朗为老师举哀行孝而弃官。可见王朗重礼。王朗还颇有正义感。《三国志·王朗传》注引《王朗家传》说,王朗自小和沛国名士、莒县令刘阳交友。当初,刘阳认为曹操将不利于汉室,想除掉他。刘阳死后,曹操要杀他儿子报仇。其子恐慌,四处逃遁。刘阳故旧虽多,但无敢收留。只有王朗接纳、隐藏他多年。从会稽回许县后,王朗多次在曹操面前规劝,曹操才不予追究,刘阳的门户因此得以保全。

此外,王朗是一个治学严谨的学者。《三国志·王朗传》载录其有"《易》《春秋》《孝经》《周官》传,以及奏议论记"诸作,并称"咸传于世",在晋代犹置于学官。《三国志·王朗传》注引《魏略》载:"朗高才博雅,而性严整慷慨,多威仪,恭俭节约,自婚姻中表礼赘无所受。常讥世俗有好施之名,而不恤穷贱,故用财以周急为先",可见,王朗还是一个以德立世、不肯媚俗求名的廉吏。

诸葛亮骂死王朗,是罗贯中特意安排的,原因还是出在王朗身上。理由有二:

其一,王朗是曹魏重臣。《三国志·王朗传》记载:王朗早年以才华横溢、知识渊博著称,汉末割据时期的徐州牧陶谦就任命他为会稽太守。曹氏三代对王朗也非常赏识,从曹操时代的谏议大夫、参司空军事到曹丕时期的以军祭酒领魏郡太守、少府、奉常、大理、司徒,直至最后曹睿时期的司徒,位高权重。陈寿对他的评价是:"王朗文博富赡,诚皆一时之俊伟也。"这样一个在曹魏政权中举足轻重的人物被小说家安排在与诸葛亮交锋时被活活骂死,也能够体现诸葛亮的能力。

其二,王朗在历史上虽然未与诸葛亮有过口舌之斗,却曾有过笔墨之争。据《三国志·许靖传》记载:王朗和蜀汉大臣许靖是旧交。蜀汉政权建立后,王朗曾经多次写信规劝许靖等蜀汉大臣投降曹魏,但许靖不与理睬。王朗不死心,又向诸葛亮发起了挑战。《诸葛亮集》中说:后主建兴元年(公元223年),魏司徒华歆、司空王朗、尚书令陈群、太史令许芝等人分别致信诸葛亮,"陈天命人事,欲使举国称藩"。面对曹魏发动的舆论攻势,诸葛亮写了一篇名为《正议》的文章,文章中就有"所谓徒丧文藻烦劳翰墨者矣,夫大人君子之所不为也"之类的句子,对王朗之流的言论进行反击。显然,这一次笔墨之争被小说家注意并成为小说中的一个素材。小说家对于这个情节的虚构还有一个意图:把这一段对话当作诸葛亮征讨曹魏的檄文,借诸葛亮之口为北伐中原寻找正义的理由。这一点清人毛宗岗的点评非常精准:"今观骂王朗一篇,即以此当骂曹丕,即以此当布告之文可耳。"对于骂死王朗这个情节的安排与设计,小说家可谓是煞费苦心,其效果也是非常明显的。虽然"冤枉"了历史上的王朗,但却通过艺术的虚构凸显了诸葛亮的过人之处,可谓细微之处见功夫。

27. 蒋干并非专误事

在《三国演义》中,蒋干不是什么主要人物,只是个跑龙套的小角色。但是,这个小角色出现在赤壁之战这个关键时期,他所发挥的作用是巨大的。小说所描述的赤壁之战中,曹操的失利,蒋干有不可推卸的责任。小说中的蒋干原本是周瑜的同窗，志大才疏，主动向曹操请缨前往江东劝降周瑜。不料蒋干的意图早被周瑜识破，周瑜将计就计，伪造了蔡瑁、张允写给周瑜的降书，故意让蒋干盗走交给曹操，曹操果然上当，杀掉了曹军中精通水战的蔡、张二人，主动解除了对孙刘联军的巨大威胁。之后，蒋干再次前往江东，把"凤雏"庞统请到了曹营，也给了庞统"巧授连环计"的机会，为下一步的火烧赤壁创造了前提条件。蒋干这个角色在小说中是一个小丑，成了被周瑜反复戏弄、利用的悲剧人物。小说家对于"蒋干盗书"的细节描述扣人心弦，是《三国演义》中最为精彩的篇章之一：

至夜深，干辞曰："不胜酒力矣。"瑜命撤席，诸将辞出。瑜曰："久不与子翼同榻，今宵抵足而眠。"于是佯作大醉之状，携干入帐共寝。瑜和衣卧倒，呕吐狼藉。蒋干如何睡得着？伏枕听时，军中鼓打二更，起视残灯尚明。看周瑜时，鼻息如雷。干见帐内桌上，堆着一卷文书，乃起床偷视之，却都是往来书信。内有一封，上写"蔡瑁张允谨封"。干大惊，暗读之。书略曰："某等降曹，非图仕禄，迫于势耳。今已赚北军困于寨中，但得其便，即将操贼之首，献于麾下。早晚人到，便有关报。幸勿见疑。先此敬覆。"干思曰："原来蔡瑁、张允结连东吴！"遂将书暗藏于衣内。再欲检看他书时，床上周瑜翻身，干急灭灯就寝。瑜口内含糊曰："子翼，我数日之内，教你看操贼之首！"干勉强应之。瑜又曰："子翼，且住！……教你看操贼之首！……"及干问之，瑜又睡着。干伏于床上，将近四更，只听得有人入帐唤曰："都督醒否？"周瑜梦中做忽觉之状，故问那人曰："床上睡着何人？"答曰："都督请子翼同寝，何故忘却？"瑜懊悔曰："吾平日未尝饮醉；昨日醉后失事，不知可曾说甚言语？"那人曰："江北有人到此。"瑜喝："低声！"便唤："子翼。"蒋干只妆睡着。瑜潜出帐。干窃听之，只闻有人在外曰："张、蔡二都督道：急切不得下手，……"后面言语颇低，听不真实。少顷，瑜入帐，又唤："子翼。"蒋干只是不应，蒙头假睡。瑜亦解衣就寝。干寻思："周瑜是个精细人，天明寻书不见，必然害我。"睡至五更，干起唤周瑜；瑜却睡着。干戴上巾帻，潜步出帐，唤了小童，径出辕门。

●蒋干并非专误事

蒋干赴江东劝降,在历史上确有其事,这个故事见于《三国志·周瑜传》注引《江表传》。不过,这个故事的发生时间和过程与小说中的描述大相径庭。历史上的蒋干与周瑜并不是同窗,而是同乡,也就是《江表传》中所说的"州里"。蒋干仪表不俗,以能言善辩闻名于世,在江淮地区没有人敢与他进行辩论。曹操听说周瑜年轻有为,心生爱才之意,打算派遣说客进行拉拢,于是秘密派遣蒋干前往江东劝降。于是蒋干布衣葛巾,独自一人前往江东。这个故事发生在什么时间呢?大多数学者认为是在赤壁之战之后。笔者认为这种说法有值得商榷的地方。《江表传》的原文是这样:"初曹公闻瑜年少有美才,谓可游说动也,乃密下扬州,遣九江蒋干往见瑜。"从这个记载来看,曹操派遣蒋干劝降的时候,对于周瑜的了解是"闻瑜年少有美才",这就说明双方之间并没有发生过直接的接触和对抗,曹操对周瑜的了解只限于听说。而等到赤壁之战以后,周瑜已经名满天下,是曹操的死敌,又在江陵之战重挫曹操。在这个时候派人去劝降于理不合。因此,笔者倾向于时间应该在赤壁之战以前。

蒋干见到周瑜后,周瑜出门迎接,并开门见山问蒋干:"子翼(蒋干的字)不辞劳苦、远涉江湖而来,是不是为曹操来做说客的?"周瑜一眼就看出了蒋干的来意。蒋干只得敷衍道:"你我同乡之间多年不见,听说足下近来在江东英名赫赫,所以特地来看看。你怎么就疑神疑鬼,把旧人相聚说成了来做说客呢?"周瑜说:"我虽然比不上夔和师旷,但是也能做到闻弦赏音,你的弦外之音我还是能听出来的。"之后,周瑜摆下酒宴款待蒋干。

三天之后,周瑜请蒋干前往周瑜的军营,参观了营中的仓库、物资、器械、仪仗。回到周瑜的府第后,周瑜又让蒋干看了孙权赏赐给自己的侍者、服饰、珍玩。周瑜对蒋干说:"大丈夫处世,遇知己之主,外托君臣之义,内结骨肉之恩,言行计从,祸福共之,纵然是苏秦、张仪再世,郦食其复生,我都只会拍着他们的后背斥责他们的劝降的言语,更何况是你呢?"蒋干听完周瑜的话,明白了周瑜的心意,只是微笑,再也没有说出劝降的言语。回到曹营之后,蒋干一再称赞周瑜度量宽宏、雅量高致,不是言语所能打动的。

从《江表传》的这段记载中得知,虽然蒋干的确做过曹操的说客去劝降周瑜,没有讨得任何便宜,但是并没有出现被周瑜利用的情况。而且,这个故事的发生时间也不是在赤壁之战期间,自然也就不会发生曹操斩杀蔡瑁、张允的场面。

这里还要提出一个问题:赤壁之战期间曹操是否杀掉了蔡瑁、张允呢?这也不是历史的真实。晋人习凿齿所著《襄阳耆旧记》中记载,蔡瑁少年的时候与曹操就是好友。曹操占领荆州之后,曾经亲自来到襄阳蔡瑁的家中与蔡瑁的家人相见,足见曹操与蔡瑁的私交甚好,对待蔡瑁这个儿时好友,曹操念及旧情,将其任命为从事中郎、司马长水校尉,封汉阳亭侯。因此,所谓曹操在赤壁杀掉蔡瑁的故事也只是后来虚构出来的,并不符合历史真实。

蒋干的故事与赤壁之战扯上关系,大致出现在元代。关汉卿的《关大王独赴单刀会》中,蒋干的名字就已经出现了。该剧第一折中就有"则他那周瑜、蒋干是布衣交,那一个股肱臣诸葛施韬略,亏杀那苦肉计黄盖添粮草"的句子。而在《三国志平话》中,蒋干出现在赤壁之战期间,他的身份也变成了曹操的师父,主动自荐前往周瑜军营进行劝降,并夸口不但可以成功说服周瑜,还可以让周瑜"先斩刘备,然后驱兵南渡取吴"。《平话》中是这样描述蒋干的作用的:

> 次日,蒋干过江。周瑜、鲁肃、诸葛三人共话间,有人报言:"一先生来见元帅。"令人请蒋干入寨,众官接上帐坐定。周瑜言说:"故人相别数年,今日相会。"言:"出家儿不贪名利。周瑜今吴地为元帅,三十万雄兵、百员名将,屯兵柴桑渡口。""先生说两国非是!"一句禁得蒋干无言支对。却说周瑜带酒问众官:"曹相屯军夏口,百三十万;若迟疾,夏口必破。众官谁有计可退曹军?"内有黄盖出曰:"元帅使三个官人,引五万军,暗过柴桑渡口,寻小路到夏口北六十里地屠险处,邀住曹公粮草;无一月,曹公必自杀。名曰断道绝粮计。"周瑜大怒:"黄盖此计不中使!"鲁肃无计,众官不语。"黄盖谗言,即合处斩!"众官皆劝免死,打六十大棒。当夜,元帅带酒,众官皆散。
>
> 蒋干在帐中自言:"早来周瑜拦吾不语。"有黄盖哀怨,至帐言:"谢先生早来劝元帅免死之恩。"先生言曰:"周瑜不堪为帅。"黄盖有言:"今无直命而佐。"蒋干见左右无人,说曹操之德。"谁能远信,可当见曹公?"蒋干言曰:"曹相拜我为师,来说周瑜;瑜拦住我不能言。尊重若肯投曹?"蒋干言曰:"将军愁甚官不做,甚职不加?"黄盖又言:"军师不知,前有蒯越、蔡瑁将书已投周瑜。"蒋干大惊,黄盖言:"元帅书与小官。"蒋干要书看了,大惊:"此事曹相争知?"抱书蒋干与曹操,斩讫一人,绝其后患。黄盖自写叛书。盖言:"我投曹操,将五百粮草献与曹相。"二人说话到晚。

在《平话》中,蒋干亲眼看到了周瑜打黄盖的全过程,虽然没有向周瑜劝降,但是却成功地"说服"了上演苦肉计的黄盖。蒋干也没有盗书,蔡瑁、蒯越的投降书信是由黄盖直接交给蒋干的。蒋干最后的命运在《三国志平话》中也有一段记述:

> 却说武侯过江,到夏口。曹操船上高叫:"吾死矣!"众军曰:"皆是蒋干!"众官乱刀锉蒋干为万段。

从蒋干故事的发展演变的过程看,"蒋干盗书"是《三国演义》作者创造出来的一个情节。《三国演义》作者对之前已经逐渐成形的蒋干形象进行了较大改变,在艺术处理上也更加精细。把蒋干这个人物与赤壁之战联系在一起,通过蒋干,增加了蒋干盗书、黄盖诈降、阚泽献书、庞统授连环计等众多情节,为赤壁之战的情节编排起到了锦上添花的作用。而蒋干这个人物也变成了志大才疏、自作聪明的可笑形象。从这个意义上说,《三国演义》作者对于蒋干这个人物所做的艺术加工是非常成功的。

28. 张飞是有艺术才华的

在罗贯中的《三国演义》中,张飞是"身长八尺,豹头环眼,燕颔虎须,声若巨雷,势如奔马",长得就是五大三粗的,加上性如烈火,比较容易冲动,虽然也有粗中有细的时候,但给读者的总体印象是个勇猛有余而头脑不足的莽汉。

正史上的张飞和小说中的描述基本上区别不大。《三国演义》中提到的大闹长坂桥、义释严颜、大败张郃这些耳熟能详的故事在历史上的确也发生过。陈寿给张飞的评价是:"关羽、张飞皆称万人之敌,为世虎臣。羽报效曹公,飞义释严颜,并有国士之风。然羽刚而自矜,飞暴而无恩,以短取败,理数之常也。"

不过,通过其他的一些资料,我们可以发现,这位被后世公认的武夫其实文武兼备,在书画方面都很有才华。

元代吴镇在《张益德祠》中提到张飞擅工书:"关侯讽左氏,车骑更工书。文武趣虽别,古人尝有余。横矛思腕力,繇象恐难如。"

明杨慎《丹铅总录》中说:"涪陵有张飞刁斗铭。其文字甚工,(张)飞所书也。"

明代卓尔昌《画髓元诠》载:"张飞……喜画美人,善草书。"

明代陈继儒的《太平清语》中说在四川省流江县有张飞纪功题名。上面写道："汉将军飞，大破贼首张郃于八蒙，立马勒铭。"可惜张飞的"立马铭"经过千百年的风剥雨蚀，已不复存在了，目前尚存清光绪年间的一个拓本。清末胡升猷题识称："桓侯立马勒铭，相传以矛锸石作家，在四川渠县石壁。今壁裂字毁。光绪七年六月，检家藏拓本，重钩上石。"

清代《历代画征录》亦载："张飞，涿州人，善画美人。"

另外，20世纪60年代北京出版的一本《标准习字帖》的《编后》中也提到："我国书法家并不限于文人，武将中亦不少，如张飞、岳飞等。"

从这么多的资料看，张飞不仅仅是冲锋陷阵的猛将，而是文武兼修。这又引申出了另外一个疑问：为什么在普罗大众的心中张飞变成了莽汉呢？

原因与民间艺人有关系。陈寿《三国志·张飞传》中记载，张飞在长坂桥前一声怒吼："身是张益德也，可来共决死！"，吓得曹兵"敌皆无敢近者"。这种举动让民间艺人们觉得张飞在长坂桥的那种舍我其谁的英雄气概近乎疯狂，非智者不能为而唯莽汉为之也。加上《三国志·张飞传》中说张飞"暴而无恩"（"暴而无恩"，指的是张飞有时会体罚和鞭打手下的兵士），说明张飞的言行比较粗暴，这也让民间艺人们认为张飞更像一位莽汉，于是在创作中便特意进行塑造和渲染，才会把张飞的形象逐渐地过渡到小说中的样子。这种民间的再创造很早就深入人心，在唐朝李商隐的《娇儿诗》中的"或谑张飞胡，或笑邓艾吃"就说明在唐代张飞的形象已经发生了转变，而且得到了广泛认同。到了宋元时期的张飞已经不仅仅是"张飞胡"这么简单了，在《三国志平话》中的张飞简直就是乱来，而且有些不合情理。《三国志平话》中描述的张飞先是把太守元峤夫妇杀了，又将督邮崔廉"于厅前系马桩上将使命绑缚。张飞鞭督邮边胸，打了一百大棒，身死，分尸六段，将头吊在北门，将脚吊在四隅角上"，最后拉上刘备、关羽，"都往太山落草"。后来张飞还把袁术的太子袁襄摔死。这不但荒谬无稽，而且有损于刘备、关羽、张飞的形象。

幸好后来罗贯中的出现才使得张飞的形象才更加的生动、合理。虽然张飞在《三国演义》中还是莽汉一个，但粗中有细。尽管罗贯中舍弃了张飞擅长书画的艺术才华，但无损于人物形象，也符合史书上说的张飞有"国士之风"的评价。从这个角度我们也可以看出罗贯中的深厚功力。

29. 此刘岱非彼刘岱

《三国演义》第二十二回"袁曹各起马步三军 关张共擒王刘二将"中描述了这样的一个故事：刘备从许县逃出之后，斩杀了曹操任命的徐州刺史车胄并占据徐州。当时曹操正面临袁绍的进攻，无暇分身，只得派出刘岱、王忠二人统兵五万进剿刘备。书中是这样介绍曹军的主将刘岱的："原来刘岱旧为兖州刺史；及操取兖州，岱降于操，操用为偏将，故今差他与王忠一同领兵。"刘备在与刘岱交战之前，还特别嘱咐张飞："刘岱昔为兖州刺史，虎牢关伐董卓时，也是一镇诸侯，今日为前军，不可轻敌。"这个故事的结局是刘备歼灭曹军的，刘岱、王忠都成了刘备的俘虏。在这个故事里较为突出的人物有三个：刘备、关羽和张飞。刘备的仁义、关羽的武勇、张飞的智谋都在这个情节中得到了展示，这其中尤其以张飞抓获刘岱的情节最为精彩：

> 却说刘岱知王忠被擒，坚守不出。张飞每日在寨前叫骂，岱听知是张飞，越不敢出。飞守了数日，见岱不出，心生一计：传令今夜二更去劫寨；日间却在帐中饮酒诈醉，寻军士罪过，打了一顿，缚在营中，曰："待我今夜出兵时，将来祭旗！"却暗使左右纵之去。军士得脱，偷走出营，径往刘岱营中来报劫寨之事。刘岱见降卒身受重伤，遂听其说，虚扎空寨，伏兵在外。是夜张飞却分兵三路，中间使三十余人，劫寨放火；却教两路军抄出他寨后，看火起为号，夹击之。三更时分，张飞自引精兵，先断刘岱后路；中路三十余人，抢入寨中放火。刘岱伏兵恰待杀入，张飞两路兵齐出。岱军自乱，正不知飞兵多少，各自溃散。
>
> 刘岱引一队残军，夺路而走，正撞见张飞，狭路相逢，急难回避，交马只一合，早被张飞生擒过去。余众皆降。飞使人先报入徐州。玄德

闻之，谓云长曰："翼德自来粗莽，今亦用智，吾无忧矣！"乃亲自出郭迎之。飞曰："哥哥道我躁暴，今日如何？"玄德曰："不用言语相激，如何肯使机谋！"飞大笑。

在这一段情节编排中，小说家笔下粗中有细的张飞形象跃然纸上，让读者回味不已，拍手称快。不过，从历史记载来看，这个故事的水分比较大，小说家不仅误导了广大的读者，而且自己也误读了历史。用今天流行的话说，故事中的刘岱起死回生，是"穿越"来到张飞面前作战的。

首先要考证的问题是历史上究竟有没有发生过刘岱、王忠讨伐徐州刘备的故事呢？答案是有的。这个故事的发生时间是在献帝建安四年（公元199年），出处是陈寿的《三国志·先主传》及《三国志·武帝纪》。不过，记载都非常简单。曹操派遣刘岱、王忠进攻刘备，不克。而在《献帝春秋》中的记载则多出了一个细节。当刘备听说来讨伐自己的不是曹操而是刘岱、王忠二人后，得意扬扬地对二人说："像你们俩这样的货色，就算来十个百个，我都不放在眼里，能把我怎么样？就算是曹操亲自来了，也不一定能够打败我。"不过，这场战斗的过程在历史上没有留下任何记载，期间也并没有发生过张飞智擒刘岱的故事。而且，小说家对于刘岱、王忠二人所统帅的兵力的描述与历史上有很大的差异。虽然历史上刘岱、王忠二人统兵的数量没有记载，但是联系到官渡之战中曹操的军队也就五万人左右，刘岱、王忠二人就不可能拥有小说中描述的那么多兵力。

其次，小说家自己读书不精，弄错了刘岱的背景，让已经死了八年的刘岱起死回生，上演了一出穿越剧。可能读者看到这里都有点糊涂了：刚才不是明明说了历史上确实发生过刘岱、王忠讨伐徐州刘备的故事吗？怎么现在又变成穿越了？历史的真相是这样的：刘岱，在汉末年间有两位。

首先来说说历史上和王忠一起征讨刘备的这个刘岱。这个人物，在《三国志·武帝纪》注引《魏武故事》中有个简略的记载："（刘）岱字公山，沛国人。以司空长史从征伐有功，封列侯。"

查阅相关的历史资料得知，曹操担任司空一职的时间是在献帝建安元年（公元196年）十一月，而刘岱做过司空府的长史，因此也就肯定活到了献帝建安元年之后。

另外的一个刘岱没有之前的那位刘岱幸运。这个刘岱也就是小说家误读的兖州刺史刘岱。他是关东联军的参与者之一，同时也是汉末时期众多割据势力中的一员。关于他的生平，在《三国志》《后汉书》《续汉书》等多种历史资料中均有介绍。

此刘岱，生年不详，东莱牟平人，字公山，和刘备一样同属汉室宗亲。刘岱的伯父叫作刘宠，曾经担任过太尉。刘岱的父亲叫作刘舆，又名刘方，做过山阳太守；刘岱的弟弟叫刘繇，后任扬州刺史。刘家在汉末年间是著名士族。刘岱早年就以"孝、悌、仁、恕"，虚心待人闻名于世。担任过侍中、兖州刺史等职。关东联军讨董之时，刘岱参与了这场虎头蛇尾的战争。但为了争夺地盘，刘岱杀死了东郡太守桥瑁，这也成了关东联军最终解体的标志性事件之一。汉末诸侯混战爆发后，身处兖州的刘岱也成了各大割据势力极力拉拢的对象。袁绍曾经把自己的家小放在兖州，公孙瓒则打算派兵协助刘岱守卫兖州，都想把兖州纳入自己的控制范围。后来刘岱听从了程昱的建议，采取了联合袁绍的策略，与公孙瓒逐渐疏远，迫使公孙瓒驻扎在兖州的军队撤走。

献帝初平三年（公元192年），青州再次爆发黄巾之乱，百万黄巾涌入兖州。刘岱率兵进行镇压。同年四月，刘岱不听济北相鲍信的意见，贸然迎敌，在东平地区被黄巾军杀死。

把这两个刘岱的历史记载比对，读者自然就会发现其中的异同：虽然同名、同字，但是两人的籍贯完全不同。一个是沛国人，一个是东莱牟平人。而且二人的死亡时间也不同，后者在献帝初平三年（公元192年）被杀，因此也就不可能出现《三国演义》中兖州刺史刘岱率兵进攻刘备的故事了。真正率兵出征的是司空府长史刘岱。从上面的分析中可以看出，小说家对于刘岱的介绍有误，此刘岱非彼刘岱。虽然《三国演义》中的这个故事写得很精彩，但是却仍然无法掩盖小说家的瑕疵。为什么会出现这样的失误呢？看来还是在阅读史料的过程中不够细致造成的。虽然没有影响故事的精彩程度，但会给读者造成一个错误的理解和判断。

30. 与关羽相伴的周仓

周仓这个人物，在《三国演义》里虽然着墨不多，但给读者留下了深刻印象。这倒不是因为罗贯中对周仓的刻画有多成功，究其缘由，主要还是因为关羽的缘故，青龙偃月刀、赤兔马、周仓，都是关羽形影不离的三件"宝贝"，一提到周仓，人们自然就会想到关羽，反之亦然。随着关羽红透大江南北，成为崇拜的偶像，周仓身价倍增。不仅在戏曲舞台上频繁出现，也是关帝庙中少不了的一员，同关羽一起被后人供奉。据说在广东、湖北、山西等地，还有专门祭祀周仓之庙，可谓极尽荣耀。

不过翻遍陈寿的《三国志》、范晔的《后汉书》、裴松之为《三国志注》等史书，均不见周仓的影子，三国以后唐、宋等几代的野史、笔记、诗文也看不到关于周仓的记载，属于一个子虚乌有的人物。那么，周仓是从哪儿来的呢？

周仓这个人物形象，应该属于民间艺人们的杰作，出现时间可能在元代。最早有周仓故事的作品是由民间艺人创作的讲史话本——《三国志平话》。不过此时的周仓并不是关羽的跟班，也不是汉末时期的人物，而是蜀汉后期的一员战将。该书中周仓做了两件事情：一是被诸葛亮派去"使木牛流马运粮"，结果被司马懿抢走了几辆木牛流马回去研究；第二件事情是当司马懿想不出木牛流马如何使用的时候，周仓被派去戏弄司马懿，这段情节写得非常有趣：

> 又数日，见护将三百军赴寨前。周仓带酒高叫元帅："军师交我下战书来迎敌，见输赢。不战即合纳降。尔为魏之名将，何为闭门不出？"元帅言："周仓带酒！"令左右人取酒与周仓吃，吃的大醉。司马言："多与金珠财宝。诸葛木牛流马，打一杆可行三百余步，我造木牛流马，打一杆只行数步。有甚法度，你说与我，我与你万万贯金珠，可受满家富

贵。"周仓笑曰:"军师木牛流马,提杵人皆念木牛流马经。"又言:"打木牛流马者,皆是我管。今夜入寨写牛流马经献与元帅。"司马大喜,与周仓三十贯金珠、两匹好马。"若周仓你写来,交你富贵不可尽言。"

周仓去后,三日再来,司马慌接,令左右人将来。周仓去了。司马接看大惊,乃是武侯亲笔写来,言:自古将材,无五人会造木牛流马。尔为魏之名将,问我学木牛流马经,后人岂不笑耳!"司马碎其纸。

从现有的资料看,《三国志平话》中刻画的可能是最早的周仓形象。这个人物形象性格的塑造毫无特点,毫无称道之处。

元代大戏曲家关汉卿创作的杂剧《关大王单刀会》中,周仓开始出现在关羽的身边。从人物形象形成的延续性规律分析,《三国志平话》后的民间传说和戏曲中已经对周仓形象进行了进一步塑造。关汉卿则是对当时塑造出来的周仓形象进行提炼加工。也正是由于关汉卿的《关大王单刀会》,周仓这一人物形象开始变得广为人知。

罗贯中的《三国演义》显然受到关汉卿《关大王单刀会》的影响,保留了"单刀会"中周仓这一人物,同时对周仓进行了改造。小说中的周仓比起之前的塑造要丰满得多,人物刻画也比较深刻。

小说中的周仓在第二十八回出场,是一个黄巾余部,因为仰慕关羽而投靠,成为关羽的部下。为什么要把周仓写成是黄巾余部呢?丘振声先生在《三国演义纵横谈》一书中认为目的是"要人们以周仓为榜样,不要造反,纵然委身于绿林,改邪归正后,还可以不朽于人世"。毛宗岗在评论原因时也认为:"关公既遇廖化,又遇周仓。廖化是黄巾,周仓亦是黄巾。化之从公后于仓,而仓之慕公切于化。夫使仓而不与公遇,不过绿林一豪客耳。今日立庙绘像,仓得捧大刀立于公之侧,竟附公以并垂不朽。可见人贵改图,士贵择主。虽失足萑苻,未尝不可以更新;而单身作仆,胜似拥喽啰称大王也。"

不过,这种观点值得商榷。试想:罗贯中参与过推翻元代的农民起义,亲眼看到统治阶级对广大人民群众的残酷压迫和剥削,对封建统治阶级的残暴深恶痛绝,所以才参加农民起义,还是一个"有志图王者"(见《稗史汇编》)。如此说来,与汉末的黄巾起义属于同一类型、同一阵营,似乎不太可能去劝告世人"以周仓为榜样,不要造反,纵然委身于绿林,改邪归正后,还可以不朽于人世"。与罗贯中同时代的明朝开国皇帝朱元璋也是农民起义出身,罗贯中也用不着去贬低农民起义;其二,丘振声先生自己也认为罗贯中对于农民起义的态度是肯定的。在丘先生的《三国演义纵横谈》中的"有志图王者罗贯中"一文中,丘先生认为:"他与起义军有过一段血肉相连的生活,使他对农民起义的性质和作用有较为正确的认识。他创作的《隋唐志传》,热情地歌颂了程咬金、秦叔宝等瓦岗寨的英雄。在《隋唐五代史演义》中……(对于黄巢的刻画)更是写得悲壮动人。他(罗贯中)对农民起义是肯定的。对农民起义采取如此鲜明的态度,在我国古典作家中,并不多见。"既然如此,为何又说把周仓写成一个黄巾余部是为了要"以周仓为榜样,不要造反,纵然委身于绿林,改邪归正后,还可以不朽于人世"呢?岂不是自相矛盾?如果说毛宗岗的点评是丘先生所言的原因,倒是比较有道理,但对于罗贯中却不是如此。从《三国演义》分析,罗贯中对农民起义是肯定的,因此,把周仓写成一个黄巾余部出身不应该是劝说世人不要造反,而是提醒读者:在农民起义的参加者中,到处都有像周仓这样的忠义之士,并通过对周仓这一人物形象的塑造,反驳统治阶级对农民起义及起义将领的污蔑,罗贯中用他的特殊方式在对农民起义及起义将领进行颂扬。这样理解更加合乎逻辑。同时,罗贯中继承了民间艺人和戏曲家对周仓形象塑造的特色,仍然把周仓这个黄巾余部放在"千古忠义"的关羽身边,不但符合国人常说的"一个好汉三个帮"的传统观念,并暗含深意。关羽原本的出身就不好,不属于官宦之家,是一个平民英雄,而周仓则是因为深受统治阶级压迫参加农民起义而落草为寇的劳苦大众。两个生活在社会底层的普通人结合在一起,共同创造出一番惊天动地的事业,也符合广大人民群众的憧憬和向往。这样理解罗贯中此举的目的更加合理。

  周仓投奔关羽后,与关羽一起常年镇守荆州。第六十六回的"单刀会"中,周仓与关羽配合默契,智斗鲁肃。在关羽被鲁肃出言反驳、形势危急的时候,周仓挺身而出,与关羽合奏了一曲英雄的赞歌:

    云长未及回答,周仓在阶下厉声言曰:"天下土地,惟有德者居之。

岂独是汝东吴当有耶！"云长变色而起，夺周仓所捧大刀，立于庭中，目视周仓而叱曰："此国家之事，汝何敢多言！可速去！"仓会意，先到岸口，把红旗一招。关平船如箭发，奔过江东来。云长右手提刀，左手挽住鲁肃手，佯推醉曰："公今请吾赴宴，莫提起荆州之事。吾今已醉，恐伤故旧之情。他日令人请公到荆州赴会，另作商议。"鲁肃魂不附体，被云长扯至江边。吕蒙、甘宁各引本部军欲出，见云长手提大刀，亲握鲁肃，恐肃被伤，遂不敢动。云长到船边，却才放手，早立于船首，与鲁肃作别。肃如痴似呆，看关公船已乘风而去。后人有诗赞关公曰："藐视吴臣若小儿，单刀赴会敢平欺。当年一段英雄气，尤胜相如在渑池。"云长自回荆州。

罗贯中对周仓的描述虽然不多，但是对其刻画却是非常成功的。像"单刀赴会"一节，篇幅虽短，但大开大阖、气势磅礴，既突出了关羽的英雄气概，又衬托出周仓的临危不乱、急中生智，可谓一举两得，相得益彰。

关羽兵败而亡时，罗贯中也没有忘记对周仓这一人物形象进行最后的升华：

却说王甫在麦城中，骨颤肉惊，乃问周仓曰："昨夜梦见主公浑身血污，立于前；急问之，忽然惊觉。不知主何吉凶？"正说间，忽报吴兵在城下，将关公父子首级招安。王甫、周仓大惊，急登城视之，果关公父子首级也。王甫大叫一声，堕城而死。周仓自刎而亡。

罗贯中对周仓结局短短的描述，完成了周仓最后的壮举。通过罗贯中的刻画，我们对周仓这个黄巾余部的印象更加深刻：好一个忠义之士！

31. 廖化凭何作先锋

廖化这个人物，在人才济济的三国时期绝对不算名人。但是很幸运，廖化因为一句成语被后世的人们给牢牢记住了。他的名字几乎到了家喻户晓、耳熟能详的地步。这句成语叫作"蜀中无大将，廖化作先锋"。按照成语字典的解释，意思是比喻办事缺乏好手，让能力一般的人出来负责。这也就意味着廖化这个人物的能力很一般。后来这个成语又从廖化转移到了诸葛亮身上，变成了诸葛亮没能有效培养人才，导致蜀汉后继无人，人才匮乏。因此，这句"蜀中无大将，廖化作先锋"又成了诸葛亮的罪状之一。

既然这个成语源自廖化，就要从廖化身上来找答案，看看这个廖化是不是一个无能之辈。不过，通过对史料的解读，却会得出一个截然不同的答案：廖化并非无能之辈。

历史中的廖化

关于廖化的历史记载，大都出现在《三国志》和《华阳国志》中。虽字数不多，但对于这个历史人物的生平，有个大致的概括。

廖化（？—264年），字元俭，本名淳，襄阳人。他的家庭背景和早年经历没有记载，只知道他很早就投奔了刘备。根据他的籍贯，可以推测他很可能是在刘备寄寓荆州的时候加入刘备阵营的。刘备西征益州，廖化没有随之入川，而是留在荆州，以荆州主簿的身份辅佐关羽。之后发生在献帝建安二十四年（公元219年）的襄阳之战与关羽败走麦城，他都是见证人。关羽兵败被杀，荆州落入了孙权之手，廖化被俘。从《三国志·廖化传》中"（关）羽败，属吴"这个描述来看，他应该是随关羽的荆州守军一起投降了东吴而不是在战场上被俘投降的。而从之后的经历看，东吴并没有亏待廖化，因此才有了后面发生的故事。

廖化投降了东吴之后，并没有像原关羽手下的从事潘濬那样从此改换门庭，一心向吴，而是思念远在益州的旧主刘备。为了能够回到刘备的身边，廖化想出了一个出人意料的办法，最后居然还获得了成功。

《三国志·廖化传》中对于这个故事的记载非常简单，只有二十二个字："思归先主，乃诈死，时人谓为信然，因携持老母昼夜西行。"不过，廖化的这个举动比起这简简单单的二十二个字来，显然要复杂得多。首先是诈死不被外人怀疑就是一件难度非常大的事情，更何况在他逃往益州的过程之中还

● 廖化凭何作先锋

要带上一个年迈的母亲。这几乎是个不可能完成的任务，但是廖化做到了。虽然记载中没有出现像文艺作品中关羽"千里走单骑"时"过五关斩六将"之类惊心动魄的场景，但难度是非常大的。幸好在廖化逃亡的途中，刘备正率兵进攻东吴，双方在秭归地区意外相遇。廖化版的这个"千里走单骑"总算是成功了。刘备见到廖化后大为高兴，马上任命廖化做宜都太守，这个故事以皆大欢喜的结局告终。

通过这段历史记载可以发现这样的几个事实：首先，廖化是一个文职官员出身。在当时人才济济的荆州能得到刘备、诸葛亮的赏识担任主簿这个职位，是要具备一定能力的。鼎鼎大名的"凤雏"庞统，在刚刚投靠刘备的时候，也只是个县令，经诸葛亮大力推荐后，才做了从事。这个从事的职务，比主簿也就高一级。廖化的投降，应该是迫不得已，否则他也就不会不顾危险逃跑。另外，廖化的这个"千里走单骑"的故事，比起《三国志·关羽传》中关羽逃离曹营，难度要大了很多。《三国志·关羽传》中是这么记载

品事录　119

关羽的逃走的："及羽杀颜良，曹公知其必去，重加赏赐。羽尽封其所赐，拜书告辞，而奔先主于袁军。左右欲追之，曹公曰：'彼各为其主，勿追也。'"关羽能够顺利地离开曹操的控制区，是得到了曹操的默许和关照的。一路顺风顺水、大摇大摆回到刘备身边。而廖化版的"千里走单骑"则是"昼夜西行"，还带着自己的母亲，这种风险显然比关羽要大多了。不过同样的举动得到的结果却是不同的。随着关羽在后世地位的提高，这个"千里走单骑"的故事被后人反复颂扬。后来的艺人、作家们还觉得不过瘾，在关羽版的"千里走单骑"的后面还加上了一个"过五关斩六将"。而廖化版的"千里走单骑"则被彻底遗忘。另外，从历史上发生的这两个版本的"千里走单骑"看，关羽版的突出的是"忠、义"，而廖化版的还多了一个"孝"，可谓有过之而无不及，境界超过了关羽。这里还有一个细节值得注意：关羽兵败的时间是献帝建安二十四年（公元219年），而刘备伐吴到达秭归则是在章武元年（公元221年）底至章武二年（公元222年）初，时间间隔长达两年。在这两年多的时间里，廖化能够卧薪尝胆，矢志不渝，其忠义之心难能可贵。难怪刘备见到廖化会喜出望外。

廖化在回到蜀汉之后的表现，散见于陈寿的《三国志》各传中，我们不妨按照时间顺序来逐一了解。

廖化归蜀之时，正值刘备东征，廖化虽然被任命为宜都太守这个地方官职，但也立即被派到出征军队中参与战斗。《三国志·陆逊传》载："备从巫峡、建平连围至夷陵界，立数十屯，以金锦爵赏诱动诸夷，使将军冯习为大督，张南为前部，辅匡、赵融、廖淳、傅肜等各为别督。"这场战争被后世称为夷陵之战，是三国鼎立局面正式形成的关键战役。虽然不见廖化在这场战争中的具体表现如何，但从他所担任的别督这一武官职务来看，他在军事方面的才能是得到了刘备肯定的。

刘备病逝之后，蜀汉政权进入诸葛亮时代。《三国志·蒋琬传》载："建兴元年，丞相亮开府，辟琬为东曹掾。举茂才，琬固让刘邕、阴化、庞延、廖淳。"此时廖化的职务是丞相参军，与诸葛亮的心腹马谡等同。参军这个职务相当于现在的参谋，属幕僚性质，参与军事行动的组织和策划。从这两段记载看，诸葛亮对廖化还是比较重视的，在当时的朝野上下对廖化的评价也是不错的。后来，廖化又"后为督广武，稍迁至右车骑将军，假节，领并州刺史，封中乡侯"。在蜀汉政权的地位一直在上升，说明他在后主刘禅和诸葛亮的眼中是个有用之才。《华阳国志》中说："后张翼、廖化并为大将军，时人语曰：'前有王、句，后有张、廖。'"《三国志·廖化传》说廖化在蜀汉任职期间"以果烈称"，这也说明了他具备一定的能力和威望。

除了在仕途上节节高升之外，廖化在战场上的表现也是不错的。

《三国志·明帝纪》注引《汉晋春秋》中记载："九月，蜀阴平太守廖惇反，攻守善羌侯宕蕈营。雍州刺史郭淮遣广魏太守王赟、南安太守游奕将兵讨惇……奕军为惇所破；赟为流矢所中死。"

《三国志·后主传》中说："六年夏，魏大兴徒众，命征西将军邓艾、镇西将军钟会、雍州刺史诸葛绪数道并攻。于是遣左右车骑将军张翼、廖化、辅国大将军董厥等拒之。"此时，蜀汉政权已经是江河日下，虽然廖化被派出迎，但是已经无法挡住邓艾的强大攻势。第二年，蜀汉政权就灭亡了。

《三国志·廖化传》注引《汉晋春秋》中还有这样的一个记载：

景耀五年，姜维率众出狄道，廖化曰："'兵不戢，必自焚'，伯约之谓也。智不出敌，而力少于寇，用之无厌，何以能立？诗云'不自我先，不自我后'，今日之事也。"

从这个记载可以发现，对于如何治理军队，廖化有着清醒的认识。

通过以上的相关记载，我们可以得出这样的一个结论：廖化称得上是一位儒将，是蜀汉政权从崛起、兴盛到灭亡的见证人。他具备一定能力，既有地方管理经验，又有率兵抗敌的武将生涯，加上能得到蜀汉两代帝王及诸葛亮的重用，算得上是个人才。因此，"蜀中无大将、廖化作先锋"说的并不是历史上的廖化。

《三国演义》中的廖化

在《三国演义》中，廖化的形象比起历史记载要丰满得多。廖化的出场被安排在了小说的第二十七回。廖化一出场，就帮了关羽一个大忙：在关羽

"千里走单骑、过五关斩六将"的途中,廖化杀了同伴杜远,救了刘备的二位夫人,只不过廖化的身份由历史中的荆州主簿变成了山贼。后来他又成了益州刘璋的部下,在刘备益州之战中投降了刘备;关羽威震华夏之时,廖化随之冲锋陷阵;关羽被围,廖化自告奋勇前往上庸求救;刘封、孟达拒不派兵,廖化当即"遂上马大骂出城,望成都而去",忠肝义胆,跃然纸上;后主登位以后,廖化一直随诸葛亮出现在北伐的第一线,身经百战、出生入死,还差一点杀掉了司马懿;诸葛亮去世后,廖化又同姜维一起为完成诸葛亮的遗愿而继续征战在疆场上;蜀汉灭亡后,"廖化、董厥皆托病不起,后皆忧死"。罗贯中特别在此处加上了"忧死"二字,足见对廖化的赞赏。从小说中我们也找不到作者贬低廖化的描述。因此,"蜀中无大将,廖化作先锋"的说法也不应该是源自小说。

释疑

从上面列举的证据看,都找不到廖化能力不足的地方。因此,后来对这句成语被理解为"比喻办事缺乏好手,让能力一般的人出来负责"是不对的。那么,问题出在哪里呢?"蜀中无大将,廖化作先锋"的说法又是从何而来的呢?

问题还是出在历史记载中。之前我们在《历史中的廖化》一节中曾经说道:《三国志·后主传》中说"六年夏,魏大兴徒众,命征西将军邓艾、镇西将军锺会、雍州刺史诸葛绪数道并攻。于是遣左右车骑将军张翼、廖化、辅国大将军董厥等拒之"。这里有个很容易被忽略的地方:此时的廖化究竟有多大年纪了?

《三国志·宗预传》中记载了这样一个故事:"景耀元年,以疾征还成都。后为镇军大将军,领兖州刺史。时都护诸葛瞻初统朝事,廖化过预,欲与预共诣瞻许。预曰:'吾等年逾七十,所窃已过,但少一死耳,何求于年少辈而屑屑造门邪?'遂不往。"

景耀元年(公元258年),这时候廖化的年纪已经超过七十,可谓高龄。而在之后的一年,他还会被派上前线去抵御邓艾。笔者认为可能是《三国志·宗预传》中的这段记载被后人利用,创造出"蜀中无大将,廖化作先锋"这句成语。这句成语最初的意思似乎应该是这样才符合历史:蜀中找不出什么大将了,居然要一个年过七旬的老将出马。但不知为何,这句成语的解释竟然与历史的真实南辕北辙,而廖化也变成了能力平庸的代名词。

从史料中可以发现:廖化在历史上的表现是不错的。后主刘禅把一个七十多岁的老将派上战场,并不能证明在蜀国没有什么人才。从廖化的年龄看,这还有点老骥伏枥的味道,和春秋战国时期的老将廉颇有相似之处,是值得称赞的一件事情。也不知道为什么这句成语会变成今天的这副模样,实在是冤枉了廖化。

至于这个成语后来被用来指责诸葛亮,其实忽略了一个事实:廖化七十多岁还要被指派上阵杀敌,这是刘禅的决定,和诸葛亮没什么关系,因为这时候的诸葛亮已经去世29年。这时候的廖化只是年老,并非无能;如果说这是由于诸葛亮对蜀汉人才培养不够,造成后来老廖化做先锋的话,更是有点牵强。诸葛亮死后,还出现了蒋琬、费祎等几代领导集体,单纯把责任都推到诸葛亮身上,有欠公允。以笔者看,像廖化这样的忠勇仁孝之士,具备丰富的对敌作战经验,就算到了七十岁刘禅还会用他去作先锋,没有什么奇怪的,也没准是廖化自己自告奋勇、主动请战。用"蜀中无大将,廖化作先锋"来指责诸葛亮,无论是从历史记载还是文艺作品的描述,都是站不住脚的。

32. 马超本是不孝子

如果简单勾勒一下《三国演义》中马超这个人物形象的特点,大概有这么几个关键词:英俊潇洒、武功高强、威名远扬、血海深仇、晚景凄凉。

马超出场是在《三国演义》第十回。当时他跟随父亲马腾一起率军勤王。书中对马超的样貌有个简单的描述:"只见一位少年将军,面如冠玉,眼若流星,虎体猿臂,彪腹狼腰;手执长枪,坐骑骏马。"等到了小说第五十八回，作者对马超形象的描述更加详细："又见马超生得面如傅粉，唇若抹朱，腰细膀宽，声雄力猛，白袍银铠，手执长枪，立马阵前。"这是个什么模样？简单来说就两个字：帅哥。说到马超的武功，有人做过统计，小说中对马超单独较量的武将一共有来自不同阵营的十六员大将。在这十六次交锋中，马超杀掉了其中的四位：李通、梁兴、马玩、王方，擒获了一位：李蒙，打伤了两位：韩遂、杨阜。居然无一败绩，可见的确是武功高强。马超的威名，不但曹操说过"马儿不死，吾无葬地"，就连被刘备包围的刘璋听说马超投靠刘备，吓得立马投降，可见威名远扬，谁见到都有几分胆怯。最后要说说马超的血海深仇。《三国演义》中交代，马超不但父亲马腾、兄弟马休和马铁被曹操所杀，就连马超妻子杨氏、幼子三人及至亲十余口后来也被梁宽、赵衢所杀。到最后身边只剩下了堂弟马岱。这个结局不可谓不悲惨。最为凄惨的是，马超的最后结局在小说中居然没有一个介绍。似乎罗贯中在创作《三国演义》的过程中突然把马超忘却了。直到小说第九十二回诸葛亮一出祁山之时，才突然出现了拜祭马超坟墓的情节。似乎这时候作者才想起来有马超这么个人物，堂堂的五虎上将就这么悄然无息在《三国演义》中消失了。这不能不说是一个巨大的遗憾。

既然在小说中无法了解一个完整的马超，读者自然就会想到通过历史典籍来进行了解。但当阅读了历史上的相关记载之后，却又会出现一个巨大的反差。历史上的马超不仅没有小说中那样神勇、那么忠义，居然还背负着一个"背父叛君"的骂名，最后落得一个被人猜忌、郁郁而终的结局。

马超，字孟起，扶风茂陵人。马超的父亲马腾早年投靠了凉州刺史耿鄙，镇压氐、羌等少数民族的叛乱，官拜军司马。在此期间，马腾掌握了一支军事力量，骁勇善战。凭借这支劲旅，马腾终于在公元187年建立了自己的军事集团，之后占据凉州部分地区，成为汉末割据势力之一。作为马腾的长子，马超也逐渐在跟随父亲的征战中成长起来。

马超的第一次亮相，是在献帝建安初年，不过表现根本谈不上出彩，反而差点丧命，这一点与《三国演义》中马超出场时的神勇比起来相距甚远。

当时，马腾与凉州另一个割据势力——韩遂集团发生武装冲突。马超奉命出征与后来成为韩遂女婿的阎行交战。不过结果却出乎很多《三国》小说迷的意料——马超差点丧命。《三国志·张既传》注引《魏略》中说，阎行在与马超单挑的过程中，长矛的矛头突然折断。阎行顺势将其扔向马超的脑袋，差点就把马超给杀了。

自从曹操迎接汉献帝东归、把持东汉政权之后，马腾这一割据凉州的地方势力受到曹操的关注。为了拉拢马腾，全力应付中原的战事，曹操授予马腾前将军的职务，年仅二十余岁的马超被任命为司隶校尉督军从事。

献帝建安七年（公元202年），马超又参与了对袁绍残余势力——郭援、高干的战斗。马超斩杀了郭援，但自己也在战斗中负伤。战后，马腾被晋升为征南将军，马超被任命为徐州刺史。

公元208年赤壁之战之前，曹操派张既游说马腾离开部队，入朝为官，马超则被任命为偏将军，率领马腾的部属。从此，马超便成了这支凉州割据势力的统帅，此时的马超也仅仅是三十三岁。《三国志·周瑜传》中周瑜曾经在献帝建安十五年（公元210年）向孙权提出"乞与奋威俱进取蜀，得蜀而并张鲁，因留奋威固守其地，好与马超结援"的建议，说明马超集团的实力和影响力之大，已经成为影响汉末时局的一支不可忽视的力量。马超在接替父亲马腾之后，其势力也得到了较大的发展。

但是接下来发生的一切却让世人震惊不已。这便是马超父亲马腾之死。

在小说中，马腾早年就接受了汉献帝的衣带诏，密谋诛杀曹操。后来又打算乘曹操召见之时为国除害。不料事情败露而被曹操杀害。但历史的真相与小说大相径庭。事情还要从曹操说起。

公元208年赤壁之战之前，曹操派张既游说马腾离开部队，入朝为官。到达许昌之后，曹操封马腾为卫尉，并拜其子马休为奉车都尉、马铁为骑都尉，同时将马腾的家属迁徙至邺城。马腾的长子马超被任命为偏将军，统帅马腾的部属。就这样，马腾一家二百多口都成了曹操的人质。

公元211年，曹操开始着手解决西凉和汉中的割据势力。他派遣锺繇征讨张鲁，激起马超、韩遂等凉州地方割据势力的联合反叛。对于凉州割据势力的激烈反应，曹操是早有准备的。但是对于马超的背叛，曹操却始料不及。

他完全没有想到马超会弃宗族二百多口于不顾，带头起兵。战争开始后，曹操并没有将马腾全家杀死，而是一直利用马腾在手的有利条件，引诱马超归顺。在马超集团参加叛乱之后的一年左右的时间里，曹操都没有拿马腾一家二百余口来祭旗，其目的无非是为了争取马超集团的反水。直到马超势已去之时，马腾全家的利用价值不复存在，曹操才下令诛杀马腾全家。而马超至此也背上了"背父叛君"的骂名。

《三国志·杨阜传》中杨阜说马超"背父叛君"；同传中姜叙的母亲骂他"背父之逆子"；《三国志·杨戏传》中杨戏说他"乖道反德"；后世孙盛更是以"马超背父，其为酷忍如此之极也"来斥责马超的行径。可见马超的恶名流传非常广泛，其危害性甚至影响到了马超与其他割据势力的相互关系。马超向刘璋示好之时，刘璋手下的谋士王商就对刘璋说过："超勇而不仁，见得不思义，不可以为唇齿。"（见《三国志·许靖传》注引《益州耆旧传》）而当马超投奔张鲁之后，张鲁曾经想把自己的女儿嫁给马超以换取马超对自己的忠心，而张鲁的手下也对张鲁说了"有人若此不爱其亲，焉能爱人？"之类的话（见《三国志·马超传》注引《典略》），这也导致了马超的不被重用及最后的背叛。所有的这一切都说明：马超的"背父叛君"不仅确实是历史的真实，而且流传甚广，对马超而言影响极坏。

公元211年三月，曹操命司隶校尉钟繇领兵，以征西护军夏侯渊作为后援，出兵关中，关中之战由此开始。由于凉州联军不论在战略上还是在战术上，都不如曹操来得高明，短短数月时间土崩瓦解。公元212年，马超东山再起。马超一方面拉拢凉州各少数民族势力袭击陇右各县，一方面向汉中割据势力张鲁求援并得到张鲁派遣的数万兵力支持。公元214年正月开始，马超开始围攻冀城，并与前来增援的夏侯渊展开激战。《三国志·夏侯渊传》记载，此战以马超的胜利而告终。作战失利之后，夏侯渊退回长安，从此抛下凉州不管。凉州再一次成为马超纵横的舞台。

夏侯渊大军的避战给了马超重整旗鼓的大好时机。通过兼并陇右地区其他的割据势力，马超的力量得到了一定恢复。但后来却遭到凉州地方实力派的强烈对抗，马超最终还是被赶出了凉州。

马超投奔张鲁之后，日子过得并不如意。张鲁对马超本来就十分猜忌，而马超对张鲁所盘踞的汉中地区也没安什么好心。结果双方不但发生了武装冲突，还造成最后马超仓皇逃出汉中，最后走投无路才投靠了刘备。在这个过程中，并没有出现如《三国演义》中所描述的什么马超大战葭萌关、夜战张飞之类的情节。一句话，此时的马超犹如丧家之犬，有个地方给他栖身就已经很不错了，哪里还有军力与刘备对抗呢？

刘备对待马超从表面上看是非常不错的。先是任命马超为平西将军，后来又拜为左将军、迁骠骑将军，领凉州牧，进封斄乡侯。但在这些风光的背后，刘备对马超是非常不放心的。马超到来之后直到病逝，刘备也仅仅有一次让马超率军出战，而且在马超的身边还安排了一个嫡系——张飞。此战之后，马超就被永久雪藏。而在《三国志·彭羕传》中曾经直截了当地提到：马超在益州寄人篱下，整天提心吊胆。

这种局面是如何造成的呢？问题的根子还是出在马超自己身上。"背父叛君"已经让马超的名声差到了极点，加上来到益州之后，马超又不断向刘备要求打回凉州去，造成刘备的猜忌。其实在马超的心里，投靠刘备只是迫不得已，杀回凉州去才是终极目标。也正因为如此，刘备也在怀疑马超投靠自己的真实意图到底是什么。他非常担心自己成为第二个张鲁而被马超算计。如此一来就注定了马超在蜀汉的日子不会好过。晚景凄凉也是马超必然的一个结局了。在这种情况下，马超年仅四十七岁就郁郁而终了。

历史上的马超原是一个命运多舛的人物，但是在罗贯中的笔下却成了一个充满了悲剧色彩的正面人物。为什么会出现如此之大的反差呢？究其缘由，还是《三国演义》中"帝蜀寇魏"思想在作怪。以前不是有句这样的话吗？——"凡是敌人反对的我们就要拥护，凡是敌人拥护的我们就要反对。"既然马超之前的对手是曹操，而曹操又是《三国演义》中的反面典型，那么与曹操作对的自然也就成了好人，也就成了称赞和宣扬的正面人物，马超就是沾了这个光。如果按照历史的真实来塑造马超，他是绝对成不了正面人物的。

33. 罗贯中的几大谜团

清代著名古典文学批评家金圣叹认为《三国演义》的作者是"古今为小说之一大奇手"。那么，这位"奇手"是谁呢？人们都毫不犹豫地回答：罗贯中。但若要问起罗贯中的生平情况，不仅一般读者难以回答，就连一些专家、学者也众说纷纭。直至现在，关于罗贯中的生活年代、籍贯、作品名称等都存在着很大争议。

首先，罗贯中的生活年代就是一个谜。目前学术界主要有四种观点。第一种观点认为罗贯中是南宋末年人。这种说法的主要依据是明代田汝成所著《西湖游览志余》卷二十五中"钱塘罗贯中本者，南宋时人，编撰小说数十种"的记载。第二种观点认为罗贯中为元代人。这个说法的主要依据为《三国演义》中所引用的几百首评点人物、情节的诗词中大多为"唐贤""宋贤"之类的字眼，表明作者是元朝人；同时在书中小字注中提到的不少地名都与元朝的行政区划名称相符，也表明作者为元朝人。第三种观点认为罗贯中为明朝人。持此说者针对书中小字注的"今地名"是故意模仿元朝人的口气以取信读者，认为作者的生活年代当为公元1330至1400年之间。

第四种观点是目前最为主流的说法，认为罗贯中为元末明初人。这种观点的主要依据为20世纪20年代发现的元末明初贾仲明所著《录鬼簿续编》一书。该书中有一段关于罗贯中生平的最详细记载："罗贯中，太原人，号湖海散人。与人寡合，乐府、隐语极为清新。与余为忘年交，遭时多故，各天一方。至正甲辰复会，别来又六十余年，竟不知其所终。"该记载中的"至正"是元代末代皇帝元惠宗的最后一个年号，"甲辰"是至正二十四年，即公元1364年，此时距离明代建国仅剩四年时间。加上记载中所提到的作者贾仲明与罗贯中为"忘年交"，以此推断罗贯中的生活年代当在元末明初。

关于罗贯中的籍贯，目前学术界的争议也非常大。综合起来大致有钱塘

(今浙江杭州)、庐陵（今江西吉安）、东原（今山东东平）、太原（今山西太原）这四种说法。其中"钱塘说"的主要依据是明清时期的笔记，例如明代田汝成的《西湖游览志余》、王圻的《续文献通考》、郎瑛的《七修类稿》、高儒的《百川书志》及周亮工的《因书屋书影》，等等。"庐陵说"的主要依据为《说唐演义全传》的题署。"东原说"则出自《三国演义》流行之后诸多版本的作者介绍中，这其中尤以明代蒋大器写于弘治七年（公元1494年）的为《三国志通俗演义》所作的序言为代表。序言曰："若东原罗贯中，以平阳陈寿传，考诸国史，自汉灵帝中平元年，终于晋太康元年之事，留心损益，目之曰《三国志通俗演义》。"在诸多罗贯中籍贯观点中，"太原说"目前得到了大多数学者和专家的赞同。这个说法的依据是前面提到的明代贾仲明的《录鬼簿续编》中的记载。

除了罗贯中的生活年代、籍贯等问题之外，他所创作的这部名著的书名也存在争议。据不完全统计，就有《三国志通俗演义》《三国志演义》《三国志传》《三国志史传》《三国全传》《三国演义》等七八种之多。到底哪一个才是罗贯中的原著呢？目前也是一个谜。

34. 黄忠的"老"

黄忠的"老"是真的老，年纪大。第五十三回"关云长义释黄汉升，孙仲谋大战张文远"黄忠出场的时候，诸葛亮就说他年近六旬。这个时间是赤壁之战后，大致为献帝建安十三年至十五年之间。随着年纪的增长，黄忠的"老"也成了他上阵杀敌的一大障碍。第六十二回"取涪关杨高授首，攻雒城黄魏争功"中，刘备欲取雒城，刘璋派冷苞、邓贤离城六十里下寨。刘备问众将谁愿意去战败二将，黄忠主动请缨，却遭到魏延的反对。魏延的理由就是"老将军年纪高大，如何去得"。气得黄忠大怒，"趋步下阶，便叫小校将刀来"，要与魏延当面比试一番。第六十五回"马超大战葭萌关，刘备自领益州牧"中黄忠与李严阵前单挑，大战四五十个回合不分胜负，诸葛亮连忙鸣金收兵。这不仅仅是李严武艺高强，不可力取，其中也有唯恐黄忠年老不支的成分在内。第七十回"猛张飞智取瓦口隘，老黄忠计夺天荡山"刘备与曹操大战汉中，曹魏名将张郃进攻葭萌关，诸葛亮唯恐手下众将不敌，提出要从阆中将张飞调回迎战，并说除了张飞无人能敌张郃。黄忠挺身而出，要求出战张郃。诸葛亮说："汉升虽勇，争奈年老，恐非张郃对手……将军年近七十，如何不老？"不仅同僚们对黄忠的"老"感到担心，就连对手也为这员老将出马觉得可笑。张郃看到黄忠便笑黄忠"你许大年纪，犹不识羞，尚欲出战耶"，韩浩也称黄忠是"老贼"。可见黄忠的确"老"。

不过，黄忠的"老"并不仅仅是单纯的"老"，而是"老"得非常有特点。

黄忠的"老"是老当益壮，宝刀未老。虽说年龄虽老，但武艺却非常高强。不仅刀法娴熟，还"能开二石力之弓，百发百中"（见第五十三回）。年近七旬时，"两臂尚开三石之弓，浑身还有千斤之力"（见第七十回）。诸葛亮也说过黄忠有"万夫不当之勇，不可轻敌"。长沙城下，黄忠大战关羽，

●黄忠的"老"

第一次交锋斗了一百个回合不分胜负,第二次较量又战了五六十回合未见输赢。第三次对阵打了三十余回合后,黄忠诈败,放箭射中了关羽的盔缨,差点要了关羽的性命。雒城前线,魏延贪功冒进,偷袭冷苞大寨,被冷苞察觉,战事不利,魏延所部抵挡不住,节节败退,魏延马失前蹄,被掀下坐骑,性命堪忧。这时候又是黄忠及时赶到,一箭射死敌将邓贤,大战冷苞,将敌军杀退,扭转战局。面对曹魏名将张郃,黄忠毫不畏惧,发出"竖子欺吾年老!吾手中宝刀却不老"(见第七十回)的豪言壮语,拍马便与张郃决战,二十多个回合不分输赢,最后在严颜的配合下将张郃杀得大败。定军山口,"黄忠一马当先,驰下山来,犹如天崩地塌之势。夏侯渊措手不及,被黄忠赶到麾盖之下,大喝一声,犹如雷吼。渊未及相迎,黄忠宝刀已落,连头带肩,砍为两段",为刘备最终夺取汉中立下奇功。这些都是黄忠老当益壮、宝刀不老的具体事例。

黄忠的"老"还有一个最大的特点,那就是老谋深算。这个特点在第七十回"猛张飞智取瓦口隘，老黄忠计夺天荡山"中表现得尤为明显。

张郃进攻葭萌关，守将孟达引军下关与张郃交锋，大败而回。霍峻急申文书到成都，诸葛亮派黄忠与严颜两位老将前去增援。这个部署出人意料，连赵云都觉得不可思议。孟达、霍峻见了，心中也笑孔明欠调度："是这般紧要去处，如何只教两个老的来！"同僚们的态度，黄忠看在眼里，记在心头，立即找来严颜商量对策。黄忠说："你可见诸人动静么？他笑我二人年老，今可建奇功，以服众心。"黄忠没有与将领们做口舌之争，而是打算用实际行动击败敌人，让同僚们心服口服。

两军交战之后，黄忠与张郃正面交锋。双方激战二十多个回合，忽听背后喊杀声起，原来是黄忠与严颜在战前早已设下计策，从小路包抄敌军。张郃收尾不能兼顾，面对夹攻落荒而逃，兵退八九十里。黄忠取得了战斗的首胜。

张郃战败后，曹洪派夏侯尚与韩浩增援。严颜建议夺取曹军囤积粮草的天荡山，黄忠立即采纳，并与严颜进行了一番密谋。严颜依计而行，"自领一枝军去了"。

没过几天，两军交战，黄忠独斗韩浩，夏侯尚见状拍马上前，双战黄忠。十几个回合后，黄忠败走。二将追了二十余里，夺了黄忠的营寨。第二天二将再度出击，黄忠又败，新建的营寨又被占领。过了一天，黄忠再战，又败退了二十余里。一连数日，黄忠望风而走，连败数阵，一直退到了葭萌关前。此时，曹营将士欢欣鼓舞，刘备军中不少将领垂头丧气。孟达偷偷报告刘备，刘备大惊，派刘封前来接应黄忠。直到此时，黄忠才说明了自己一路退军的原因："此老夫骄兵之计也。"黄忠表示："看今夜一阵，可尽复诸营，夺其粮食马匹。此是借寨与彼屯辎重耳。今夜留霍峻守关，孟将军可与我搬粮草夺马匹，小将军看我破敌！"对于取得战斗的胜利，黄忠早已胸有成竹。

当晚二更时分，黄忠率领五千士兵偷袭敌军。夏侯尚、韩浩疏于防范，正中圈套，被黄忠破寨而入，军马自相践踏，死者无数。战斗进行至天明，黄忠连夺三寨，曹军寨中丢下军器鞍马无数。张郃军兵"被自家败兵冲动，都屯扎不住，望后而走；尽弃了许多寨栅，直奔至汉水傍"。

取得了战斗的首胜之后，黄忠一鼓作气，又向天荡山的曹军发动进攻。

韩浩引兵来战。黄忠挥刀直取浩，仅一合便斩韩浩于马下。蜀兵大喊，杀上山来。这时候，山后喊杀声响起，火光冲天。原来是"黄忠预先使严颜引军埋伏于山僻去处，只等黄忠军到，却来放火，柴草堆上，一齐点着，烈焰飞腾，照耀山峪。严颜既斩夏侯德，从山后杀来"。从战斗开始前严颜率部离开，直到数日之后才突然出现，黄忠可谓老谋深算，成竹在胸。敌将夏侯德提兵来救火时，正遇老将严颜，手起刀落，斩夏侯德于马下。张郃、夏侯尚前后不能相顾，只得弃天荡山，望定军山投奔夏侯渊。黄忠此役沉着冷静、有张有弛，最终取得了战斗的胜利。这个事例最能体现出黄忠老谋深算的特点。

不过，黄忠毕竟是老了。老了老了，就难免会有年老血衰、老迈昏聩的时候。关羽被杀，荆州丢失。刘备起兵七十五万东征孙权，黄忠被任命为前部先锋。就因为刘备口误说出了一句"老者无用"，黄忠的脾气就上来了。带着亲随五六人来到前线杀敌。这就有点老糊涂了。

两军阵前，黄忠虽有"吾自长沙跟天子到今，多负勤劳。今虽七旬有余，尚食肉十斤，臂开二石之弓，能乘千里之马，未足为老。昨日主上言吾等老迈无用，故来此与东吴交锋，看吾斩将，老也不老"（见第八十三回）的豪迈，但毕竟年事已高。斩杀东吴将领史迹、击败潘璋后，黄忠脑子一热，率军猛冲，最终中了敌军的埋伏，被一箭射中肩窝。回到军营中箭疮痛裂，不治而亡。可见无论再怎么勇猛，最终也难逃岁月这把刀。

35. 张飞的"胡"

胡，是指任性而为，乱来。胡，可说是张飞性格中最大的特点之一。也正因为如此，遇事而胡，贸然从事，闯了不少祸出来。

张飞是在《三国演义》第一回"宴桃园豪杰三结义，斩黄巾英雄首立功"中出场的。黄巾作乱，幽州发布檄文招募义兵。刘备在檄文前慨然长叹。身后一人"厉声"说道："大丈夫不与国家出力，何故长叹？"刘备回头一看，只见此人"身长八尺，豹头环眼，燕颔虎须，声若巨雷，势如奔马"。这个人便是张飞。这里的"厉声""声若巨雷，势如奔马"都预示着其性格中必定有"胡"的特点。没过多久，这个特点便显露出来了。

刘备苦战黄巾，立下战功，却因为没有"人情"得不到朝廷的封赏。三人闷闷不乐，在街上闲逛。正巧郎中张钧车到。刘备上前自陈功绩。张钧大惊，随即上奏皇帝赏赐有功人员。刘备才好不容易被授予定州中山府安喜县尉一职。尽管职位低微，但兄弟三人"与民秋毫无犯，民皆感化"，也算是有一定的政绩。可惜好景不长，没过几个月，朝廷降旨凡是因军功做官的人员都要进行淘汰，刘备担心自己身在其中，心中忐忑不安。

几天过后，督邮到了县里，刘备出城迎接。督邮高坐马上，极度傲慢。刘备行礼，督邮仅随手扬扬马鞭。这种行径让关羽和张飞都非常气愤。当听说刘备没有后台，仅仅因为军功坐上县尉一职后，督邮更是张口便骂，污蔑刘备是"滥官污吏"。刘备的部下认为督邮此举是想索要贿赂。刘备两袖清风，也不愿意行贿。督邮便指使县吏告刘备害民。刘备前去解释，被督邮的下人阻拦，进退维谷。

此时，张飞喝了几杯闷酒从督邮所住驿馆经过，看到五六十个老人在门前痛哭。一问才得知督邮陷害刘备，这些老人为刘备申冤，反被门人追打。张飞怒不可遏，"睁圆环眼，咬碎钢牙，滚鞍下马，径入馆驿，把门人那里阻挡得住，直奔后堂，见督邮正坐厅上，将县吏绑倒在地"（见第二回）。督邮还来不及说话，又被张飞"揪住头发，扯出馆驿，直到县前马桩上缚住；攀下柳条，去督邮两腿上着力鞭打，一连打折柳条十数枝"。等刘备闻讯赶来，督邮已被张飞痛扁了一顿。刘备无奈，只好"取印绶，挂于督邮之颈"，逃出了安喜县。张飞倒是解了气，却把刘备害惨了。事后督邮向定州太守告发刘备，太守"申文省府，差人捕捉"。原本想着获得功名为朝廷效力的刘备不仅官位没了，还成了朝廷的通缉犯。要不是代州的刘恢收留，刘备等三人如何生存都会成为一个难题，更别提什么"上报国家，下安黎庶"了。张飞的"胡"差一点断送了刘备的理想。

刘备几经周折，好不容易从平原县令、平原相做到了徐州牧，有了政治地位，也有了地盘，事业蒸蒸日上。袁术出兵徐州，刘备亲自迎战，张飞主动要求镇守徐州。临行前，刘备表示："你一者酒后刚强，鞭挞士卒；二者作事轻易，不从人谏。吾不放心。"（见第十四回）不同意张飞守城。张飞信誓旦旦："弟自今以后不饮酒，不打军士。"可等到刘备走了之后，张飞却将徐州的大小事情都交予陈登打理，自己则邀请徐州官员举行酒宴。酒席宴上，张飞喝得酩酊大醉，强行劝酒。吕布的老丈人曹豹不胜酒力，再三推辞，又说吕布是自己的女婿，希望张飞给个面子。哪知一向瞧不起吕布的张飞勃然大怒，将曹豹痛打了五十鞭。曹豹怀恨在心，连夜就给吕布去信，让吕布乘虚而入占领徐州。等吕布杀进城时，张飞尚醉卧府中。仓促之下，不仅没能击败吕布，保护好刘备的老巢，反倒将徐州丢失，刘备的家小也落入吕布之手。幸好吕布并无加害刘备家小之意，否则张飞又将断送刘备家人的性命。事后，张飞也羞愧万分，拔出宝剑打算自刎，要不是刘备及时阻止，张飞自己的小命也就没了。

张飞的"胡"还体现在盲目冲动、缺乏理性分析上。徐州一战，刘、关、张三人失散。关羽"过五关斩六将"，好不容易来到古城与张飞相见。谁知二人见面之后，张飞"圆睁环眼，倒竖虎须，吼声如雷，挥矛向关公便搠"（见第二十八回），认为关羽无情无义，投降了曹操，这次是来害自己的。关羽解释了半天，张飞就是不信。直到蔡阳出现，关羽挥刀杀了蔡阳，张飞才相信关羽。

曹操进攻荆州，刘备落荒而逃。有人说赵云投降曹操，刘备不信，张飞却相信了，表示"待我亲自寻他去。若撞见时，一枪刺死"。等到赵云杀出重围来到长坂桥前，张飞不是对赵云表示关心，而是气冲冲地指责道："子龙！你如何反我哥哥？"（见第四十一回）幸好赵云及时解释，否则张飞说不定又会像在古城对待关羽一样举矛便刺。这样的"胡"实在是有点荒唐。

张飞最后的被杀也是出在自身的"胡"上。关羽被杀，张飞"旦夕号泣，血湿衣襟。诸将以酒解劝，酒醉，怒气愈加。帐上帐下，但有犯者即鞭挞之；多有鞭死者。每日望南切齿睁目怒恨，放声痛哭不已"，情绪失控。刘备让张飞"提本部兵自阆州而出，朕统精兵会于江州，共伐东吴"，是为了做好战前准备。可张飞回到阆中后，不仅没有牢记刘备的嘱托，反倒是强令部下三日内制办白旗白甲，三军挂孝伐吴。部将范疆、张达认为"白旗白甲，一时无措"，希望张飞能宽限几天。张飞不问青红皂白，一通大骂，又将二人绑在树上，各鞭打五十，打得二人"满口出血"。张飞又威胁"来日俱要完备！若违了限，即杀汝二人示众"。范疆、张达走投无路，最后杀了张飞投靠东吴。张飞的"胡"最终断送了自己的性命。

早在唐代就有"或谑张飞胡，或笑邓艾吃"的诗句。到了《三国演义》中，张飞的"胡"体现得更加淋漓尽致。在小说中，张飞的"胡"并没有让这个人物形象失色，而是使其更加丰满、更加真实可信。这是小说家深厚功力的一个体现。

36．张飞的"细"

《张飞的"胡"》说的是张飞的鲁莽。说张飞是个莽汉，大家都不会有什么意见。但如果《三国演义》中的张飞仅仅是一个莽汉，那就不可能有那么多的读者喜欢他。张飞还有什么性格特点呢？这就是本文要讲的"细"。这个"细"是粗中有细。《三国演义》中描绘张飞"胡"的地方不少，但写起粗中有细之处更多。下面我们就来看看张飞的"细"都是细在何处了。

刘备从曹操的魔掌中逃出，重占徐州，对曹操产生严重威胁。曹操派遣刘岱、王忠引军五万进攻。刘岱、王忠在距徐州一百里安营扎寨，打出了曹操的旗号，虚张声势，但未敢发起进攻。刘备也不知敌军的底细，不知道究竟是不是曹操亲自前来，打算派人探听虚实。张飞主动请缨，表示"便是有曹操，也拿将来"（见第二十二回）。这是张飞"胡"之处。刘备认为张飞为人性格暴躁，另派关羽出战，嘱咐关羽一定要生擒敌将。关羽获胜而回，抓住了王忠。这时，张飞叫嚷着一定要"去生擒刘岱来"，并发誓"如杀了（刘岱），我偿他命"。刘备无奈，只得给了张飞三千兵马上阵。

●张飞的"细"

听说是猛将张飞叫阵,刘岱不敢出战。张飞急得每天都在刘岱军寨前叫骂,但刘岱就是躲在寨中不出。在刘岱的脑海里,张飞是莽汉,头脑简单,自己的闭门不战张飞也就必然无可奈何。没想到一向被所有人认为鲁莽的张飞却想出了一条计策,他传令部下晚上二更去偷袭刘岱的军寨。等全军上下都知道这一计划之后,张飞故意借酒行凶,醉打一名士兵,同时还威胁说等到晚上出兵之时再将此人杀死祭旗。暗地里却让心腹将此人放走。这名士兵逃出军营后,直接到了刘岱那里通风报信。刘岱见此人身受重伤,深信不疑,命令手下"虚扎空寨,伏兵在外",就等着张飞上当。

当天夜里,张飞兵分三路向刘岱军寨进发。中路三十多人劫寨放火,另外两路包抄刘岱寨后,以火起为号夹击刘岱。张飞自己则亲自负责包抄刘岱的后路。战斗开始后,中路士兵开始放火,刘岱自以为张飞中计,伏兵尽出杀进寨中。这时,张飞的两路大军杀入,对敌军进行反包围。刘岱大惊,各自溃散。刘岱只得带着一支残部夺路而走，与张飞狭路相逢。交锋一个回合，刘岱便被张飞生擒活捉。当捷报传到刘备耳中，刘备非常惊讶，对关羽表示："翼德自来粗莽，今亦用智，吾无忧矣！"亲自出城迎接张飞。遇到问题便高声叫骂，这是张飞的"胡"，但很快就"心生一计"，并进行了周密的部署，最后达到了理想的效果，这就是"细"的表现。

刘岱、王忠进攻失败，曹操亲率大军前来。刘备形势危急，派孙乾向袁绍求援，不料却被袁绍以幼子病重为由拒绝。刘备心急如焚，张飞却在一旁提出了自己的计划："兄长勿忧。曹兵远来，必然困乏，乘其初至，先去劫寨，可破曹操。"（见第二十四回）大敌当前，张飞没有吵着嚷着要去与曹操拼命，而是提出自己的破敌之计。此时的张飞完全没有了昔日之"胡"，反倒成了刘备的军师，出谋划策，足见动了一番脑筋，这也是张飞"细"的表现。

刘备退出中原来到荆州，实力得到提升。无奈曹操出兵，收降刘琮，使得刘备前功尽弃。面对大军压境，刘备不得不率领荆州数十万军民南撤。曹军在后紧紧追赶，刘备生命堪忧。这时有人报告赵云降曹，刘备不信。张飞脑子一热，带着二十多个骑兵来到长坂桥前，打算找"叛徒"赵云算账。等来到长坂桥前，对面局势混乱，曹军随时都有可能冲过来。面对危局，张飞的"细"再度表现出来："见桥东有一带树木，飞生一计，教所从二十余骑，都砍下树枝，拴在马尾上，在树林内往来驰骋，冲起尘土，以为疑兵。飞却亲自横矛立马于桥上，向西而望。"读者读至此处或许会问，身边仅有二十几个骑兵，对面是曹操的数万大军，张飞这是要干什么呢？这不是找死吗？是不是张飞的"胡"又在此处发作了呢？等曹军蜂拥而至后，一切都真相大白了。

曹军将领文聘来到长坂桥前，见张飞横矛立马立于桥上，"又见桥东树林之后，尘头大起，疑有伏后，便勒住马，不敢近前"（见第四十二回）。不久，曹仁、李典、夏侯惇、夏侯渊、乐进、张辽、张郃、许褚等人赶到，也不敢上前，"都不敢近前。扎住阵脚，一字儿摆在桥西，使人飞报曹操"。曹操来了之后，张飞大喊一声，吓死曹操身边的夏侯杰，曹军落荒而逃。毛宗岗与李渔在该回的夹评中不约而同点评"系树枝于马后，驰骋林间，的是妙计"，对张飞的"细"赞叹不已。

刘备夺取益州遇阻，诸葛亮与张飞、赵云等人一起入川协助。诸葛亮命张飞率兵一万，"取大路杀奔巴州"。很快便进至巴郡。守卫巴郡的敌将是蜀中名将严颜，有万夫不当之勇，武艺高强。一连数日，战事毫无进展。张飞心中焦虑："终日叫骂，彼只不出，如之奈何？"脑中灵光一闪，想出了一个办法："教众军不要前去搦战，都结束停当在寨中等候厮杀；却只教三五十个军士，直去城下叫骂，引严颜军出来，便与厮杀"（见第六十三回）。不过，严颜不为所动，依然坚守不出。张飞沉着冷静，又想出了第二个办法："传令教军士四散砍打柴草，寻觅路径，不来搦战。"这回终于将严颜迷惑了。严颜几天不见张飞的动静，派了十几个军士伪装成张飞的部下，混进张飞军中打探消息。这一切自然都没有瞒过张飞的眼睛。张飞故意在众人面前宣称"今夜二更造饭，趁三更月明，拔寨都起，人衔枚，马去铃，悄悄而行"，偷偷从小路穿过巴郡，并传令全军上下。这个消息被潜伏在军中的严颜部下告之严颜后，严颜大喜，命令城内士兵"二更也造饭，三更出城，伏于树木丛杂去处。只等张飞过咽喉小路去了，车仗来时，只听鼓响，一齐杀出"，自己则"自引十数裨将，下马伏于林中"，等着张飞进入埋伏圈。结果自然是张飞的计策成功，严颜被俘，其部属大都倒戈投降。毛宗岗点评道："莽人假莽，粗人假粗，却正是极精极细。"读者读至此处，也会为之拍掌叫好。这一步步的精妙设计和实施，只有足智多谋、运筹帷幄的谋士才能做到，而张飞却也能将其完成得天衣无缝，足见张飞至"细"已是丝丝入扣、细致入微。

　　刘备与曹操争夺汉中，张飞奉命与敌将张郃对阵。张飞久攻不下，"就在山前扎住大寨，每日饮酒饮至大醉，坐于山前辱骂"（见第七十回）。正巧刘备派人前来劳军，使者将此事报告刘备。刘备大惊，以为张飞无计可施，只能借酒消愁，连忙找来了军师诸葛亮。可见张飞此举完全瞒过了刘备。幸好诸葛亮洞察秋毫，认为张飞"此非贪杯，乃败张郃之计耳"，还派魏延将五十瓮酒用三辆大车装好送给张飞。有了诸葛亮的配合，张飞的"细"再一次得到完美展现。

　　张飞得到了诸葛亮派人送来的美酒，吩咐"魏延、雷同各引一枝人马，为左右翼；只看军中红旗起，便各进兵"，又在帐外痛饮美酒，让两名士卒玩起了相扑的游戏。这一下使得张郃怒不可遏,张郃传令当夜劫寨。结果等张郃冲到张飞的中军大帐前,发现眼前端坐不动的"张飞"是个草人之时,方知中计,急忙率部撤退。此时,张飞率军进攻,张郃大败,所镇守的三处营寨皆为张飞攻占,只得灰溜溜地逃往瓦口关。张飞大获全胜。

击败张郃之后,张飞乘胜追击,来到瓦口关前。张郃故意诈败,欲引诱张飞追赶,再用伏兵突袭。张飞没有一味强攻,又想出了一个将计就计的奇招:"我明日先引一军前往,汝却引精兵于后,待伏兵出,汝可分兵击之。用车十余乘,各藏柴草,塞住小路,放火烧之。吾乘势擒张郃。"结果张郃再次中计,"死命杀开条路,走上瓦口关,收聚败兵,坚守不出"。张飞带着魏延等人亲自探路,遇到了几个走小路的百姓。张飞马上又设计了一个克敌之策,命令魏延从正面发动进攻,自己从这几个百姓提供的小路从后袭击张郃。张郃腹背受敌,第三次败在张飞手里。毛宗岗在夹评中感慨道:"一步细腻一步,翼德何尝莽来。"对于张飞之"细"钦佩不已。

综上所述,《三国演义》中的张飞的确是个很精细的人。他的"细"是建立在利用对手的误判上。所有人都认为张飞是粗人、是莽汉。往往就在这个时候,张飞会展现自己精细的一面,取得战斗的胜利。从这种塑造方式来看张飞,他是一个形象非常丰富、层次感非常鲜明的极为成功的艺术典型,一个极可爱的艺术形象。

37. 趣人张飞

张飞世居涿郡,家中颇有庄田,平素以卖酒、杀猪为生,没有显赫的家世,也无什么靠山和后台,也就一个小地主。平日里接触的大多是乡里乡亲,终日与平民阶层打交道。张飞的文化修养也不高,说起话来既不像刘备那样整天顾忌自己汉室宗亲的出身,也不像诸葛亮那样咬文嚼字,而是简单直白,有啥说啥。办起事来更是雷厉风行,从不拖泥带水。这种性格特征使他没有

● 趣人张飞

变成诸葛亮那样的"神",也不是关羽那样的"圣",而是普罗大众最易接受的"人",一个有血有肉、受人尊重的凡人。

在张飞身上,除了"胡""细"这些特质之外,还有一个显著的特点:趣。张飞可谓是小说中的第一"趣人"。这样的例子在《三国演义》中出现多次,随便举出几个例子便足以为论。

刘备被曹操击败,被迫投靠荆州刘表后,刘表将其安排驻扎在荆州的北大门新野。在这里刘备巧遇化名单福的徐庶,打败了进犯的曹仁、李典等人。曹操的谋士程昱献计将徐庶的母亲软禁,逼得徐庶离开刘备前往许都。临行之前,徐庶向刘备推荐了诸葛亮。刘备兴奋不已,带着关羽、张飞前往隆中求贤。第一次并未见到诸葛亮,张飞就催着刘备回新野。归途中,刘备遇见诸葛亮的好友崔州平,崔州平纵论了一番天下大势,又说就算刘备请出诸葛亮也无济于事,难以平定乾坤。刘备请崔州平协助自己,又遭到拒绝。等崔州平走后,张飞忍不住来了一句"孔明又访不着,却遇此腐儒,闲谈许久"(见三十七回),这话说得非常有趣。崔州平既然无心投靠,又何必在大哥刘备面前夸夸其谈,还泼刘备冷水。这让张飞非常不爽,一时情急,快人快语的特点就展现出来了。

回到新野没几天,刘备得知诸葛亮已回家中,立即备马出发。张飞又憋不住说:"量一村夫,何必哥哥自去,可使人唤来便了。"一路上大雪纷飞,张飞又说:"天寒地冻,尚不用兵,岂宜远见无益之人乎?不如回新野以避风雪……死且不怕,岂怕冷乎!但恐哥哥空劳神思。"这番话甚为精妙,非常有趣。李贽在夹评中不禁写道:"老张快人……佛,张活佛。"诸葛亮有什么本事,张飞不知道,刘备其实也不知道。刘备从徐庶、司马徽等人口中认定诸葛亮是一位奇才,决心求贤。对于张飞而言,自己的哥哥刘备贵为汉室宗亲,屈尊拜访一位不知底细的村夫,是一件跌份的事情。因此,张飞担心刘备"空劳神思",白跑一趟,故而出言相劝。虽说是快人快语,但对刘备的关心亦溢于言表。

刘备来到诸葛亮的草庐,看到"诸葛先生",上前施礼,却不想这位"诸葛先生"并非诸葛亮,而是其弟诸葛均。诸葛均说哥哥与崔州平外出闲游。刘备满脸遗憾,张飞很不耐烦,却又不便发作,以"那先生既不在,请哥哥上马……风雪甚紧,不如早归"劝说刘备回新野。回到新野之后,张飞又表示:"哥哥差矣。量此村夫,何足为大贤?今番不须哥哥去,他如不来,我只用一条麻绳缚将来。"(见第三十八回)话语虽然粗鲁,但道出了张飞的心声:"量此村夫,何足为大贤?"说穿了还是在替刘备着急,担心刘备所托非人。一个公认的莽汉却能以各种话语表达自己的想法,读来煞是有趣。

刘备"三顾茅庐",终于请来了诸葛亮,并以"师礼待之"(见第三十九回),让张飞非常不快。张飞说:"孔明年幼,有甚才学?兄长待之太过!又未见他真实效验!"这个反应很自然,也很准确。读者看着也揪心,到底诸葛亮什么时候才能展露自己的真才实学,让张飞心服口服,成为读者心中最大的一个问号。即便刘备表示"吾得孔明,犹鱼之得水也",既不能消除张飞的疑虑,也无法打消读者的担忧。

不久，曹操派夏侯惇率领十万大军杀奔新野而来。张飞对关羽说："可着孔明前去迎敌便了。"等刘备询问张飞、关羽如何迎敌之时，张飞口出妙语："哥哥何不使'水'去？"刘备说过"吾得孔明，犹鱼之得水也"吗，张飞就让刘备派"水"去迎敌。刘备让诸葛亮调度军队，张飞又偷偷对关羽说："且听令去，看他如何调度。"这一系列的言语，尽显张飞之"趣"：不看好诸葛亮，但又对战事极为关注，并没有一开始就胡来，而是先看看诸葛亮的调度能力如何。这里既有张飞的"粗"，也有其"细"的一面。

诸葛亮安排关羽在豫山埋伏，张飞去安林背后山谷中埋伏，赵云为前部诱敌，关平及刘封放火。诸葛亮做部署时，张飞一言不发。等部署完毕之后，张飞并没有对这个部署提出质疑，而是说"我们都去厮杀，你却在家里坐地，好自在"，也显示出张飞的有趣之处。运筹帷幄不是张飞的强项，自己不便搅和，阵前杀敌才是张飞对于别人能力的检验。因此，他才会对诸葛亮安坐县城进行嘲讽。这是张飞的"胡"。但这"胡"中自有张飞自己的道理。话说得实在是有趣得很。

诸葛亮"火烧博望坡"，大败曹军，张飞心服口服。立即对关羽说："孔明真英杰也！"见到诸葛亮后再无轻视之意，立即"下马，拜伏于车前"，豪爽、直率的性格得到了完美的诠释。

"大闹长坂桥"是张飞的得意之作。"闹"是画龙点睛，而在此前后的两个细节却是神来之笔。

张飞来到长坂桥前，对面局势混乱，曹操的数万大军随时都会蜂拥而至，张飞的二十多人根本无法抵挡。张飞"见桥东有一带树木，飞生一计，教所从二十余骑，都砍下树枝，拴在马尾上，在树林内往来驰骋，冲起尘土，以为疑兵"（见第四十一回）。曹军将领文聘来到长坂桥前，见张飞横矛立马立于桥上，"又见桥东树林之后，尘头大起，疑有伏后，便勒住马，不敢近前"（见第四十二回）。不久，曹仁、李典、夏侯惇、夏侯渊、乐进、张辽、张郃、许褚等人赶到，也不敢上前，"都不敢近前。扎住阵脚，一字儿摆在桥西，使人飞报曹操"。这个突如其来的细节让读者震惊不已。这个莽汉怎么突然变得足智多谋了？这是一"趣"。曹军将领狐疑不定，不敢向前。这是二"趣"。这个计策为什么会成功,我在《张飞的"细"》中谈过,这是张飞利用对手对自己行事作风所产生的习惯性思维急中生智想出来的。千钧一发之际,张飞还能想出如此妙计,不但出人意料,这让读者对张飞产生了更多的敬佩之情。

张飞在长坂桥前大吼一声,吓得曹军落荒而逃,这是张飞细致、勇猛的表现,但过后不久,让人觉得捧腹的"趣事"又出现了。

张飞见曹军败走,"速唤回原随二十余骑,摘去马尾树枝,令将桥梁拆断,然后回马来见玄德,具言断桥一事"。在张飞看来,自己施巧计迷惑了曹军,一声吼吓退了敌人,任务完成了。接下来还要将"桥梁拆断",防止曹军卷土重来。想法是对的,但做法却是错的。刘备哭笑不得地说:"曹操多谋。汝不合拆断桥梁,彼必追至矣……若不断桥,彼恐有埋伏,不敢进兵;今拆断了桥,彼料我无军而怯,必来追赶。彼有百万之众,虽涉江、汉,可填而过,岂惧一桥之断耶?"粗中有细、勇冠三军、虎头蛇尾……张飞所有的性格特点都在此处得到了体现,是最为传神的一笔。

还有张飞在徐州设计生擒刘岱之后,得意忘形,又向刘备献计偷袭曹操,结果被曹操杀得大败,自己只能独自逃走。在巴郡智擒严颜、在汉中数败张郃,虽都是"细"的表现,但其故事情节都非常生动,让读者看后觉得非常有趣。这个"趣"的特质在小说中可谓独此一家,别无分店。

38. 关羽的骄横

《三国演义》第六十五回"马超大战葭萌关,刘备自领益州牧"中有个这样的情节:刘备占据益州后,大封文武,又遣使赍黄金五百斤、白银一千斤、钱五千万、蜀锦一千匹,赐予镇守荆州的关羽。关羽派义子关平来到成都表达感谢。同时,关平还带来了关羽的一封书信。关羽在信中表示,听说马超武艺过人,要求来益州与马超当面过过招,一较高下。刘备大惊,认为一旦关羽与马超动起手来会两败俱伤，还会造成将领之间的不和，担心二人会因此"势不两立"。诸葛亮则认为无妨，只要自己回信就能解决问题。不过，刘备仍心有余悸，"只恐云长性急，便教孔明写了书，发付关平星夜回荆州"。关平回到荆州后将诸葛亮的来信交给关羽。这封信的原文是这样的："亮闻将军欲与孟起分别高下。以亮度之：孟起虽雄烈过人，亦乃黥布、彭越之徒耳；当与翼德并驱争先，犹未及美髯公之绝伦超群也。今公受任守荆州，不为不重；倘一入川，若荆州有失。罪莫大焉。惟冀明照。"关羽看完信后大笑，说："孔明知我心也。"后将书信"遍示宾客"，"遂无入川之意"。

这个情节是什么意思？无论是毛宗岗还是李贽这两位点评家都认为这并非是关羽真的要入川比试，而是想借这封信压一压刚刚归顺刘备的西凉猛将马超的气焰，让他知道刘备军中尚有关羽这个头号猛将的存在。对于这个分析，我非常疑惑，原因有二：关羽是刘备多年兄弟，知根知底。如果这仅仅是个表态，刘备不会这么着急让诸葛亮立刻回信并叫关平星夜赶回荆州；其次，关羽收到信后除了在下属面前宣扬之外，还有一个描述："遂无入川之意。"这就说明关羽并不是在演戏给马超看，而是真的有入川比试的意图。这个情节的含义我认为与其说表现了关羽与诸葛亮之间的默契，还不如说体现了关羽的骄横来得更恰当。好了，言归正传。

关羽的骄横是从坐镇荆州开始的。之前他虽有"温酒斩华雄""斩颜良诛文丑""过五关斩六将"等风光事儿，但大都是个人英雄主义的表现，于大局无补。刘备也没有因此建立一番伟业，依然是在四处漂泊，这对关羽而言就少了骄横的本钱。刘备占据荆州、夺取益州后情况则发生了很大的变化。既有了两块稳定的根据地，又有了一套完整的文武班底。关羽被任命为荆州地区的最高军政长官，独霸一方，显示出刘备对其的高度信任，这在刘备集团中绝无仅有。再加上关羽坐镇荆州数载，无论是曹操还是孙权都没能讨得丝毫便宜，荆州稳如泰山，关羽这骄横的本性才逐渐暴露出来。当初刘备调诸葛亮入川增援时，诸葛亮就知道荆州非关羽坐镇不可。因为在刘备集团里也实在找不出一个比关羽更加合适的人选。但诸葛亮唯恐关羽不能完成使命，故而在将荆州大权转交给关羽时特意问道："倘曹操、孙权，齐起兵来，如之奈何？"（见第六十三回）关羽的回答是："分兵拒之。"这便是关羽骄横的表现，目空一切，全然不把曹操、孙权放在眼里，罔顾荆州两面受敌的现状。诸葛亮送给关羽八个字："北拒曹操，东和孙权。"这不但是诸葛亮个人的叮嘱，也是刘备集团未来发展的大政方针。之所以诸葛亮不放心，还是因为关羽骄横的个性让诸葛亮觉得心中不踏实。

诸葛亮离开后，孙权图谋荆州。关羽"单刀赴会"（见第六十六回），吓退了鲁肃，维护了荆州的完整。这场空前的胜利让关羽的脾气越来越大，诸葛亮提出的"北拒曹操，东和孙权"也被他抛在脑后，这就为孙刘两家关系的恶化埋下了伏笔。

刘备自立为汉中王，曹操大怒，打算起全国之兵征讨。这时，司马懿建议曹操暗中联络东吴，让孙权出兵取荆州，曹魏坐收渔人之利。曹操的密使满宠因此来到东吴送信，孙权对曹操的建议很动心，召集文武商议。谋士顾雍认为这事不可草率，应该一面答应曹操出兵，一面派人到荆州打探关羽的动静。这个建议的真实含义其实是先看看再说，最好是两头不得罪。诸葛瑾则认为："某闻云长自到荆州，刘备娶与妻室，先生一子，次生一女。其女尚幼，未许字人。某愿往与主公世子求婚。若云长肯许，即与云长计议共破曹操；若云长不肯，然后助曹取荆州。"（见第七十三回）这个意图更加明显，并不是想与曹操一起图谋荆州，而是想通过联姻的手段加强与刘备集团的联盟关系。

随后，诸葛瑾来到荆州向关羽提亲。他对关羽的对话不仅表明了提亲这一儿女私事，同时也点明了联姻的政治目的："闻将军有一女，特来求亲。两家结好，并力破曹。此诚美事，请君侯思之。"谁知关羽闻言勃然大怒，张嘴便说："吾虎女安肯嫁犬子乎！不看汝弟之面，立斩汝首！再休多言！"不想答应这场婚事也就算了，骂孙权的儿子是"犬子"，这个性质就比较恶劣了，用现在的词汇这是一起严重的外交事件，是破坏孙刘两家同盟关系的恶劣行径。还威胁要杀诸葛瑾，这把诸葛瑾这个"和事佬"也得罪了。如此一来，诸葛瑾的使命没有完成，只得抱头鼠窜回到东吴，将事情禀告。孙权哪有不怒之理。曹、孙两家的联盟也因此慢慢形成。

关羽夺取襄阳后，随军司马王甫提醒关羽东吴大将吕蒙屯兵陆口，常有吞并荆州之意，要对荆州的防务进行妥善安排。关羽命王甫"去沿江上下，或二十里，或三十里，选高阜处置一烽火台，每台用五十军守之；倘吴兵渡江，夜则明火，昼则举烟为号。吾当亲往击之"，又在荆州留下重兵防止东吴偷袭。这个举动说明，尽管关羽骄横，但对东吴一直有防备之心，留了个心眼。

此时，孙权接受吕蒙的建议，让毫无名气的陆逊接替吕蒙的职务屯兵陆口。陆逊上任后，派人拜见关羽。对于孙权任命陆逊，关羽不屑一顾，私下表示："仲谋见识短浅，用此孺子为将。"（见第七十五回）陆逊派人送来的这封言辞"极其卑谨"的书信，让关羽更加得意忘形，骄横之心大起，随即将镇守荆州的大部兵力调走。如此一来，东吴的计策成功。

吕蒙"白衣渡江"，破坏了关羽在沿江设立的烽火台，最终占领荆州，端了关羽的老巢。这也是所谓的读者们熟知的"大意失荆州"。为什么会失掉荆州呢？大意只是表象，骄横引发的轻敌才是本质。可笑的是当关平告诉关羽荆州已被东吴夺走时，关羽还在认为这是"敌人讹言，以乱我军心耳！东吴吕蒙病危，孺子陆逊代之，不足为虑"（见第七十六回）。最终，关羽为自己的骄横付出了生命的代价。

此文写到这里，应该说已经完了。或许有读者会问，关羽指责黄忠是"老卒"并因此不愿接受刘备的官印不也是他骄横的表现吗？这个问题我想说明一下。

这个情节出现在小说第七十三回"玄德进位汉中王，云长攻拔襄阳郡"。当时，刘备自封汉中王，任命了五虎大将，分别是关羽、张飞、赵云、马超和黄忠。当刘备派前部司马费诗来到荆州为关羽送官诰时，关羽又发飙了。他问费诗"五虎大将"都是哪些人，费诗据实回答。关羽大怒，说："翼德吾弟也；孟起世代名家；子龙久随吾兄，即吾弟也：位与吾相并，可也。黄忠何等人，敢与吾同列？大丈夫终不与老卒为伍？"尽管这个故事似乎可以当成是关羽骄横的一个表现，但这个故事的设计其实有些问题，让人对这个故事非常不解。

为什么这么说呢？

在"四虎"中，唯一与关羽较量过的是黄忠。长沙一战，两人第一天斗了一百个回合不分胜负，第二天又打了五六十个回合未见输赢。黄忠突然马失前蹄，被掀翻在地。关羽不愿乘人之危，让黄忠换马来战。第三天先是打了三十多个回合，之后黄忠手下留情，故意不取关羽的性命而只射中其盔缨。经过连续几天的较量，关羽见识了黄忠的功夫，暗赞黄忠"名不虚传"（见第五十三回），彼此惺惺相惜。自然关羽也就不会看不起黄忠。但到了第七十三回，关羽却突然翻脸不认人，对黄忠横挑鼻子竖挑眼，于情于理都说不通，这个事件发生的可能性很小，且不符合关羽重情重义的性格，是作者在创作过程中的一个失误。有兴趣的读者可以参看本书《关公没有战长沙》一文，就会对这个情节的来龙去脉有一个清晰的了解，这里就不再赘述了。

39. 赵云的远见卓识

《三国演义》中将星云集，其中既有如吕布、关羽、张飞一类斩上将首级如探囊取物的猛将，又有如周瑜、张辽一类智勇双全的智将。但如果说到文武双全的将领，赵云算得上是其中的佼佼者。赵云的远见卓识在小说中独树一帜，给读者留下了深刻印象。

刘备进军益州后，经过与刘璋之间数年征战，最终成功夺取益州。胜利之后，刘备打算"将成都有名田宅，分赐诸官"（见第六十五回）。这时，赵云提出了反对意见。赵云认为："益州人民，屡遭兵火，田宅皆空；今当归还百姓，令安居复业，民心方服；不宜夺之为私赏也。"

这个故事出自《三国志·赵云传》注引《云别传》，不过性质比小说介绍的要严重很多。刘备围攻成都时，曾与部下约定，拿下成都后任由部下获取成都府库中的财物。结果在成都城破之后，众将士纷纷冲向府库哄抢财物，对成都城进行了疯狂洗劫，对成都的经济发展和社会稳定造成了消极影响。有人还向刘备提出了一个荒唐的建议，请求刘备将成都城中的房舍和城外的庄园、桑田都分赐将领。这个建议一旦实施，势必造成成都乃至益州地区更大混乱，极有可能激发民变。这时，赵云对这个荒唐的建议提出严厉批评。赵云对刘备说："当初汉朝的名将霍去病因为匈奴未灭而说过何以为家的豪言壮语，没有去置办自己的家业。今天我们所面对的敌人比起当年的匈奴来可谓更加的强大、危险，我们岂能现在就去追求个人的安逸呢？只有等到天下平定之时，大家各返家乡，归耕天地，那才是合适的时机。如今益州刚刚遭受战火之灾，百姓们流离失所，生活困难，应该把这些人的田产住宅都归还他们，想方设法让他们安居复业，以后再征调劳役和赋税，只有这样才能得到百姓的拥护！"

赵云这个意见意图明显，提醒沉醉于胜利喜悦中的刘备，想要结束目前混乱的局势，必须处理好与当地百姓的关系，一味掠夺无法维持刘备集团在益州地区的长久统治。在赵云的提醒下，刘备采用了一系列有效措施，稳定益州的社会及经济秩序。赵云的政治远见得到了一个极佳体现。

刘备称帝之后，降旨起兵讨伐东吴，为二弟关羽、三弟张飞报仇。刘备表示："朕自桃园与关、张结义，誓同生死。不幸二弟云长，被东吴孙权所害；若不报仇，是负盟也。朕欲起倾国之兵，剪伐东吴，生擒逆贼，以雪此恨。"（见第八十回）这时候又是赵云第一个站出来劝阻刘备，与刘备进行了一番辩论：

> 赵云谏曰："国贼乃曹操，非孙权也。今曹丕篡汉，神人共怒。陛下可早图关中，屯兵渭河上流，以讨凶逆，则关东义士，必裹粮策马以迎王师；若舍魏以伐吴，兵势一交，岂能骤解。愿陛下察之。"先主曰："孙权害了朕弟；又兼傅士仁、糜芳、潘璋、马忠皆有切齿之仇；啖其肉而灭其族，方雪朕恨！卿何阻耶？"云曰："汉贼之仇，公也；兄弟之仇，私也。愿以天下为重。"先主答曰："朕不为弟报仇，虽有万里江山，何足为贵？"遂不听赵云之谏，下令起兵伐吴（见第八十一回）。

这个故事同样出自《三国志·赵云传》注引《云别传》，只不过史料中赵云的劝阻更加直接。赵云说："目前的国贼是曹操而不是孙权，我们应该先去讨伐曹魏，如果曹魏被我们消灭，东吴自然也就臣服了。如今曹操已经毙命,曹丕公然篡汉自立,成为天下公敌。我们应该利用这个有利时机发动讨伐曹魏的战争。先攻占关中、占据渭水、黄河的上游,然后顺流而下对曹魏发动总攻。如果是这样的话,曹魏占领区的义士和百姓们都会自告奋勇的来响应陛下,消灭曹魏也似指日可待的。在这种情况下不应该放弃讨伐曹魏而去东征孙权。而且与孙权的战事一旦展开,也不容易很快分出个胜负,这不是一个明智的决策。"

无论是从小说还是历史中,赵云的这番话都是非常富有远见的。他不但将天下大势做了一个客观冷静的分析,还提出了切实可行的发展战略,显示出赵云不同凡响的政治头脑。如果赵云的意见能够得到刘备采纳的话,三国历史的发展进程也不会出现后来的局面,刘备集团的力量也不会在与孙权决战中出现重大消耗,导致蜀汉国力下降,诸葛亮不得不鞠躬尽瘁死而后已,最终也无法实现统一全国的梦想。

不过,赵云的主张并没有得到刘备的采纳。不仅如此,刘备也没有将这位文武双全的大将留在自己身边去讨伐孙权,而仅仅是让赵云领兵镇守江州,作为东征大军的后援。不久,刘备在夷陵之战中被陆逊火烧连营七百里,大败而回,赵云只能眼巴巴地看着刘备的大军在夷陵惨败而无法施以援手,这不能不说是一代名将的终身遗憾。

看完《三国演义》中的赵云,很多读者都会情不自禁地产生这样一个疑问:赵云文武兼备,当初刘备为什么就不考虑让赵云代替关羽镇守荆州呢?如果由赵云镇守荆州,刘备也就不至于出现荆州根据地丢失的悲惨局面了。可惜《三国演义》毕竟是一部"七实三虚"的文艺作品,不是一部架空历史的小说,要不然,赵云的形象一定会得到一个翻天覆地的变化。

40. 超一流的武将——赵云

赵云是在第七回"袁绍磐河战公孙,孙坚跨江击刘表"中出场的。当时正值袁绍与公孙瓒爆发激战。公孙瓒马失前蹄，文丑"急捻枪来刺"，形势危急。这时候赵云飞马赶到，与文丑大战五六十合不分胜负，救了公孙瓒的性命。随后赵云做了一番自我介绍："某乃常山真定人也，姓赵，名云，字子龙。本袁绍辖下之人。因见绍无忠君救民之心，故特弃彼而投麾下，不期于此处相见。"随后，赵云加入战团又斩杀了袁绍部将曲义，协助公孙瓒取得了战斗的胜利。该回中还特别交代了赵云的样貌："生得身长八尺，浓眉大眼，阔面重颐，威风凛凛。"可见赵云一出场就是作者刻意塑造的一位英雄人物。

不久之后，赵云发觉自己"误认公孙瓒为英雄；今观所为，亦袁绍等辈耳"，认为刘备才是自己心目中的明主。经过几番波折，直到第二十八回，赵云在卧牛山下杀死裴元绍，才使他与刘备等人重逢。从此以后，赵云成为刘备麾下将领。

刘备打算袭击许都，赵云随军出征，在穰山地面与曹军激战。赵云力战曹军名将许褚，"二将相交三十合，不分胜负"（见第三十一回）。随后又斩杀敌将高览，掩护刘备突围。

刘备来到荆州后，驻扎在新野。不久之后曹操派遣吕旷、吕翔二将发动进攻。赵云在两军阵前"一枪刺吕旷于马下"（见第三十五回）。刘备"三顾茅庐"请出诸葛亮担任军师。诸葛亮随即在博望坡对阵曹军。赵云担任前部先锋，与曹军大将夏侯惇对阵。赵云没有像张飞、关羽一样对诸葛亮的战前部署说长道短，而是不折不扣地执行这位年轻军师的指令。战斗开始后，赵云"两马相交，不数合，云诈败而走。夏侯惇从后追赶。云约走十余里，回马又战。不数合又走"（见第三十九回），成功引诱曹军进入诸葛亮布置好的包围圈中，最终诸葛亮大获全胜。

曹操大军进攻荆州，刘表病逝，刘琮投降。刘备带着"军民十余万，大小车数千辆"（见第四十一回），向江陵撤退。赵云奉命保护刘备的家小。面对曹军数万大军的团团围困，赵云演绎了一出真正的"万军丛中斩上将首级如探囊取物"：赵云先是将敌将夏侯恩杀死，夺得青釭宝剑，之后"解开勒甲绦，放下掩心镜，将阿斗抱护在怀，绰枪上马"，杀入敌阵。先后斩杀晏明、锺缙、钟绅等五十余员曹军名将，"砍倒大旗两面，夺槊三条"。又与张郃、

●超一流的武将赵云

马延、张颌、焦触、张南等敌将厮杀。经过殊死战斗,终于冲出重围,将幼主刘禅安全地带回刘备身边。赵云"长坂坡单骑救主"是小说中绝无仅有的以单人独骑对垒数万敌军并全身而退的情节。

刘备夺取荆州四郡后,实力大增。数年之后,刘备又与刘璋展开益州争夺战,成功占领益州全境。随后,刘备与曹操在汉中展开激战。赵云又与黄忠一起奉命火烧曹军粮草。不料黄忠遭到曹军伏击,陷入重围。又是赵云率三千人马前去解围。在曹军重围之中,赵云斩杀敌将焦炳,且战且走,救出黄忠。曹操听说救出黄忠的是当年在长坂坡前力敌千军的赵云,心头大怒,亲自带领大军追击。等赵云回到营地之后,曹军蜂拥而至。面对敌众我寡的严峻局面,部将张翼建议"令军士闭上寨门,上敌楼防护"(见第七十一回),遭到赵云的断然拒绝。赵云豪迈地表示:"休闭寨门!汝岂不知吾昔在当阳长坂时,单枪匹马,觑曹兵八十三万如草芥!今有军有将,又何惧哉!"赵云命弓弩手在营地外的战壕中埋伏,"将营内旗枪,尽皆倒偃，金鼓不鸣。等曹军追至，天色已晚，"见寨中偃旗息鼓，又见赵云匹马单枪，立于营外，寨门大开，二将不敢前进"。曹操命令发动进攻后，赵云"全然不动……把枪一招，壕中弓弩齐发。时天色昏黑，正不知蜀兵多少。操先拨回马走。只听得后面喊声大震，鼓角齐鸣，蜀兵赶来。曹兵自相践踏，拥到汉水河边，落水死者，不知其数。赵云、黄忠、张著各引兵一枝，追杀甚急"。一场凶多吉少的战斗变成了以少胜多的经典战例。如果说"长坂坡单骑救主"是赵云武艺高强的表现的话，第七十一回中赵云以少胜多则是其智勇双全的最佳例子。

刘备病逝后，赵云又成为诸葛亮北伐的主要将领之一。此时的他已经年过七旬，但老当益壮，仍能在战场上做出自己的贡献。凤鸣山一役，又是赵云阵前扬威，斩杀韩瑛、韩瑶、韩琼、韩班等四将，之后又将"善使开山大斧，有万夫不当之勇"（见第九十二回）的西凉大将韩德杀死。小说中在该回中也专门用了一首后人诗来称赞赵云："忆昔常山赵子龙，年登七十建奇功。独诛四将来冲阵，犹似当阳救主雄。"

纵观《三国演义》中的赵云，无论是单枪匹马对阵强敌，还是率部面对险境，他总能化解危局，取得一个又一个的胜利，可谓是小说中的常胜将军。无论是吕布、关羽、张飞这样的名将都不曾取得赵云这样的战绩，加上赵云富有政治头脑和远见，堪称小说中的超一流武将。

不过，从小说中赵云形象的塑造也引出了一个疑问。如此文武双全的一代名将，为什么偏偏没有被诸葛亮委以重任去镇守街亭呢？如果是赵云去镇守街亭，诸葛亮"一出祁山"的悲剧还会发生吗？

41．赵云的矫情

曹操在赤壁之战中失利，刘备向荆州扩张势力，借机拿下了南郡和襄阳。在马良的建议下，刘备向零陵、武陵、长沙、桂阳等荆州四郡发动进攻，首战便很快占领零陵。刘备又询问众将谁愿意领兵夺取桂阳。此时赵云请战，张飞也吵着要一块去。经过抓阄，赵云获胜。张飞不服，表示自己"我并不要人相帮，只独领三千军去，稳取城池"（见第五十二回）。赵云也表示："某也只领三千军去。如不得城，愿受军令。"最后，赵云签下军令状，带领三千精兵来到了桂阳城下。

此时桂阳的守将赵云的同乡、同为常山真定人的赵范，听说赵云来犯，连忙聚众商议。赵范认为："我闻刘玄德乃大汉皇叔，更兼孔明多谋，关、张极勇。今领兵来的赵子龙，在当阳长坂百万军中，如入无人之境。我桂阳能有多少人马？不可迎敌，只可投降。"但管军校尉陈应、鲍隆坚决反对。陈应表示："某请出战。若擒不得赵云，那时任太守投降不迟。"赵范无奈，只好让陈应领兵三千出城迎敌。陈应哪里是赵云的对手，"两马相交，战到四五合，陈应料敌不过，拨马便走。赵云追赶。陈应回顾赵云马来相近，用飞叉掷去，被赵云接住。回掷陈应。应急躲过，云马早到，将陈应活捉过马，掷于地下，喝军士绑缚回寨"。

陈应被俘后，赵云斥责道："量汝安敢敌我！我今不杀汝，放汝回去；说与赵范，早来投降。"陈应谢罪，抱头鼠窜，回到城中。赵范更加心惊胆战，"赍捧印绶，引十数骑出城投大寨纳降。云出寨迎接，待以宾礼，置酒共饮，纳了印绶"，战争就此结束了，桂阳城得到了"和平解放"。

不过故事到此并没有完。在赵云寨中的酒宴上，赵范表示自己与赵云不但"五百年前，合是一家"，而且"又是同乡"，希望能与赵云结拜为兄弟。赵云心中大喜，"各叙年庚。云与范同年。云长范四个月，范遂拜云为兄。二人同乡，同年，又同姓，十分相得"，双方的这第一次见面非常融洽、和谐。

第二天，赵范请赵云进城，赵云便带着五十多个骑兵进了桂阳。城中早已没有了紧张的气氛，"居民执香伏道而接"。赵云对城中百姓进行了安抚后，便来到赵范的府第饮宴。酒至半酣，赵范邀请赵云去后堂"洗盏更酌"。两人在后堂又畅饮一番，赵云略有醉意。这时，赵范突然请出了一名妇人与赵云把酒。赵云"见妇人身穿缟素，有倾国倾城之色"，于是问赵范这妇人是谁。赵范回答这是自己的嫂子樊氏。赵云又问为什么赵范要让自己的嫂子

●赵云的矫情

出来陪酒,赵范回答道:"中间有个缘故,乞兄勿阻:先兄弃世已三载,家嫂寡居,终非了局,弟常劝其改嫁。嫂曰:'若得三件事兼全之人,我方嫁之:第一要文武双全,名闻天下;第二要相貌堂堂,威仪出众;第三要与家兄同姓。'你道天下那得有这般凑巧的?今尊兄堂堂仪表,名震四海,又与家兄同姓,正合家嫂所言。若不嫌家嫂貌陋,愿陪嫁资,与将军为妻,结累世之亲,如何?"

赵云闻听此言,勃然大怒,认为自己与赵范结拜为兄弟,赵范的嫂子就等于是自己的嫂子,"岂可作此乱人伦之事乎"。赵范一看提亲未成,一面忙着辩解并指责赵云无礼,一面"目视左右,有相害之意"。赵云眼疾手快,一拳将赵范打倒,上马出城而去。

赵云这一走,让赵范又慌了神,立即找来陈应、鲍隆商议。陈应认为赵云发怒走了,肯定会对赵范不利,建议赵范与赵云重燃战火。赵范则认为自己不是赵云的对手。鲍隆提出诈降之计:"我两个诈降在他军中,太守却引兵来搦战，我二人就阵上擒之。"结果陈应、鲍隆带着五百士卒来到赵云军营，谎称投降。哪知赵云识破了两人的阴谋，将二人灌醉后抓获。经过审问，得知了两人下一步的行动计划。赵云将两人斩首，又成功说服这五百士卒。当天夜里，赵云便让这五百士卒引路，自己带着一千士兵在后，连夜到桂阳城下叫门。赵范还以为陈应、鲍隆的计策成功，毫无防备，出城之后即被赵云抓获。桂阳再度落入了赵云手中。

事后，诸葛亮对赵云说："此亦美事，公何如此？"赵云给出了自己的理由："赵范既与某结为兄弟，今若娶其嫂，惹人唾骂，一也；其妇再嫁，使失大节，二也；赵范初降，其心难测，三也。主公新定江汉，枕席未安，云安敢以一妇人而废主公之大事？"这时刘备表示："今日大事已定，与汝娶之，若何？"赵云再次表示："天下女子不少，但恐名誉不立，何患无妻子乎？"刘备称赞赵云是真丈夫，之后又释放了赵范，让他继续担任桂阳太守。

赵云为什么拒婚呢？上面给出了三条。不过，这三条都不能成立。首先，赵范与赵云结拜为兄弟，与赵范的嫂子樊氏无关，假若赵云娶了樊氏，岂不是亲上加亲？这并没有"惹人唾骂"之处。尽管樊氏是赵范的嫂子，但赵范的哥哥已经去世三年，赵范为自己的寡嫂再嫁，原本就是一番好意。

其次，"其妇再嫁，使失大节"并不是三国时期的风俗。抛开曹操纳何进的儿媳、孙权娶表兄的寡居女儿不说，就连赵云的主公刘备也娶了同宗刘瑁的寡妻吴氏。樊氏只不过是赵云结拜兄弟的寡妻，这与吴氏与刘备的关系比起来相去甚远。

第三，"赵范初降，其心难测"更是荒唐。赵云率兵前来之后，赵范就已经打算投降了，只是由于陈应、鲍隆等人的阻挠才不得不勉强打了一仗。陈应兵败之后，赵范更是顺势出城投降。赵云入城时，"居民执香伏道而接"，这说明赵范在出城之前已经与城中百姓做了沟通，百姓对赵范的举动也非常支持。这一切都说明赵范是真投降而不是诈降。赵范此时的提亲，除了解决樊氏个人问题之外，更重要的是通过这种方式加深与赵云之间的感情，是为了巩固自己的地位。结果被赵云这么一拒绝，赵范反而以为赵云对自己不信任，会要了自己的小命，于是"目视左右，有相害之意"，其实更多的

品人录

是为了保护自己。如果赵云接受了赵范的提亲，接下来陈应、鲍隆的诈降也就不会发生了。

那么，为什么赵云会拒婚呢？用这几年一个流行词可以解释：矫情。赵云为了维护自己"高、大、上"的形象，拒绝了赵范好心提亲，酿成了战火重燃的局面。这或许是赵云这个人物在《三国演义》中唯一的缺陷吧。

42. 庞统的"狂"

谋士，就是出谋划策、运筹帷幄的人。这样的人在《三国演义》中很多。不过，谋士也是人，是人就有其独特的性格特征。由于种种原因，此类人物的独特性格特征在小说中体现得并不多。不过，在这为数不多的人物当中，庞统是被作者重点关注的人物，关于他的性格，作者突出了一点：狂。

"凤雏"——庞统的大名无人不知，无人不晓，无论曹操、刘备还是孙权都闻名已久，但谁也没见过这位"凤雏"。曹操是第一个见到庞统的，对庞统以礼相待。庞统趁机献上连环计，同时又向曹操夸下海口："某凭三寸舌，为丞相说之，使皆来降。"（见第四十七回）口气着实不小。庞统自己说在东吴不受待见，所以在江东隐居。既然是隐居，与东吴政要的接触就很少，彼此也不熟悉，如何去劝降并成功呢？庞统没说，曹操也没问。曹操关注的是庞统的连环计能解决曹军在水上的颠簸之苦，解决非战斗减员，心头大喜，对于庞统这番夸大其词的言辞也就没有在意。庞统之语虽为哄骗曹操，但其"狂"已初露峥嵘。

周瑜被诸葛亮"三气"而死后，鲁肃向孙权推荐庞统。孙权对庞统仰慕已久，命鲁肃带着庞统来见。尽管孙权看到庞统样貌古怪，心中不喜，但还是以礼相待，询问庞统"平生所学，以何为主"（见第五十七回），想多了解一下庞统的情况。庞统也没有一一相告，而是笼统地说"不必拘执，随机应变"。孙权又问"公之才学，比公瑾如何"，庞统居然笑了起来，对孙权说：

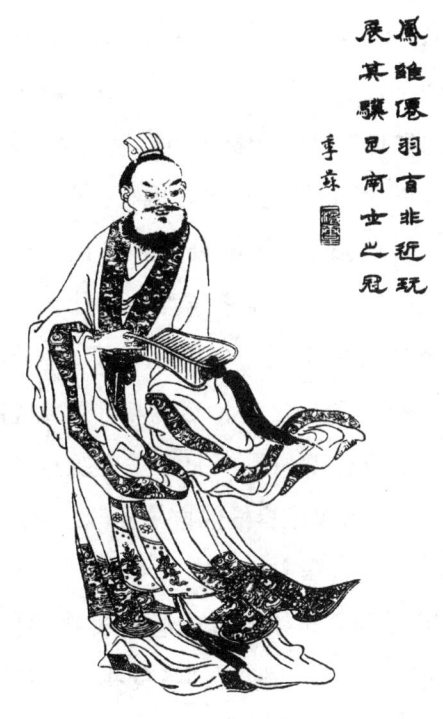

●庞统的"狂"

凤雏偃羽首非玩玩
展其骥足南士之冠
季桌

"某之所学,与公瑾大不相同。"言下之意自己强过周瑜不少。这个回答就很有问题。孙权是虚心相请,认真询问庞统。而庞统却狂言对之,敷衍了事。难怪孙权很不高兴,将庞统弃之不用,并说他是个"狂士"。大概庞统也对自己的回答不满意,庞统离开孙权见到鲁肃之后,"狂"劲未消,甚至发出了"吾欲投曹操去也"的牢骚,憋了一肚子火。

鲁肃写了推荐信,让庞统去投奔刘备。庞统来到荆州后,刘备"久闻统名,便教请入相见"。刘备亲自接见是对庞统这位闻名天下的"凤雏"的一种尊重,但庞统看见刘备却"长揖不拜",这是严重的失礼,是庞统狂妄的另外一个表现形式。再加上刘备见庞统样貌丑陋,以貌取人,随便安排了一个耒阳县令的小职务打发庞统,这让庞统心里非常不悦,暗道"玄德待我何薄"。这时候才想起来在刘备面前展露一下自己的真才实学,但又不愿意丢这个面子,只得勉强应付几句后前往耒阳赴任。如果不是好友诸葛亮在刘备手下,说不定庞统就会一气之下离开刘备。刘备不待见庞统,虽说有以貌取人

品人录 161

之嫌，但庞统的狂妄也是让刘备不快的主要原因。这责任庞统要承担绝大部分。

庞统就任耒阳县令之后，整日饮酒取乐，不理政事，等到张飞来到耒阳巡视并让庞统处理公务时，"吏皆纷然赍抱案卷上厅，诉词被告人等，环跪阶下"。"皆""抱""环跪"都说明这百日之内公务数量之多，事务之繁杂。如果没有张飞此次的巡视，那公务岂不是要堆积如山？那些急需处理的事情岂不是因为庞统的拖延越来越严重、越来越大？为什么会这样呢？还是因为庞统的"狂"导致的。既然心中不快，可以一走了之，但不能拿公务来撒气。虽说后来"不到半日，将百余日之事，尽断毕了"，这仅仅是为了炫耀自己的能力，亡羊补牢。但消极怠工和不作为却是庞统这位"凤雏"的耻辱，换到现在早就被"双开"了，哪里还容得他亡羊补牢，应该到监狱里接受惩罚。

庞统的"狂"还表现在自作主张上。

刘璋邀请刘备入川，给了刘备千载难逢的机会图谋益州。刘备入川后，庞统建议刘备借此时机杀掉刘璋，遭到刘备的拒绝。结果庞统自作主张，利用刘备在涪城与刘璋宴会之际，私自让魏延登堂舞剑，"乘势杀刘璋"（见第六十一回）。为了保证计划成功，庞统"唤众武士入，列于堂下，只待魏延下手"，准备发动突袭。一时间酒席宴上气氛空前紧张。"刘璋手下诸将，见魏延舞剑筵前，又见阶下武士手按刀靶，直视堂上，从事张任……对舞于筵前。魏延目视刘封，封亦拔剑助舞。于是刘璝、泠苞、邓贤各掣剑出"。在这种局面下，别说是刺杀刘璋，连刘备的性命也处于危险之中。就算庞统在宴会上杀了刘璋，刘备如何从刘璋的地盘——涪城安然无恙地回去呢？且不论这个计策的漏洞太多，单单庞统自作主张就是错误的。究其缘由还是庞统的"狂"在作怪。刘备对庞统的这个计划也是非常反对，认为"吾初入蜀中，恩信未立，此事决不可行"，又说"公等奈何欲陷备于不义耶？今后断勿为此"。很显然，刘备的意见比庞统要高明得多。

刘备与刘璋反目，刀兵相见，两军在雒城激战，这时，诸葛亮派马良前来送信，并说："亮夜算太乙数，今年岁次癸巳，罡星在西方；又观乾象，太白临于雒城之分：主将帅身上多凶少吉。切宜谨慎。"（见第六十三回）这原本是提醒刘备等人注意安全。但庞统却认为这是"孔明怕我取了西川，成了功,故意将此书相阻耳",这也说明了庞统的"狂"。他认为单凭自己一己之力就能帮助刘备拿下益州,不需要诸葛亮的提醒,暗地里还在怀疑诸葛亮对自己有嫉妒之心。在这种心态的驱使下,庞统再三催促刘备进军,完全视诸葛亮的劝告于不顾。后来还对刘备表示:"主公被孔明所惑矣:彼不欲令统独成大功,故作此言以疑主公之心。心疑则致梦,何凶之有?统肝脑涂地,方称本心。主公再勿多言,来早准行。"使得刘备不得不违心发布进攻的命令,致使庞统丢掉了性命。从故事的发生和发展过程来看,这一切又是因为庞统的"狂"、急于求成所导致的。

庞统的"狂"也有遇到对手的时候。第六十二回"取涪关杨高授首,攻雒城黄魏争功"中介绍,当庞统回到馆舍时,有手下来报:"有客特来相访。"庞统出门迎接,并问及来人姓名。这人的举动比庞统还要"狂":"其人不答,径登堂仰卧床上。统甚疑之。"遇到这样一个与自己类似的"狂人",庞统这位出名的"狂人"竟然也没了主意,只得耐着性子再三询问。这人还是不理不睬地说道:"且消停,吾当与汝说知天下大事。"庞统只好让手下准备酒食。这人"起而便食,并无谦逊;饮食甚多,食罢又睡"。这一回庞统彻底没招了,最终只得将法正请来,这才弄清楚来人的身份,也替自己解了围。

43. 徐庶的前世今生

单福是谁?他是徐庶的化名。为什么要用这个化名?《三国演义》第三十五回通过曹操谋士程昱之口做了一个补叙,并将其过往的经历做了一个介绍:"此人幼好学击剑;中平末年,尝为人报仇杀人,披发涂面而走,为吏所获;问其姓名不答,吏乃缚于车上,击鼓行于市,令市人识之,虽有识者不敢言,而同伴窃解救之。乃更姓名而逃,折节向学,遍访名师,尝与司马徽谈论。此人乃颍川徐庶,字元直。单福乃其托名耳。"

●徐庶的前世今生

徐庶的戏份在小说不多，基本集中在第三十五回和第三十六回，后来又在第三十九回、第四十一回、第四十八回偶尔出现，之后就从小说之中彻底消失了。虽然事迹不多，但人物很有特点，故事也非常精彩。

徐庶的出场比起小说中其他人物的亮相，更加令人印象深刻。他是唱着歌加入刘备阵营的。歌词是这样写的："天地反覆兮，火欲殂；大厦将崩兮，一木难扶。山谷有贤兮，欲投明主；明主求贤兮，却不知吾。"《三国演义》中贤士投主的方式多样，但如徐庶用这种方式"毛遂自荐"的只此一例。这个歌词很有特色。既有对汉室江山行将倾覆的悲叹，又有对明主招徕的渴望。徐庶的目的正如自己所言："久闻使君纳士招贤，欲来投托，未敢辄造；故行歌于市，以动尊听耳。"

徐庶的"好声音"很快便打动了刘备。于是，刘备下马相见，邀请徐庶一起回到县衙。徐庶简单介绍了一下自己，刘备立即大喜，待为上宾。到底徐庶有何过人之处，刘备并不知道，他是被徐庶的歌打动了。

徐庶借故刘备所乘的卢马"妨主"，建议刘备另换坐骑，提出让刘备将此马赐给与刘备有仇怨之人。刘备提及不久前"马跳檀溪"救了自己一命，同时表示"公初至此，不教吾以正道，便教作利己妨人之事，备不敢闻教。"看到刘备不悦，徐庶连忙改口，称"向闻使君仁德，未敢便信，故以此言相试耳。"随后，刘备便拜徐庶为军师，帮助训练本部人马。

徐庶所言的"的卢妨主"是真是假，是不是用此事来试探刘备，在第六十三回"诸葛亮痛哭庞统，张翼德义释严颜"中有答案。庞统就是因为临时改乘了这匹的卢马才死于非命，可见徐庶说的其实是真的。看到刘备生气连忙变换话题，这是徐庶的聪明之处，从中也可以看出他对投靠刘备这位"明主"之急迫心情。

曹仁派吕旷、吕翔率兵五千进犯新野，刘备找来徐庶商议。徐庶轻描淡写便将二人击败。曹仁前来报复，徐庶早有准备，以八门金锁阵将曹仁杀得大败而退。之后，徐庶又准确地预判出曹仁会在晚上劫寨偷袭，提前做好了应对之策。等曹仁来到刘备大寨前，"只见寨中四围火起，烧着寨栅。曹仁知有准备，急令退军"（见第三十六回），可惜为时已晚。赵云从正面杀出，张飞从侧面突袭。曹仁大败，曹仁好不容易渡过河回到老巢樊城城下，命人开门。不曾想"城上一声鼓响，一将引军而出……众惊视之，乃关云长也"。曹军大惊，夺路而逃，退回许都。这场仗完全是由徐庶策划、导演出来的。首次对敌便大获全胜，足见其能力非同一般。

曹仁败回许都，谋士程昱告诉曹操单福是徐庶的化名，能力比自己强十倍，又说"徐庶为人至孝。幼丧其父，止有老母在堂。现今其弟徐康已亡，老母无人侍养。丞相可使人赚其母至许都，令作书召其子，则徐庶必至矣"。

曹操采纳了程昱的建议，将徐庶的母亲骗到了许都。当徐母得知曹操的真实用意后，气愤不已，正气凛然说道："吾久闻玄德乃中山靖王之后，孝景皇帝阁下玄孙，屈身下士，恭己待人，仁声素著，世之黄童、白叟、牧子、樵夫皆知其名：真当世之英雄也。吾儿辅之，得其主矣。汝虽托名汉相，实为汉贼。乃反以玄德为逆臣，欲使吾儿背明投暗，岂不自耻乎！"骂得非常痛快,寥寥数笔就将徐母这个人物写活了,读者看了也非常解气。《三国演义》中出场的女人不少,但如徐母这般深明大义的寥寥无几。难怪李贽在夹评中感慨:"圣婆、圣母,汉朝第一忠臣也!"看到此处,读者既为徐母的生死感到担忧,同时也为徐庶有这样一个母亲而感到自豪。

为诱降徐庶,曹操不杀徐母,将其软禁。程昱趁机每日前往问候,并诈称自己曾经与徐庶是结义兄弟,骗取了徐母的信任。程昱每次送礼物给徐母时,都故意留下字条说明,徐母不知有诈,也以字条回复,终于中了程昱的圈套。程昱模仿徐母的笔迹写了一封"家书",派人送到新野徐庶手中。这时,徐庶才得知自己的母亲已被曹操抓住。徐庶心急如焚,向刘备辞行,同时向刘备表示就算自己被迫投身曹营,也不会为曹操献上一策。刘备回答:"子母乃天性之亲,元直无以备为念。待与老夫人相见之后,或者再得奉教。"成全了徐庶的一片孝心。孙乾偷偷向刘备表示:"元直天下奇才,久在新野,尽知我军中虚实。今若使归曹操,必然重用,我其危矣。主公宜苦留之,切勿放去。操见元直不去,必斩其母。元直知母死,必为母报仇。力攻曹操也。"刘备当即予以驳斥:"使人杀其母,而吾用其子,不仁也;留之不使去,以绝其子母之道,不义也。吾宁死,不为不仁不义之事。"仁君、人杰的形象得到了充分体现。

徐庶与刘备离别,非常感人。刘备送了一程又一程,依依不舍。在徐庶的劝说下不得不停下脚步,目送徐庶,满眼是泪。"却被一树林隔断。玄德以鞭指曰:'吾欲尽伐此处树木。'众问何故。玄德曰:'因阻吾望徐元直之目也。'"这个情节可谓神来之笔,将刘备当时的心情展现得淋漓尽致。

徐庶深受刘备感动,没走多远又突然拍马而回,向刘备推荐了诸葛亮,并将诸葛亮的情况做了一个详细介绍。这就为刘备日后的"三顾茅庐"做了一个铺垫,也算是徐庶为刘备做出的最后一个贡献。至此,徐庶在小说的戏份基本结束。

正如开篇所言,徐庶这个人物在小说中的戏份不多,但形象较为丰满、生动。无论是个人能力还是品德都得到了展现,体现出作者的身后功力。

写到这里,我还想谈谈一个题外话。我在此文一开始就发问"单福是谁",之所以这样发问,是因为关于单福和徐庶其实并不能完全画上等号。

为什么这么说呢?容我多啰唆几句。

大家都知道《三国演义》是一部"七实三虚"的文学作品,作者在创作这部小说时,参考了大量三国时期的史料。小说中的徐庶在历史上真实存在,他的故事与小说中的描述有很多一致的地方。但有一个关键的不同。这便是我上面提到的"单福和徐庶其实并不能完全画上等号"。历史记载中徐庶的早年经历,三国时期的魏国人鱼豢所著《魏略》中有记载。原文是这样的:"庶先名福,本单家子。"这里提到的"单家子",并不是姓单,而是出身贫寒的意思。《三国演义》的作者在此犯了一个错误,误以为"单家子"就是姓单的孩子,望文生义,因此出现了小说中的"单福"这个化名。

44. 无耻的张松

张松,是刘璋手下的重臣,这从他的职务及刘璋对他的态度就能看出来。张松担任的是什么职务呢?小说第六十回"张永年反难杨修,庞士元议取西蜀"中有介绍:益州别驾。别驾,全称为别驾从事,原本是州刺史的佐吏。因地位较高,刺史巡行视察时,别驾可以另外乘坐在一辆专门配属的车上,故此得名。到了东汉末年,别驾又成了州牧的下属,职权与之前无异。如果拿现在的官职对比,相当于省府秘书长,位高权重。

据报汉中张鲁打算兴兵进犯,益州牧刘璋大为紧张,急忙找来文武商议。这时候,有人信心满满向刘璋打包票:"主公放心。某虽不才,凭三寸不烂之舌,使张鲁不敢正眼来觑西川。"(见第五十九回)刘璋抬眼一看,此人"生得额镢头尖,鼻偃齿露,身短不满五尺,言语有若铜钟"。尽管样貌丑陋,却是刘璋宠信的别驾张松。

张松有什么办法让张鲁不敢正眼来觑西川呢?他的建议是联合曹操。张松说:"某闻许都曹操,扫荡中原,吕布、二袁皆为所灭,近又破马超,天下

●无耻的张松

无敌矣。主公可备进献之物,松亲往许都,说曹操兴兵取汉中,以图张鲁。则鲁拒敌不暇,何敢复窥蜀中耶?"(见第六十回)在张松的心里,虽然曹操在赤壁惨败,但仍然实力雄厚,"天下无敌"。无论是孙权、刘备,与曹操相比实力还差了很多。

张松的建议使刘璋心头一宽,命人收拾金珠锦绮为进献之物,派遣张松为使去许昌向曹操示好。临行前,张松偷偷将自己所画的益州地图藏在身边,带着几个随从,取道赶往许都。为什么他会偷偷带上此图呢?先卖个关子,咱们接着往下看。

张松来到许都后,"每日去相府伺候,求见曹操"。可见其急迫的心情。没想到曹操自从击败马超后傲睨得志,每日饮宴,基本不出相府,所有的朝政大事都在府中商议。张松等了三天,做到的仅仅是向曹府的官员通报了自己的名字,连曹操的人影都没见到。

等张松通过贿赂见到曹操后，曹操并没有给张松面子，一见面就是一通责问。曹操问："汝主刘璋连年不进贡，何也？"这问题问出来很正常。"平时不拜神，临时抱佛脚"，这谁也不知道是什么企图。张松的回答是："为路途艰难，贼寇窃发，不能通进。"张松的话让曹操很没面子。赤壁之战前，荆州还在曹操的手里，荆州之战后，地盘被刘备给占了，这不是揭曹操的伤疤吗？曹操一听就火了："吾扫清中原，有何盗贼？"张松又答道："南有孙权，北有张鲁，西有刘备，至少者亦带甲十余万，岂得为太平耶？"刘备、孙权都是曹操的劲敌，在曹操面前公然提及二人，曹操焉有不怒之理。张松的这番顶撞让曹操很生气，抬眼看看张松，又发现其人形象猥琐，长得丑陋，心中更加生气，拂袖而去。

张松是故意惹曹操生气的吗？不是。他是奉命来巴结曹操的。刘璋在益州还等着他说服曹操进攻张鲁、缓解益州压力呢。为什么会发生冲突呢？从对话内容来看，张松不是合格的外交人才，水平不够。遇到难题不知道如何解决，只是顺着自己的性子任凭事态逐渐恶化。

曹操走后，相府的官员们纷纷指责张松："汝为使命，何不知礼，一味冲撞？幸得丞相看汝远来之面，不见罪责。汝可急急回去！"这话说得很在理。张松的反应很奇怪，他笑着回答："吾川中无谄佞之人也。"谄佞，是指胡编乱造，巧言谄媚。他认为自己不会说谎，刚才说的每句话都是实情。话外的意思是曹操手下都是谄佞之人。但是他没有想到，既然是要巴结曹操，就要投其所好，想方设法达到目的。他自认为的实话其实是在打曹操的脸。面对无法完成使命的后果，张松没有脸色严峻，也没有变得小心谨慎，还能笑出来，只能说明他对能否完成使命已经不在乎了。

张松的这番话得罪了曹操手下的掌库主簿杨修。杨修博学多才，智慧过人，听出了张松话中的讥讽之意，出面责问。张松久闻杨修是个舌辩之士，是曹操的幕僚之一，不但没有借此机会拉拉关系，利用杨修完成使命，而是立刻想"有心难之"，两人很快便唇枪舌剑，争论起来。

杨修问张松益州风土、人物，张松将益州描绘得国富民丰、物产丰富、经济发达、人才辈出。杨修转而问张松的职务。张松反问杨修："久闻公世代簪缨，何不立于庙堂，辅佐天子，乃区区作相府门下一吏乎？"这话问得很损，正中杨修要害。杨修闻言满脸羞愧，只得进行敷衍，说自己在曹操身边得到不少教诲，"极有开发"。此时，张松又笑了，对杨修说出了这样一番话："松闻曹丞相文不明孔、孟之道，武不达孙、吴之机，专务强霸而居大位，安能有所教诲，以开发明公耶？"这哪里像是前来求援的外交使者说的话？幸好杨修也是个糊涂虫，没有抓住张松话中的不敬之处，反而拿出曹操所著《孟德新书》炫耀，证明曹操有才。杨修的糊涂让张松有了扬眉吐气的机会。张松记忆力超群，很快便将书中内容强记下来，谎称此书是"战国时无名氏所作，曹丞相盗窃以为己能，止好瞒足下耳"，之后自己背诵了一遍。这才吓住了杨修。张松与杨修的这番对话，为的只是替自己挣回面子，显摆自己的能力，至于替刘璋完成结交曹操的使命，早就抛在九霄云外了。

张松的过目不忘让杨修很惊讶。他主动提出禀报曹操，争取让张松与之再次见面。在杨修的劝说下，曹操答应来日在西教场检阅军队的时候见见张松。这就给了张松完成使命的第二次机会。这次的机会张松又是如何把握的呢？

次日，曹操与张松在西教场阅兵。面对曹操"盔甲鲜明，衣袍灿烂；金鼓震天，戈矛耀日；四方八面，各分队伍；旌旗扬彩，人马腾空"的五万精锐，张松"斜目视之"。"斜目"，说明张松有傲睨不屑之意。这个举动很无礼，也很不理智，不过幸好没被曹操发觉。曹操对张松表示："汝川中曾见此英雄人物否？"这话说得有问题，抬高自己贬低别人，但也给了张松一次拉近关系的机会。张松回答："吾蜀中不曾见此兵革，但以仁义治人。"这是斗嘴，是挑事。一旁的杨修看到曹操气得脸色都变了，心里着急，"频以目视松"。这是替张松着急，提醒张松不要忘记自己的使命。可张松的表情却是"全无惧意"，一副毫不在乎的神情。这时候曹操的火气也上来了，他对张松说道："吾视天下鼠辈犹草芥耳。大军到处，战无不胜，攻无不取，顺吾者生，逆吾者死。汝知之乎？"曹操这是反击，原因是受到张松之前话语的刺激。这时候，张松如果还能想起自己使命的话，很容易就能将这紧张的气氛缓解。但他不依不饶，当面嘲笑："丞相驱兵到处，战必胜，攻必取，松亦素知。昔日濮阳攻吕布之时，宛城战张绣之日；赤壁遇周郎，华容逢关羽；割须弃袍于潼关，夺船避箭于渭水：此皆无敌于天下也！"用现在的一句流行词概括，这是"作死"。张松不是刘备、孙权派来下战书的，而是刘璋派来求援的，这样嘲笑曹操别说是无法完成使命，就连自己的小命也难保。曹操大怒，令人将张松推出去斩首，幸好杨修以"松虽可斩，奈从蜀道而来入贡，若斩之，恐失远人之意"加以劝阻，曹操方才罢手，命人将张松乱棒打出。张松自己在刘璋面前提出的利用曹操遏制张鲁的计策也完全落空了。

张松献计并亲自来到许都到底是为什么呢？张松离开许都时的想法说明了一切："吾本欲献西川州郡与曹操。"原来他偷偷带上的地图是想交给曹操的，打算利用出使许都的机会以献图为契机暗地投靠曹操，他所谓的利用曹操来遏制张鲁的计策只不过是欺骗主子刘璋的花招。这是什么行径？这是典型的卖主求荣！

离开许都之后，张松又来到了荆州。在荆州他受到了刘备的热情款待。对于益州的觊觎，诸葛亮在"隆中对"中早有提及。张松从益州刚刚出发，诸葛亮就派人潜入许都探听消息，对于张松在许都的一举一动都非常清楚。因此，当张松出现在荆州地界时，诸葛亮的部署也正式实施了。赵云在郢州界口隆重接待，手下的军士"跪奉酒食，云敬进之"。到了荆州界首，"驿门外百余人侍立，击鼓相接"，关羽亲自迎接并共进晚餐。第二天一早，刘备又亲自在途中"下马等候"，连续数日盛情款待。张松被感动了，最终向刘备提出："益州险塞，沃野千里，民殷国富。智能之士，久慕皇叔之德。若起荆襄之众，长驱西指，霸业可成，汉室可兴矣。"又将地图献给刘备，并称"但看此图，便知蜀中道路矣"。刘备接过地图一看，"上面尽写着地理行程，远近阔狭，山川险要，府库钱粮，一一俱载明白"。张松还对刘备表示："松有心腹契友二人：法正、孟达。此二人必能相助，如二人到荆州时，可以心事共议。"至此，张松替刘备解开了如何进入益州、实现"隆中对"战略这一重大难题。

张松为什么会转而投靠刘备，是他自己对刘备所说的"明公乃汉室宗亲，仁义充塞乎四海。休道占据州郡，便代正统而居帝位，亦非分外"吗？张松在离开曹操之后的心态暴露了他的真实想法。张松认为"我来时于刘璋之前开了大口；今日怏怏空回，须被蜀中人所笑"。于是，他又寻思"荆州刘玄德仁义远播久矣，不如径由那条路回。试看此人如何，我自有主见"。至于应不应该找刘备帮忙，刘备能不能够帮忙，刘备帮忙后有什么后果，这些都不在张松的考虑之内。去找刘备其实是想挽回自己的面子。

更为可笑的是，张松还恬不知耻地对刘备说："某非卖主求荣，今遇明公，不敢不披沥肝胆。"如果不是卖主求荣的话，怎么会先是想将地图先给曹操，之后又送给刘备呢？大概张松过于得意忘形了，接下来的话语不打自招："松此一行，专欲纳款于操。何期逆贼恣逞奸雄，傲贤慢士，故特来见明公。"终于原形毕露。他根本不是因为刘备仁义而投靠的，而是因为投靠曹操却被曹操怠慢，又怕回到益州之后被人耻笑，逼于无奈才找到刘备。在张松的心中，残暴还是仁义对自己而言都无关紧要，都不会阻止其出卖刘璋的决心。只要新主人重视他，他都会毫不犹豫依附并拿出地图相赠，作为给新主子的见面礼。这不是卖主求荣又是什么呢！其无耻、阴暗的嘴脸已经暴露无遗。

大凡卖主求荣之辈都不会有什么好下场。"三姓家奴"吕布是一例，张松也是一例。刘备进入益州后，以曹操进攻荆州为由，要求刘璋提供"精兵三四万，行粮十万斛"（见第六十二回），让自己返回荆州救援，对刘璋进行敲诈。张松闻讯后，误以为刘备真的要回荆州，急不可耐地给刘备写信进行劝说，并称"今大事已在掌握之中，何故欲弃此而回荆州乎？使松闻之，如有所失。书呈到日，疾速进兵。松当为内应，万勿自误"。不想这封信尚未送出，就被其兄张肃捡到。张肃连夜将信交给刘璋。刘璋这才恍然大悟，终于明白了张松的真面目，一怒之下将其斩杀。这个卖主求荣的小人终于受到了应有的惩罚！

45. "大老虎"李严

李严出场是在《三国演义》第六十四回"孔明定计捉张任,杨阜借兵破马超"。当时刘备已攻下雒城,刘璋派遣妻弟费观镇守绵竹。临行前,费观保举了一人一同领兵前往,这个人便是李严。书中交代,李严字正方,荆州南阳人。

李严来到绵竹之后,正逢刘备大军兵临城下。李严奉费观之命带着三千兵马出城迎敌,与黄忠大战了四五十个回合未分胜负。诸葛亮起了爱才之心,鸣金收兵让黄忠来日再战时诈败,用奇兵制胜。第二天,黄忠与李严斗了不到十个回合引兵便走,李严紧追不舍。等到追至山峪之中,李严"猛然醒悟"(见第六十五回),可惜为时已晚,被伏兵团团包围,只得缴械投降。虽然醒悟得晚了一步,但总算能明白过味儿来,这说明李严不仅武艺了得,头脑也不差。李严投降之后,刘备"待之甚厚"。李严心存感激,提出去绵竹劝降费观。最终,费观开城投降,刘备顺利拿下该城。

与在刘璋手下的境遇不同,李严在刘备集团中地位蹿升得很快。到刘备称帝时,李严已经位居尚书令一职,在蜀汉政权的地位仅次于诸葛亮。刘备东征东吴失败,退兵白帝城。不久之后刘备病危,召诸葛亮等人到白帝城"托孤",李严便是其中之一。可见刘备对李严是非常认可的。

李严到底有何能力?第八十七回"征南寇丞相大兴师,抗天兵蛮王初受执"中也有说明。当时刘禅刚刚继位,蜀汉内部局势不稳。蛮王孟获伙同雍闿、朱褒、高定等人在南中地区爆发叛乱。诸葛亮准备亲率大军前去征讨。后主刘禅唯恐有失,询问如果东吴和曹魏进攻蜀汉将如何应对。诸葛亮说出了这样的一句话:"东吴方与我国讲和,料无异心;若有异心,李严在白帝城,此人可当陆逊也。"陆逊是击败刘备七十万东征大军的东吴主帅,文武双全、足智多谋。诸葛亮将李严与陆逊相提并论,这说明诸葛亮对李严的才能也非常认同，是个帅才。

诸葛亮主政蜀汉时，曹魏政权欲以五路大军围攻。这五路军中的第二路是蜀汉叛将孟达。孟达与李严曾是生死之交。诸葛亮利用这层关系让李严写信送给孟达，结果孟达果然称病不出，这路来犯之敌也就消失了。这里面既有诸葛亮的神机妙算，也有李严的一份功劳。事后，李严仍与孟达保持着书信来往。诸葛亮第一次北伐前，李严已经做通了孟达的思想工作。孟达表示"欲起金城、新城、上庸三处军马，就彼举事，径取洛阳"。这也说明了李严能力之强，做工作之持久、认真并富有成效。

诸葛亮北伐中原，李严没有随军参战，而是负责北伐大军的粮草供应。俗话说："兵马未动，粮草先行。"如此重要的事情，诸葛亮放手交给李严，既是对李严的信任，也说明了李严在蜀汉政权中举足轻重的地位。可偏偏事情却出了大问题，李严变成了蜀汉政权的"大老虎"，也成了诸葛亮"打虎"的目标。

事情还要从第一百回"汉兵劫寨破曹真，武侯斗阵辱仲达"说起。时值诸葛亮第四次北伐中原，在战场上大败司马懿。李严派来负责解送粮草的都尉苟安贪杯误事，军粮运输耽误了十天。诸葛亮大怒，欲按律处斩。此时长史杨仪提醒诸葛亮，苟安是李严所用，若杀此人，唯恐以后无人再敢送粮。诸葛亮这才免了苟安的死罪，将其杖责八十。这等于是给了李严面子。不料苟安被打之后，心怀不满，连夜带着五六个随从投敌。司马懿让苟安回到成都后"布散流言，说孔明有怨上之意，早晚欲称为帝，使汝主召回孔明"，苟安依计而行。回到成都后，广散流言，引起蜀汉朝政动荡，诸葛亮不得不退军回到成都，大好形势付之东流。事后，诸葛亮深责蒋琬、费祎等人不能觉察奸邪，规谏天子。但对苟安的上司李严并未予以问责，依然让其负责粮草运输。

李严派贪杯的苟安负责粮草运输，导致诸葛亮的北伐半途而废，这至少是用人不察，负有不可推卸的责任。诸葛亮不追究，是因为李严位高权重，深得诸葛亮信任，故而网开一面不予追究。按理说经过苟安事件，李严就应该警醒，应该更加认真负责地完成粮草的运输任务，为诸葛亮的北伐大业尽一份自己的义务。可惜，李严并没有这么做。

诸葛亮第四次北伐，形势一片大好，曹魏西凉人马被诸葛亮杀得大败，尸横遍野，血流成渠。正当诸葛亮"收聚得胜之兵，入城赏劳"（见第一百零一回）时，李严派人从永安送来紧急书信。李严在信中称："近闻东吴令人入洛阳，与魏连和；魏令吴取蜀，幸吴尚未起兵。今严探知消息，伏望丞相，早作良图。"诸葛亮大惊，以为东吴真的兴兵攻蜀，立即下令全军撤回，第四次北伐之役无功而返。

等诸葛亮大军退出汉中，准备回到成都来见后主刘禅时，李严又启奏刘禅，称"臣已办备军粮，行将运赴丞相军前，不知丞相何故忽然班师"。刘禅不明真相，派尚书费祎来到汉中询问诸葛亮班师的原因。此时，诸葛亮将李严书信一事告之费祎，费祎将李严启奏后主之语相告。诸葛亮立刻派人进行调查，真相随即水落石出。原来是李严筹办军粮不利，担心诸葛亮怪罪，便谎称东吴入侵使得诸葛亮大军回撤。之后为了掩盖真相，又在后主面前推卸责任，掩饰自己的过失。

李严犯的是什么罪？按照之前苟安的过失，粮草供应"误了三日，便该处斩"。如今全军因为李严的谎言全军撤退，贻误战机，更是罪无可恕。之后，李严不思悔改，在后主面前掩饰自己的罪行，又犯了欺君之罪。作为蜀汉政权第二号重臣，李严无疑是蜀汉政权的"大老虎"，不仅对诸葛亮的北伐造成严重影响，也险些造成蜀汉政权君臣不和，真是罪大恶极。

面对这样的"大老虎"，诸葛亮当然不会放过。他认为李严的行径是"为一己之故，废国家大事"，命人将李严招来，打算按律处斩，显示了自己坚定不移"打虎"的立场和决定。尽管在参军蒋琬的劝说下李严逃过了死罪，但被贬为庶人，发配到梓潼郡。曾经权倾朝野的"大老虎"最终得到了应有的惩罚。

诸葛亮"打虎"留给后人一个启示：无论地位再高，只要是因"一己之私，废国家大事"，都应该严惩不贷，免得误国误民。

46．杀妻的刘安

小说第十九回"下邳城曹操鏖兵，白门楼吕布殒命"一回书中提到，刘备与吕布交恶，老巢小沛被吕布攻占，损兵折将，就连妻小也被吕布俘获。仓皇之间，刘备只得单人匹马往山中逃窜。途中，部下孙乾残部与刘备巧遇。在孙乾的建议下，刘备一行人寻小路赶往许都投奔曹操。后来一行人所带粮食用尽，不得不在沿途村落中向村民求食。听说是深得民心的刘豫州需要粮食，百姓们二话不说，"皆跪进粗食"，总算解了刘备一行人的燃眉之急。这一日，刘备来到一家投宿。

这家的主人名叫刘安，是本地的猎户，靠打猎为生。交谈之后刘安发现与刘备还是同宗，自然亲近得很，张罗着好好款待一下这位闻名已久的刘大人。可是"遍寻野味不得"，拿不出什么像样的食物招待刘备。于是，刘安干脆杀了自己的妻子，将妻子手臂上的肉割下来煮熟招待刘备。大概是一路上村民们提供给刘备的大都是"粗食"，猛然间见到刘安家中香喷喷的肉，刘备很诧异，问刘安："此何肉也？"刘安不动声色地回答道："乃狼肉也。"刘备等人饱餐了一顿并在刘安家中留宿。

第二天刘备一行人打算离开，便到刘安家中的后院取马。这时候才发现被刘安杀死的妻子倒在厨房之内，早已身亡，手臂上的肉也被全部割去。刘备询问刘安才得知，自己昨晚吃的竟然是刘安之妻身上的肉，不禁"痛伤上马，欲带刘安去"。刘备的好意遭到刘安的拒绝。刘安告诉刘备："老母见在，不可远行。"等刘备见到曹操之后，又将刘安杀妻的事情告诉了曹操。曹操令孙乾再度前往刘安家中并赐予黄金百两。

刘安为什么会杀妻为食？既不是讨好刘备而为自己日后的飞黄腾达创造条件，也不是与妻子关系不好借机杀害。理由很简单，出自对刘备的爱戴。刘备饿了，自己想弄点好食物招呼。结果自己的妻子就成了刘备的晚餐。

刘备吃人肉，并不是小说虚构出来的故事。在历史记载中，刘备可能真的吃过人肉。据《三国志·先主传》注引《英雄记》载，刘备丢失徐州之后，面临袁术与吕布的前后夹击，不得不退军至徐州的广陵郡。在广陵期间，刘备所部饥饿困迫，多次发生人吃人的惨状。即便如此仍未能解决生存问题。刘备不得已才派遣官吏向吕布请降。最终吕布同意了刘备的投降，并将小沛交予刘备驻扎，刘备才免于饿死。

在后汉末年民不聊生、饿殍遍地的中原大地，人吃人并不是只有刘备所部才经历过的。曹操的进军在与吕布争夺兖州时，军粮短缺，谋士程昱就曾经将粮食与人肉混在一起作为军粮。李傕、郭汜祸乱长安时，百姓苦不堪言，人吃人的现象已经屡见不鲜。在《三国志·臧洪传》中还记载了这样一个故事。袁绍围攻臧洪镇守的东郡东武阳地区。在袁绍的猛攻下，城内伤亡惨重，粮食告罄。臧洪便将自己的爱妾杀了，割其肉提供给手下将士。将士们听说之后，流泪不止，最终与臧洪坚守城池，悉数战死。《三国演义》的作者很可能是参照以上介绍的历史记载，故意在小说中设计出刘安这一人物，用"刘安杀妻"这一情节来突出刘备在人民心目中的崇高形象。

不过，当刘安这一人物形象及其故事在小说中出现之后，评论家们对此颇有意见。清人李渔说："欲以感切之事形容受之者之好处，不知言之太过，反成惨毒"（见《李渔全集》第十卷《李笠翁批阅三国志》）。显然李渔对于刘安这一人物的处理反常反感。毛宗岗认为刘安此举"杀妻也太忍"。在本回夹评中也提到："古名将亦有杀妻飨士者。妇人不幸生乱世，遂使命如草菅，哀哉！玄德以妻子比衣服，此人以妻子为饮食，更奇。"不过，毛宗岗又说刘安此举是为了"义"，对刘安的行径进行辩解。这种辩解与其说是为刘安辩解，还不如说是为刘备吃人肉进行开脱。

到了现代，也有一部分专家、学者对此进行了研究和分析。有观点认为："作者为了表现刘备爱民的特点，所谓仁义素著，因而受到广大人民的热烈拥护时，竟不能令人信服地写猎户刘安……作者虽意图极力夸张玄德，却无意中对人民做了严重的歪曲的描写，因而也就在一定程度上损害了玄德。作者的这种描写是不通人情的，非真实的，是拙劣的。"

《三国演义》中正统的代表、明君刘备吃人肉，这个问题到底应该如何看待呢？

这个情节原本就是小说家的虚构，代表了作者当时所处时代的思维模式。作者把这个构思写进小说，至少说明了作者的态度是赞赏，是为了表现民众对"明君"刘备的爱戴。无论是对待历史，还是对待历史小说，都应该站在当时特定的历史环境下来进行分析和研究，如果只是站在今人的角度上来看待、分析古人，是不客观的，也是非常片面的。鲁迅先生曾经说过："这不仅与作家的具体的时代感受有关，而且往往是作家的世界观的全部复杂性的反映。因此，每一个形象都不能孤立地来理解，而应当与他们周围的其他形象联系起来理解。"这种观点非常中肯，值得参照和借鉴。

47．诸葛亮的一家子

诸葛亮的一家人，在《三国演义》中的介绍是较为含糊的。在第三十六回"玄德用计袭樊城，元直走马荐诸葛"中徐庶说道："此人乃琅琊阳都人，覆姓诸葛，名亮，字孔明，乃汉司隶校尉诸葛丰之后。其父名珪，字子贡，为泰山郡丞，早卒；亮从其叔玄。玄与荆州刘景升有旧，因往依之，遂家于襄阳。后玄卒，亮与弟诸葛均躬耕于南阳。"等到了第三十七回刘备第二次赶赴隆中拜见诸葛亮时，诸葛亮的弟弟诸葛均又做了一个补充："愚兄弟三人：长兄诸葛瑾，现在江东孙仲谋处为幕宾；孔明乃二家兄。"至此我们可以得知，诸葛亮一共有兄弟三个，依次为诸葛瑾、诸葛亮和诸葛均。

其实，除了兄弟三人之外，诸葛亮还有两个姐姐，只不过在小说中没有介绍。关于这两位姐姐的记载出自东晋习凿齿的《襄阳耆旧记》。诸葛亮的大姐后来嫁给了荆州豪族之一——蒯家的子弟蒯祺，二姐则成了荆州另外的一家豪族——庞家庞山民的媳妇。尽管史料中没有关于这两位姐姐对诸葛亮影响的记载，但毫无疑问这对诸葛亮的前半生意义重大。刘表能够控制荆州，主要依靠了荆州的两大家族——蔡家和蒯家,这两大家族是荆州的主要政治势力。蒯家在刘表时期的代表人物为蒯良和蒯越,诸葛亮的大姐夫蒯祺就是蒯家的子弟,后来还担任了房陵太守;诸葛亮的二姐夫庞山民,出自荆州著名在野政治领袖和文化名流庞德公家族,后来与诸葛亮一起为刘备效力的著名谋士庞统就是出自于这个家族,是庞德公的侄子。

诸葛亮的夫人,在《三国演义》中是个若隐若现的人物。说其"隐",是因为这个人物在小说中未曾出场,读者对她也就不会产生多大印象;说其"现",则是因为《三国演义》中曾经数次提到她。《三国演义》的读者知道诸葛亮有个姓黄的夫人,是因为在第三十七回中出现了诸葛亮的岳父黄承彦;接下来在第四十一回曹操占领荆州之后,曹操还特意派人到诸葛亮隐居的隆中去搜寻他的妻小,只不过因为诸葛亮事先就已经派人将家人转移了,曹操的奸计才未能得逞。这些细节,作者一笔带过。正当读者以为诸葛亮死后就再也不会出现这位夫人的踪迹时,小说家突然又在第一百一十七回做了一个补充:

> 原来武侯之子诸葛瞻,字思远。其母黄氏,即黄承彦之女也。母貌甚陋,而有奇才:上通天文,下察地理;凡韬略遁甲诸书,无所不晓。武侯在南阳时,闻其贤,求以为室。武侯之学,夫人多所赞助焉。及武侯死后,夫人寻逝,临终遗教,惟以忠孝勉其子瞻。

很多读者都会有这样的疑惑:按照一般的小说创作规律,像诸葛夫人的这种介绍,其实是有进行深加工可能的。小说家提到的这位诸葛夫人具备了大书特书的潜质。首先,她是诸葛亮的夫人、荆州名士黄承彦的女儿。黄承彦在小说中还出现在陆逊被困八阵图的关键时刻,怎么这位诸葛夫人却一点故事都没有呢?其次,小说家笔下的这位诸葛夫人既是丑女又是才女,这本身就有巨大的卖点。小说家却视而不见,不仅没有展开故事,反而将其放在全书的最后部分匆匆带过。这不能不说是一个巨大的遗憾。

小说中所提到的这位黄氏,在历史上是真实存在的。有关诸葛夫人的记载,最早出现在晋代。《襄阳耆旧记》中就谈到了这个诸葛夫人:诸葛亮在隆中隐居之时,沔阳名士黄承彦向诸葛亮提亲,打算将自己的女儿许配给他。

黄承彦是这样介绍自己的女儿的："身有丑女，黄头黑面，才堪相配。"也就是说这位黄氏长得很丑，不过有才。黄承彦对这门亲事的把握并不大，承认女儿的不足之处。不想诸葛亮一口答应，不久之后迎娶了黄氏。诸葛亮娶亲的故事在当时就成了人们茶余饭后闲聊的话题。有人还编出了一句谚语："莫作孔明择妇，正得阿承丑女。"南北朝裴松之在为《三国志》做注的时候，也特意引用了《襄阳耆旧记》中的这段记载。

黄夫人的故事虽然不见于《三国演义》，但却在戏曲舞台上得到了弥补。无论是京剧、秦腔，还是粤剧、汉剧，都有这位诸葛夫人的身影。京剧《诸葛亮招亲》、粤剧《孔明招亲》就是其中的代表剧目。这些剧目的内容相似，都按照《襄阳耆旧记》中对于黄氏丑女、才女的特征进行加工和改造。民国时期周大荒创作了一个名为《反三国志演义》的长篇小说，将黄夫人的形象进行了翻天覆地的转变。在这本架空历史的小说中，诸葛夫人被称为黄夫人。不但不是丑女，反倒是位绝色美女。只是为了自身的安全考虑，才不得不自毁容貌。嫁给诸葛亮以后，黄夫人的容貌也完全恢复了，诸葛亮的邻居见到黄夫人，都惊为天人。此外，这位黄夫人还是"木牛流马"的发明者。同时，黄夫人精通奇门遁甲之术，不但用法术打败了孟获的军队，还亲自上阵抓住了孟获。

与跑龙套的诸葛瑾、诸葛均相比，小说中诸葛亮之子诸葛瞻及之孙诸葛尚的刻画较多。两人的主要表现均在第一百一十七回"邓士载偷度阴平，诸葛瞻战死绵竹"中。书中是这样描述诸葛瞻和诸葛尚的：

（诸葛）瞻自幼聪敏，尚后主女，为驸马都尉。后袭父武乡侯之爵。景耀四年，迁行军护卫将军……（诸葛）尚时年一十九岁。博览兵书。多习武艺。瞻大喜，遂命尚为先锋。

邓艾进攻益州，后主刘禅派诸葛瞻父子上阵御敌。为诱降诸葛父子，"艾从其言，遂作书一封，遣使送入蜀寨。守门将引至帐下，呈上其书。瞻拆封视之……瞻看毕，勃然大怒，扯碎其书，叱武士立斩来使，令从者持首级回魏营见邓艾"，后父子二人双双战死疆场。

历史上的诸葛瞻与小说的描述基本相同。诸葛瞻幼年聪慧，深得其父喜爱。凭借诸葛亮的威望，诸葛瞻十七岁任骑都尉，先后担任过羽林中郎将、射声校尉、侍中、尚书仆射、军师将军等职。在蜀汉后期日见衰落的环境下，诸葛瞻宛如又一个诸葛武侯出现在蜀汉的政治舞台上。这倒不是因为诸葛瞻自身有多大的能力，主要还是由于蜀人非常怀念诸葛亮，爱屋及乌，所以每当蜀汉朝廷出现了一个善政佳事，人们都会认为是诸葛瞻的功劳，即便与诸葛瞻毫无关系也一向如此。景耀四年（公元261年）诸葛瞻被委任为行都护卫将军，与辅国大将军南乡侯董厥并平尚书事。魏征西将军邓艾征讨蜀汉时，诸葛瞻和儿子诸葛尚迎战。期间邓艾曾经派人对诸葛瞻进行劝降，诸葛瞻"怒，斩艾使。遂战，大败，临陈死，时年三十七。众皆离散，艾长驱至成都。瞻长子尚，与瞻俱没"。虽然诸葛瞻能力不济，但是其忠贞不贰、壮烈殉国的行为，却是值得后人赞颂的。诸葛亮祖孙三人虽然未能帮助刘备、刘禅父子完成复兴汉室的宏愿，但为了蜀汉的江山前赴后继，驰骋疆场，最后都死在沙场上，可说是满门忠烈。

除了诸葛尚之外，诸葛亮还有一个孙子叫诸葛京。西晋时期诸葛京曾经担任过江州刺史一职，诸葛亮家族也正是因为诸葛京的存在延续至今，只不过在《三国演义》中没有介绍，使得读者误以为诸葛亮一门在蜀汉灭亡时期悉数死于战火之中。

48. 高瞻远瞩的司马徽

刘备被曹操赶出中原，不得已投靠了荆州的刘表。刘表在继承人问题上犹豫不决，询问刘备的意见。刘备提出"自古废长立幼，取乱之道"（见第三十四回），建议刘表立长子刘琦。不料二人的对话被刘表次子刘琮之母蔡夫人偷听到。蔡夫人与弟弟蔡瑁一起密谋除掉刘备。蔡瑁以慰问文武为名，邀请刘备离开新野到襄阳，企图将刘备杀害。幸得伊籍提醒，刘备才及时从城中逃出。刘备逃了不到几里，面前有一条宽约数丈的檀溪挡住去路，后面蔡瑁的追兵越来越近。刘备无奈，纵马下溪。行不数步，马前蹄忽陷，浸湿衣袍。刘备大急，对着自己的坐骑"的卢"大叫："的卢，的卢！今日妨吾！"言毕，那马忽从水中跃起，一跃三丈，飞上西岸，刘备这才侥幸逃脱。

天色将晚，刘备往南漳方向策马而行。忽见一个牧童骑牛而至，喊出了刘备的名字，并说自己的师傅经常提及刘备，夸赞刘备是"当世之英雄"（见第三十五回）。刘备大奇，便与牧童一起来到庄院并见到了牧童的师傅。此人就是司马徽。

刘备眼中的司马徽"松形鹤骨，器宇不凡"，一看就是个世外高人的模样。二人一见面司马徽说出的第一句话又让刘备非常诧异。司马徽说道："公今日幸免大难！"这就更加增添了刘备对司马徽的敬意。尽管刘备以"偶尔经由此地，因小童相指，得拜尊颜，不胜万幸"加以掩饰，但心中却非常奇怪为什么第一次见面的司马徽竟然能猜到自己刚刚遇险，这让刘备百思不得其解。其实这并不是司马徽有什么未卜先知的本领，而是司马徽根据刘备"衣襟尚湿"所进行的推测。刘备是刘表的客人，如今却落得孤身一人，连衣服都湿了，如此狼狈，原因只能是刚刚在檀溪遇险而致。

司马徽并没有因为刘备的有意搪塞而停止追问。他紧接着又问了一句："公不必隐讳。公今必逃难至此。"既然都是明白人，刘备也就不再隐瞒，将在襄阳遇险之事告之。司马徽随即也就不再故弄玄虚，答以"吾观公气色，已知之矣。"双方初次接触，以诚相对，话匣子自然也就打开了。

司马徽问刘备："吾久闻明公大名，何故至今犹落魄不偶耶？"又说"盖因将军左右不得其人耳。"此语直截了当，点出了刘备事业多蹇的关键原因。司马徽接着提到了荆州地区流行的一个童谣。这个童谣是这么说的："八九年间始欲衰，至十三年无孑遗。到头天命有所归，泥中蟠龙向天飞。"他解释道："此谣始于建安初：建安八年，刘景升丧却前妻，便生家乱，此所谓始欲衰也；无孑遗者，不久则景升将逝，文武零落无孑遗矣；天命有归，龙向天飞，盖应在将军也。"

为什么司马徽会说起这个童谣呢？这和刘备当时的境遇有着密切的关系。刘备来到荆州后，刘表安于现状，不愿与曹操为敌，刘备复兴汉室的满腔热情化为泡影。荆州实力派蔡瑁、张允都在背后加害,刘备性命堪忧。此时正是刘备事业的最低谷。司马徽故意说出这个童谣,就是以这种方式来激励刘备,鼓舞刘备的斗志。

果然,刘备听司马徽这么一说大惊失色,立即拜谢道:"备安敢当此!"看到刘备雄心再起,司马徽不失时机地表示:"今天下之奇才尽在于此,公当往求之。"接着司马徽又说:"伏龙、凤雏,两人得一,可安天下。"刘备忙问"伏龙""凤雏"是谁,司马徽抚掌大笑,说出了两个字:"好!好!"刘备再追问时,司马徽回答:"天色已晚,将军可于此暂宿一宵,明日当言之。"随即让小童准备当晚的膳食,并将刘备的马牵到后院喂养。刘备见司马徽避而不答,也就不便多问,在司马徽的草堂中歇息。不过,司马徽之前一番话语让刘备感到高深莫测,倒在床上难以入睡。

夜深人静之时,刘备忽听有人叩门而入。只听得司马徽说道:"元直何来?"来人回答:"久闻刘景升善善恶恶,特往谒之。及至相见,徒有虚名,盖善善而不能用,恶恶而不能去者也。故遗书别之,而来至此。"司马徽说:"公怀王佐之才,宜择人而事,奈何轻身往见景升乎?且英雄豪杰,只在眼前,公自不识耳。"来人答:"先生之言是也。"

经过一晚上的交谈,"伏龙""凤雏"这两个名字已经牢牢印在刘备心中。此时听到司马徽说来人"怀王佐之才",自然而然以为此人必是"伏龙""凤雏"之中的一位,求才之心大起,想立即出屋相见,但又恐造次,只能耐着性子等待天明。

到了第二天天亮,刘备迫不及待地问司马徽昨晚来人是谁。司马徽说是自己的好友,刘备又立刻表示想与来人相见。司马徽却回答道:"此人欲往投明主,已到他处去了。"刘备问其姓名,司马徽笑着回答:"好!好!"刘备再问:"伏龙、凤雏,果系何人?"司马徽还是笑着说:"好!好!"刘备请司马徽出山相助,共扶汉室,司马徽以"山野闲散之人,不堪世用"谢绝,又留下了更加高深莫测的一句话:"自有胜吾十倍者来助公,公宜访之。"

总结刘备与司马徽交谈的内容,刘备得到的是"伏龙""凤雏"这两个名字、一个深夜来访的男人的声音、三次"好、好"的回答。这对刚刚被司马徽鼓起奋斗决心的刘备而言显然是不够的。司马徽的话让刘备下定决心去寻找"伏龙""凤雏"。

刘备回到新野后不久,忽见一人在街上引吭高歌。刘备立刻就想到了司马徽说过的"伏龙""凤雏",将此人请到了县衙。交谈后才得知此人叫作单福,并不是"伏龙""凤雏"。尽管如此,刘备对单福还是非常欣赏,拜单福为军师,调练本部人马。没过多久,这位单福的真正身份公开了,他的真名叫做徐庶,也就是刘备在司马徽庄中留宿那一夜想见的人。徐庶告诉刘备,正是由于司马徽那晚的推荐,他才会到新野来投奔刘备的。徐庶由于母亲被曹操软禁不得不离开新野,临行前将"伏龙""凤雏"的真实身份告诉了刘备。"伏龙"是诸葛亮,"凤雏"是庞统。

徐庶走后,刘备命人安排礼物,打算去隆中拜会诸葛亮。这时候,司马徽又突然出现了。刘备问:"元直临行,荐南阳诸葛亮,其人若何?"(见第三十七回)这时候,司马徽不说"好、好"来卖关子了,而是直截了当地将诸葛亮的身世做了一个详细的介绍:

孔明与博陵崔州平、颍川石广元、汝南孟公威与徐元直四人为密友。此四人务于精纯,唯孔明独观其大略。尝抱膝长吟,而指四人曰:"公等仕进可至刺史、郡守。"众问孔明之志若何,孔明但笑而不答。每常自比管仲、乐毅,其才不可量也。司马徽又告诉刘备等人:"以吾观之,不当比此二人;我欲另以二人出之……可比兴周八百年之姜子牙、旺汉四百年之张子房也。"

此言一出,在场的刘备、关羽无不愕然,因为这个评价实在是太高了。当然,在小说中诸葛亮也的确有这个本事,司马徽所言非虚。

当日在自己家中用了三次"好、好"来搪塞刘备,如今却又将诸葛亮的身世及本事和盘托出,这是司马徽的高明之处。尽管司马徽知道刘备急需人才,但是对于刘备是否能善待人才、用好人才,心里也没有底。徐庶的到来给了司马徽考验刘备的机会。于是,徐庶来到新野,并没有告诉刘备自己的来历,也没有提及司马徽,而是凭着自己的能力当上了刘备的军师。由于徐母被曹操软禁,徐庶不得已离开刘备。临走前,徐庶将诸葛亮推荐给了刘备。尽管如此,对于刘备是否能用好诸葛亮,司马徽还是有一定顾虑的。因此他才会主动出现在新野,在刘备面前大夸诸葛亮,希望能引起刘备足够的重视。这么做的目的只有一个:让刘备去请诸葛亮出山,希望刘备能够用好诸葛亮。而结果也正如司马徽预料的一样,刘备"三顾茅庐",终于将诸葛亮请了出来。诸葛亮为了实现刘备复兴汉室的事业鞠躬尽瘁。

不过,就在司马徽主动将诸葛亮的情况告诉刘备后,他临别之时又留下了一句高深莫测的话:"卧龙虽得其主,不得其时,惜哉!"要知道此时刘备尚未"三顾茅庐",司马徽竟然预判出诸葛亮必将跟随刘备,而且准确地预测出汉室必将倾覆,诸葛亮就算奋斗一生也无法实现复兴汉室的理想,足见司马徽的高瞻远瞩,料事如神。

49. 曹魏第一名将张辽

张辽是个降将,投降曹操之前在吕布手下效命,多次与曹操对阵。虽然从第十一回"刘皇叔北海救孔融,吕温侯濮阳破曹操"出场到第十九回"下邳城曹操鏖兵,白门楼吕布殒命"被俘前,张辽一言未发,但关羽却看出了张辽的两大优点。第一是张辽的忠义,第二是张辽的武艺。下邳一战,吕布全军覆没,张辽成了阶下囚。与吕布摇尾乞怜、哀求活命不同,张辽破口大骂,后悔"当日火不大,不曾烧死你这国贼"(见第十九回)。曹操大怒,拔出佩剑,欲亲手杀死张辽。关羽和刘备连忙求情,这才保住了张辽的性命。从此,张辽成了曹操手下的一员战将。

作为一员战将,张辽有哪些特点呢?从第十回到第十九回中并没有什么具体的战例。虽然他参与了官渡之战、辽东之战和赤壁之战,但除了斩杀蹋顿、射伤黄盖之外,并无出彩之处。如果不是关羽曾经对张飞说过"此人武艺不在你我之下"这样的话语,读者们大都会将其归类于与典韦、许褚一样的猛将,仅会凭自己高超的武艺单打独斗,这样的将领在曹军之中比比皆是,毫无特点可言。不过,随着战事的深入,张辽的特点逐渐得到了展现,并成

●曹魏第一名将张辽

了《三国演义》曹军将领中的第一名将。

张辽的第一个特点是"狠"。这在第五十三回"关云长义释黄汉升，孙仲谋大战张文远"中体现得尤为明显。当时，孙权围攻合肥，双方在合肥城外摆开阵势进行决战。张辽"纵马当先，专搦孙权决战"。一个"专"字道出了张辽的心思：擒贼先擒王。孙权围攻合肥已久，又有程普率部前来增援，兵力超出张辽数倍。想要击败敌军，最好的办法自然是消灭敌军主帅。这可以看出张辽之"狠"。太史慈眼看张辽直奔孙权而去，自然不会袖手旁观，挺枪骤马与张辽交锋。双方激战七八十回合，不分胜负。太史慈是东吴名将，当年大战孙策，威震江东。张辽与之鏖战七八十回合，这也印证了当初关羽所说的"此人武艺不在你我之下"，说明张辽武艺高强，体现了张辽的第二个特点：勇。

二人交战的同时，曹军将领李典、乐进又与东吴将领宋谦、贾华交战。宋谦被李典射中窝落马。太史慈见有本方将领落马，弃了张辽"望本阵便回",张辽率兵掩杀,敌军阵脚大乱。看到四散奔走,张辽不忘"擒贼先擒王"的初衷,继续追击孙权。幸亏程普及时赶到,孙权才幸免于难。主帅落荒而逃,士兵自然毫无斗志,很快便被张辽杀得落花流水。

张辽大胜而回,犒赏三军,同时又颁布了一道命令,"不许解甲宿睡"。左右不知何故,都在发牢骚:"今日全胜,吴兵远遁,将军何不卸甲安息?"张辽回答:"非也。为将之道:勿以胜为喜,勿以败为忧。倘吴兵度我无备,乘虚攻击,何以应之?今夜防备,当比每夜更加谨慎。"这又体现了张辽的第三个特点:慎。胜不骄,败不馁,是一名优秀将领的必备素质。面对孙权的优势兵力,张辽没有麻痹大意,随时准备应付新的挑战。

果然,太史慈向孙权提出建议:"某手下有一人,姓戈,名定,与张辽手下养马后槽是弟兄,后槽被责怀怨,今晚使人报来,举火为号,刺杀张辽,以报宋谦之仇。某请引兵为外应。"就在张辽吩咐手下不得解甲宿睡之时,戈定等人便在后寨放火。张辽的命令还来不及得到贯彻就已经出事了。

后寨火起,烈焰腾空,耳边"一片声叫反",急报军情的手下络绎不绝。左右惊慌失措,纷纷叫喊:"喊声甚急,可往观之。"此时,张辽并没有慌了手脚。"张辽出帐上马,唤亲从将校十数人,当道而立"。张辽这是做什么?他是在观察,在分析,在判断。这就体现张辽的第四个特点:定。闻变而不乱,头脑冷静。很快,张辽便得出了自己的结论:"岂有一城皆反者?此是造反之人,故惊军士耳。"这是对局势的一个准确判断。随即,张辽下令"如乱者先斩",这是稳定军心,是对突发事件的正确处理。

没过一会儿,李典将戈定等人抓住,证明张辽的判断和部署是正确无误的。不过,险情并没有排除。城外的太史慈不知戈定等人的叛乱已被张辽化解,仍然按照原定计划在城外接应。一时间"只听得城门外鸣锣击鼓,喊声大震"。尽管城内局势已经稳定,太史慈的接应起不到丝毫作用,但张辽却抓住时机,认为"此是吴兵外应",决定趁此良机击败敌军。于是,张辽"令人于城门内放起一把火,众皆叫反,大开城门,放下吊桥"。这体现了张辽的第五个特点:谋。因势利导,将计就计。太史慈不知是计,以为戈定等人的叛乱成功,挺枪纵马先入,这就正中了张辽的圈套。"城上一声炮响,乱箭射下，太史慈急退，身中数箭。背后李典、乐进杀出，吴兵折其大半，乘势直赶到寨前"。此役太史慈战死，孙权撤军，张辽的合肥保卫战大获全胜。

如果说此次的合肥之战仅仅是张辽牛刀小试的话，那么，接下来发生的第二次合肥之战则是张辽才能的又一次综合体现。

曹操远征汉中，留下张辽、李典、乐进镇守合肥。孙权攻占皖城，十万大军向合肥推进。此时，曹操命薛悌送来一个木匣，上书曹操亲笔的"贼来乃发"（见第六十七回）四个字。木匣内的命令是"若孙权至，张、李二将军出战，乐将军守城"。张辽与李典、乐进商议对策。张辽认为："主公远征在外，吴兵以为破我必矣。今可发兵出迎，奋力与战，折其锋锐，以安众心，然后可守也。"李典因与张辽关系不睦，默不作声。乐进见此情景，担心在将帅不和的情况下主动出击难以取胜，建议坚守不出。张辽说："公等皆是私意，不顾公事。吾今自出迎敌，决一死战。"李典被张辽感动，表示愿意听从张辽的指挥，率兵出战。张辽大喜，说道："既曼成肯相助，来日引一军于逍遥津北埋伏：待吴兵杀过来，可先断小师桥，吾与乐文谦击之。"一切布置妥当，就等孙权来犯。

孙权命以吕蒙、甘宁为前队，自己与凌统居中，其余将领陆续出发向合肥挺进。吕蒙和甘宁很快与迎战的乐进交锋。乐进诈败，将孙权引入张辽布置好的包围圈。张辽、李典杀出直扑孙权。此时孙权的身边仅有凌统的三百余骑，兵力单薄。面对曹军的凶猛进攻，孙权大惊失色，飞马逃过小师桥，侥幸逃脱。凌统所部三百多人全部战死，凌统身负重伤。吕蒙、甘宁被杀得打败，伤亡过半。"杀得江南人人害怕；闻张辽大名，小儿也不敢夜啼"。这一仗不仅体现了张辽之前的诸多特点，同时又展现出他的第六个特点：合。群策群力，发挥团队优势。这是张辽以弱胜强的关键所在。他的这些特点在曹军将领当中绝无仅有，真乃曹军第一名将。

50. "说客"张辽

前文我介绍了张辽的智勇双全、临危不惧,是《三国演义》中曹魏的第一名将。本文再说说他另外的一个特点:口才上佳。小说中描绘的武将,大都武艺高强、英勇无比,但如张辽般临时客串一把"说客"的却是少之又少,能成功者更是寥寥无几。而张辽圆满地完成了任务,其言语的功夫也让人叹为观止,拍手叫绝。

张辽充当"说客"是在小说第二十四回"国贼行凶杀贵妃,皇叔败走投袁绍"埋下伏笔的。当时,曹操大举进攻徐州,大败刘备。张飞杀出血路突围,身边仅仅剩下数十骑。想回老巢小沛,但去路又被曹军截断。无奈之下上芒砀山落草为寇。刘备结局更惨。被夏侯惇、夏侯渊等人一通追杀,走投无路,只得前往青州投奔袁绍。此时,徐州仅剩下关羽镇守的下邳。曹军一路猛攻,又将关羽赶到城外的土山上。下邳被占,刘备的两位夫人也成了曹操的俘虏。"关公见下邳火起,心中惊惶,连夜几番冲下山来,皆被乱箭射回"。嫂嫂救不回来,自己也陷入重围,进退两难。

如何对待困兽犹斗的关羽,曹营内部出现了意见分歧。郭嘉认为关羽义气深重,难以劝降。曹操则"素爱云长武艺人材,欲得之以为己用,不若令人说之使降"(见第二十五回)。正在此时,张辽出现,主动请缨去当一回"说客",劝降关羽。

张辽毛遂自荐的理由是什么呢?张辽说"某与关公有一面之交",指的是两件往事。当初张辽还在吕布手下为将时,关羽曾在张辽进攻时说张辽"仪表非俗,何故失身于贼"(见第十八回),对其心存好感。另外一件是在白门楼曹操拔剑要杀张辽时,关羽跪在地上为张辽求情,并说张辽"忠义之士,愿以性命保之"(见第十九回)。关羽对张辽可谓有救命之恩。张辽主动提出去劝降关羽,一则是完成任务,二来也是报恩。

张辽来到土山后,关羽问道:"文远欲来相敌耶?"张辽回答:"非也。想故人旧日之情,特来相见。"然后弃刀下马,向关羽行礼。张辽的举动非常巧妙。所言避实就虚,拉近与关羽的距离,所行严谨细致,消除关羽的敌对情绪。关羽见此情景,自然防备之心松懈,与张辽坐在山顶谈了起来。

关羽问:"文远莫非说关某乎?"点出了张辽此行的目的。张辽答曰:"不然。昔日蒙兄救弟,今日弟安得不救兄?"这两个"救"字用得妙。既回顾了旧情,又道出了关羽面临的险境。关羽又问:"然则文远将欲助我乎?"这话是自然反应。既然不是来为敌,又说是来救自己的,自然就会想到张辽是来帮助自己脱身而不是来劝降的。但张辽的回答却让关羽糊涂了。张辽先是否定了关羽的这个想法,之后的回答是:"玄德不知存亡,翼德未知生死。昨夜曹公已破下邳,军民尽无伤害,差人护卫玄德家眷,不许惊扰。如此相待,弟特来报兄。"这是告诉关羽目前的战局,答非所问,并没有回答关羽的提问。关羽"怒"了,生气地对张辽表示:"此言特说我也。吾今虽处绝地,视死如归。汝当速去,吾即下山迎战。"关羽的意思很明显。说来救自己,却只字不提具体的措施,反而报告目前的危局。这分明是进一步打击关羽。关羽焉有不怒之理。因此,关羽表示让张辽离去,自己下山迎战,与曹操拼个你死我活。这显示了关羽视死如归的英雄气概,同时也暗示着张辽的劝降无法达到目的。

谁知张辽不但没有灰溜溜地离去,反而"大笑"起来,表示"兄此言岂不为天下笑乎"。这让关羽更为恼怒:"吾仗忠义而死,安得为天下笑?"连死都不怕,又怎么会反"为天下笑"。可以想象,此时的关羽已是怒不可遏了。

张辽毫不退让,又说:"今即死,其罪有三。"这是"严气正色"(毛宗岗夹评),是以理相劝。是让关羽从暴怒中冷静下来。

果然,关羽问:"汝且说我那三罪?"这说明关羽已逐渐恢复了理智。张辽随即说了一番话:

> 当初刘使君与兄结义之时,誓同生死;今使君方败,而兄即战死,倘使君复出,欲求兄相助,而不可复得,岂不负当年之盟誓乎?其罪一

也。刘使君以家眷付托于兄，兄今战死，二夫人无所依赖，负却使君依托之重。其罪二也。兄武艺超群，兼通经史，不思共使君匡扶汉室，徒欲赴汤蹈火，以成匹夫之勇，安得为义？其罪三也。兄有此三罪，弟不得不告。

张辽所言的第一条其实是说关羽若死背弃了当初"桃园三结义"的誓言，违背的是"义"；第二条无法保护两位嫂嫂，违背的也是"义"；第三条"不思共使君匡扶汉室"，此罪最大，指的是"忠"，更是"大义"。这三条条条在理，条条属实。也使得关羽不得不认真思量一番。同时，张辽的话中又故意只字不提曹操，这又是张辽的煞费苦心之举。也为关羽之后提出的"降汉不降曹"做了一个铺垫。

张辽的话终于打动了关羽。关羽沉吟半晌，终于表示："汝说我有三罪，欲我如何？"态度发生了显著的变化。张辽趁热打铁，立即提出了自己的建议：

今四面皆曹公之兵，兄若不降，则必死；徒死无益，不若且降曹公；却打听刘使君音信，如知何处，即往投之。一者可以保二夫人，二者不背桃园之约，三者可留有用之身：有此三便，兄宜详之。

说服关羽投降，是张辽此行的目的，无论怎么回避，最终还是要回到这个主题上来。如果到最后仅仅是为了说服关羽投降，显然难以如愿的。因此，张辽又为关羽的将来做了一个规划："且降曹公；却打听刘使君音信，如知何处，即往投之。"这句话是关键，关羽日后挂印封金、千里走单骑、过五关斩六将这一系列的壮举都是因为这句话而引发出来的。可见，张辽对关羽的未来是做了一番认真考虑的，很为关羽着想。

关羽提出了三个投降的条件："一者，吾与皇叔设誓，共扶汉室，吾今只降汉帝，不降曹操；二者，二嫂处请给皇叔俸禄养赡，一应上下人等，皆不许到门；三者，但知刘皇叔去向，不管千里万里，便当辞去：三者缺一，断不肯降。"这三个条件与之前张辽提出的建议其实并无本质的差别。"只降汉帝，不降曹操"是从张辽的"匡扶汉室"引申出来的；"二嫂处请给皇叔俸禄养赡，一应上下人等，皆不许到门"与"保二夫人"无异；"但知刘皇叔去向，不管千里万里，便当辞去"更是与"打听刘使君音信，如知何处，即往投之"一致。

最终，曹操答应了关羽的条件。张辽得偿所愿，圆满地完成了使命，此次"客串"做"说客"大获成功，足见其口才非常了得。尤其是提出的"且降曹公；却打听刘使君音信，如知何处，即往投之"一语可以看出，虽然张辽的目的是为了劝降关羽，但从内心深处对关羽是非常敬佩的，可谓惜英雄重英雄，真心在为关羽着想。

51."古之恶来"典韦

恶来，是商朝时期纣王手下的大将，素以相貌凶猛、武艺高强闻名于世，成为远古时期最为著名的猛将。后世不少战将也以成为恶来这类的猛将为荣。典韦就是《三国演义》中堪比恶来的猛将。尽管他没有关羽、张飞等人那么多勇冠三军的事迹，但小说中几个简短的情节，已经让读者深深地感受到这位被曹操誉为"古之恶来"的猛将之不凡之处。

典韦出场是在第十回"勤王室马腾举义，报父仇曹操兴师"。当时曹操正在兖州招贤纳士，扩充自己的实力。在夏侯惇的推荐下，典韦参加了曹操的军队。关于典韦的来历，夏侯惇是这样向曹操介绍的："此乃陈留人，姓典，名韦，勇力过人。旧跟张邈，与帐下人不和，手杀数十人，逃窜山中。惇出射猎，见韦逐虎过涧，因收于军中。今特荐之于公。"典韦的"勇力过人"是有两个实打实的例子的："手杀数十人"和"逐虎过涧"。曹操见到典韦后，认为典韦"容貌魁梧，必有勇力"，夏侯惇又补充了一句："他曾为友报仇杀人，提头直出闹市，数百人不敢近。只今所使两枝铁戟，重八十斤，挟之上马，运使如飞。"这里对典韦的勇猛又进一步进行介绍。但毕竟"耳听为虚眼见为实"，典韦真的有这么厉害吗？接下来马上又出现了两个事例。先是曹操让典韦表演挥舞双戟的马上功夫。典韦"挟戟骤马，往来驰骋"，

● "古之恶来"典韦

这就印证了夏侯惇的"挟之上马,运使如飞"。之后曹军大旗被大风所吹,众军士上前仍然无法稳定,大旗摇摇欲坠。这时,典韦下马,呵退军士,"一手执定旗杆,立于风中,巍然不动"。这样的表现让曹操满心欢喜,称赞典韦是"古之恶来",任命为帐前都尉,又脱下自己的锦袄披在典韦身上,并将骏马雕鞍赐之。细心的读者可能发现到,知道此时典韦尚未说过一句话,单凭行动就足以征服读者。读者们也都在期待他接下来的精彩表现。

典韦有多勇猛,第十一回"刘皇叔北海救孔融,吕温侯濮阳破曹操"中就有呈现。曹操与吕布在兖州激战,曹操陷入重围,被郝萌、曹性、成廉、宋宪四将拦住去路,形势危急。曹操惊慌失措,大喊:"谁人救我!"挺身而出的便是典韦。只见典韦飞身下马,"插住双戟,取短戟十数枝,挟在手中"。为什么有八十斤重的双戟不用而改用短戟十数枝呢?说明典韦并非乱杀一气,而是根据战场的形势改变自己的作战方式。双戟的杀伤力大,但施展起来不但费力,而且容易被人所诱离开曹操,使敌军有机可乘对曹操进行攻

品人录 193

击。用短戟一则可继续坚守在曹操身边加以保护，二则也可应付各个不同方向的敌兵。典韦下马使用短戟，杀伤距离比上马用双戟要短很多。因此，典韦又招呼士兵说："贼来十步乃呼我！"一面保护着曹操，一面冒着箭雨向前冲。这说明了典韦的细心。等到敌军来到十步之内，军士通知典韦之时，典韦又说了一句："五步乃呼我！"这又是为什么呢？因为短戟的杀伤距离很可能不超过五步。直到敌军进入典韦五步范围之内，典韦出手了："飞戟刺之，一戟一人坠马，并无虚发，立杀十数人。"这就犹如现代战争中的狙击手，不出手则已，一出手必中。敌军惊慌，"众皆奔走"，曹操的安全有了保证。这时候，典韦才放心大胆地"飞身上马，挺一双大铁戟，冲杀入去"，敌将郝萌、曹性、成廉、宋宪四人都不是典韦的对手，各自逃走。敌军溃败之后，典韦再度回到曹操身边，与众将一起掩护曹操返回军寨。这一系列举动，典韦的勇猛一览无余，其细心和周到也得到了展现。毛宗岗就这样点评道："忽下马，忽上马，忽用小戟，忽用大戟，写典韦如生龙活虎。"

第十二回"陶恭祖三让徐州，曹孟德大战吕布"中，曹操中计，被困在濮阳。面对敌将臧霸、郝萌、曹性、高顺、侯成等人的围攻，典韦毫无惧色，"怒目咬牙，冲杀出去"。当发现不见曹操之后，典韦又"翻身复杀入城来……杀入城中，寻觅不见；再杀出城壕边……到门边，城上火炮滚下，乐进马不能入。典韦冒烟突火，又杀入去，到处寻觅"，视凶悍的吕布军士为无物，在濮阳城中来去自如。找到曹操后，"韦拥护曹操，杀条血路，到城门边，火焰甚盛，城上推下柴草，遍地都是火，韦用戟拨开，飞马冒烟突火先出。曹操随后亦出。方到门道边，城门上崩下一条火梁来，正打着曹操战马后胯，那马扑地倒了。操用手托梁推放地上，手臂须发，尽被烧伤。典韦回马来救，恰好夏侯渊亦到。两个同救起曹操，突火而出。操乘渊马，典韦杀条大路而走"，可谓单凭一己之力救了曹操的性命。"古之恶来"的雅号名副其实。

曹操起兵十五万，亲讨张绣。在贾诩的劝说下，张绣率众投降，曹操不战而胜。这原本是件一举两得的好事。但曹操色心又起，居然偷偷与张绣叔叔张济之妻邹氏偷欢，激起张绣的满腔怒火，打算起兵反叛。慑于典韦的勇猛，张绣、贾诩等人又让手下将领胡车儿以请喝酒为名将典韦灌醉，偷偷将典韦的大戟偷走。一切布置妥当之后，张绣向曹操发动突然袭击。

　　叛乱发生后，曹操急忙派人找典韦，此时典韦已是醉卧寨中。但典韦在睡梦中仍然保持一丝清醒，听到金鼓喊杀之声，"便跳起身来，却寻不见了双戟"（见第十六回）。此时，叛军已冲至曹军的辕门。典韦急忙顺手拿起普通士兵常用的腰刀，冲向敌军并砍死二十多人。叛军的攻势越发凶猛，马军刚退，步兵就冲了上来。典韦身无片甲，全身中枪十余处，但仍然拼死抗敌，腰刀的刀刃都砍缺无法再用。典韦扔下腰刀，双手提着两名敌军的尸体上下舞动击打敌军，敌军又有八九人死于非命。叛军被典韦的气势和勇猛吓得不敢靠近，只能远远地以弓箭射击，一时间箭如雨下，典韦身受重伤，但依然用最后的力气保护曹军寨门，击退敌军进攻。无奈此时敌军已从寨后冲入，在典韦背后进行攻击。典韦后背又中一枪，"乃大叫数声，血流满地而死"。典韦战死后，"死了半晌，还无一人敢从前门而入者"。曹操也正是因为典韦以死守住寨门才得以逃出军营，躲过了张绣的袭击。事后，曹操亲自举行仪式拜祭典韦，当场痛哭，对手下诸将说："吾折长子、爱侄，俱无深痛，独号泣典韦也！"足见对失去典韦这员猛将的悲伤之情。

　　《三国演义》后来有"死诸葛能走生仲达"的精彩故事，彰显了诸葛亮的智慧，此处则有"死典韦能拒生敌兵"，体现了典韦的勇猛。自《三国演义》流传后，民间一直就有对书中武将进行武力排名的习惯，尽管典韦的表现仅以上数例，但在各种不同的排名中，典韦始终居于前三的位置，这是有一定道理的，说明小说中典韦的勇猛深入人心，获得了广大读者的共鸣。

52．"虎痴"许褚

　　许褚和典韦一样，武艺高强，都是曹操手下数一数二的猛将。在《"古之恶来"典韦》一文中，我介绍了典韦。他的主要特点是以一敌众，突出的

● "虎痴"许褚

是一个"拼",显示出来的是一夫当关万夫莫开的英雄气概。许褚的特点有不少与典韦类似的地方,但也有一些不同之处。虽然许褚的戏份在《三国演义》中不多,但形象生动,特点鲜明。那么,许褚的特点又是什么呢?

许褚的出场是在小说第十二回"陶恭祖三让徐州,曹孟德大战吕布"中。曹操与黄巾余党何仪、黄劭。典韦出战斩杀敌将,黄巾大败,向葛陂逃窜。途中忽见山后出来一支队伍。为首之人身长八尺,腰大十围,手提大刀,截住去路。何仪挺枪出迎,只一个回合就被此人活捉。黄巾余部惊慌失措,纷纷下马投降,被此人悉数赶进了葛陂坞中。

典韦追到葛陂,此人又率军迎住。典韦敌我不明,只得问道:"汝亦黄巾贼耶?"此人回答:"黄巾数百骑,尽被我擒在坞内!"典韦又问:"何不献出?"此人又答:"你若赢得手中宝刀,我便献出!"这话说出来有点莫名其妙。都在打击黄巾,那就是统一战线,是盟友。既然是盟友,却又提出要较量一番,典韦自然非常生气,挥舞双戟便与此人打了起来。谁知从辰时打到午时，居然不分胜负。两人都打累了，各自罢兵休战。可没过多久，此人又来挑战。典韦又与其打到黄昏，仍然胜负未定。典韦手下军士连忙报告曹操。听说典韦遭遇激战，曹操大惊。典韦被曹操誉为"古之恶来"，是曹军中的头号猛将。一个不知名的壮士便让典韦无可奈何，这怎么让曹操不吃惊呢。于是，曹操率领众将前来观战。

次日，此人又来搦战。曹操见此人威风凛凛，心中暗喜，吩咐典韦诈败，败回阵中。第二天再战，典韦打了几个回合拍马就走，此人紧追不舍，最终中了曹操的圈套，连人带马掉进了陷坑，被生擒活捉。曹操本有招揽之意，"叱退军士，亲解其缚。急取衣衣之，命坐，问其乡贯姓名"。这时，此人才将自己的身世做了一个介绍。此人名叫许褚，谯国谯县人。早年贼寇横行，许褚聚合宗族数百人来到葛陂坞求生。可惜此地亦非太平之所，贼寇两次前来骚扰。许褚以飞石打退了贼寇的第一次进攻，又在葛陂坞外双手拽住两头牛的尾巴，倒行百余步。贼寇慑于许褚神力退走。从这几个故事中可以看出许褚的一些特点：勇猛过人、天生神力，的确是个猛将，这与典韦之勇没什么两样。但是非不分，只图快活，无端端与典韦激战数日，可见其人之莽撞。同为猛将，典韦却没有许褚这样的弱点。

曹操夺回兖州，许褚与典韦同为先锋，成了曹操的"哼哈二将"。两军阵前许褚独斗李封，仅两个回合便将李封斩于马下。面对天下闻名的猛将吕布，许褚单人独骑，二十多个回合不分胜负。曹操在定陶大战吕布，许褚又与夏侯惇、夏侯渊、典韦、李典、乐进等六人一起夹击吕布，迫使吕布不得不放弃兖州，落荒而逃。

曹操率部前往洛阳迎接献帝，遭到李傕、郭汜的拦截。曹操命许褚、曹仁、典韦领三百铁骑对阵。许褚"飞马过去，一刀先斩李暹。李别吃了一惊，倒撞下马。褚亦斩之，双挽人头回阵"（见第十四回）。如果说当初与典韦的较量只是单纯进行武艺切磋的话，这回许褚在两军阵前的神勇让曹操更加钦佩不已，赞叹道："子真吾之樊哙也！"随后，许褚又与敌军猛将徐晃单挑，双方战罢五十回合不分胜败。

曹操征讨张绣，许褚在两军阵前仅仅三个回合便将张先斩落马下，张绣大败。曹操在徐州遭遇泰山贼寇被孙观、吴敦、尹礼、昌豨领兵三万余拦住去路，许褚一人独战四将，"四将抵敌不住，各自败走"（见第十九回）。曹操决战官渡，许褚又与袁绍手下名将高览对阵。仓亭一役，又是许褚"飞马当先，力斩十数将"（见第三十一回），将袁绍大军搅得七零八落。随后，许褚又在穰山与赵云大战了三十回合，不分胜负。这些战例都是许褚勇猛的写照。

从以上列举的事例中可以发现，许褚与典韦最大的不同之处在于：典韦往往是以一人之力面对众多敌兵，显现出来的是"拼"。而许褚最大的特点则是单打独斗，专门去单挑敌将，比的是武艺，讲究的是"技"。许褚的这个特点在第五十九回《许褚裸衣斗马超，曹操抹书间韩遂》得到了完美展现。

曹操西征马超，在两军阵前点名道姓要马超上前答话，身边仅有许褚一人跟随。马超企图偷袭曹操，突然发现曹操身后一人"睁圆怪眼，手提钢刀，勒马而立……目射神光，威风抖擞"，怀疑此人便是许褚，心生胆怯，故意发问："闻汝军中有虎侯，安在哉？"许褚提刀大叫："吾即谯郡许褚也！"便将马超吓退。不仅如此，无论敌我双方的士兵看到许褚的雄姿，"无不骇然"。当年张飞曾有长坂桥前呵退曹军的壮举，今日有许褚吓退马超的奇迹，可见许褚之"强"已威震天下。

听说马超武艺高强，许褚一时兴起，派人下战书与马超单挑。马超大怒，当即迎战。第二日，一场龙争虎斗开始了：

> 超挺枪纵马，立于阵前，高叫："虎痴快出！"曹操在门旗下回顾众将曰："马超不减吕布之勇！"言未绝，许褚拍马舞刀而出。马超挺枪接战。斗了一百余合，胜负不分。马匹困乏，各回军中，换了马匹，又出阵前。又斗一百余合，不分胜负。许褚性起，飞回阵中，卸了盔甲，浑身筋突，赤体提刀，翻身上马，来与马超决战。两军大骇。两个又斗到三十余合，褚奋威举刀便砍马超。超闪过，一枪望褚心窝刺来。褚弃刀将枪挟住。两个在马上夺枪。许诸力大，一声响，拗断枪杆，各拿半节在马上乱打……马超回至渭口，谓韩遂曰："吾见恶战者莫如许褚，真虎痴也！"

在小说中出场的曹魏将领中，如许褚这般武艺高强者是绝无仅有的，即便是典韦也不曾有过这样的表现。由此也可见许褚与典韦的不同之处。

许褚有没有缺点？有的。有勇无谋。第七十二回"诸葛亮智取汉中，曹阿瞒兵退斜谷"中，许褚自以为自己有万夫不当之勇，贪杯误事，全然不把对手放在眼里。又不听解粮官的劝告，贸然进军，结果被张飞截击。许褚因酒醉抵不住张飞，"被飞一矛刺中肩膀，翻身落马"。手下军士急忙救起，退后便走，这才保住了许褚的性命，但所保护的粮草车辆皆为张飞所得。

许褚还有一个弱点：争强好胜。这一点在他出场时与典韦的交锋中已有体现。到了第五十六回"曹操大宴铜雀台，孔明三气周公瑾"中，许褚的这个弱点展现得越发明显。

曹操在铜雀台大宴文武，以锦袍为奖励，让手下众将比武。别人都是点到为止，唯有许褚争强好胜，大喊"你将锦袍那里去？早早留下与我。"原本比武获胜的徐晃质问许褚："袍已在此，汝何敢强夺！"许褚二话不说，飞马来抢。"两马相近，徐晃便把弓打许褚。褚一手按住弓，把徐晃拖离鞍鞯。晃急弃了弓，翻身下马，褚亦下马，两个揪住厮打。操急使人解开，那领锦袍已是扯得粉碎。操令二人都上台。徐晃睁眉怒目，许褚切齿咬牙，各有相斗之意。"原本是一场友谊赛，差点变成了生死相搏。许褚的争强好胜真是不可理喻，让人觉得非常好笑。

作为一个莽汉，许褚也有聪明的时候。有时候灵光一闪，他居然能领会曹操的意图。这对一个勇夫而言实属不易。第三十三回"曹丕乘乱纳甄氏，郭嘉遗计定辽东"中，曹操击败袁绍夺得冀州。在进入城门时，谋士许攸得意扬扬，用鞭子指着城门对曹操说道："阿瞒，汝不得我，安得入此门？"拿个鞭子指手画脚原本就无礼，还直呼曹操的小名，难怪曹军将领心中都非常不满。但许攸不知悔改，没过几天又在许褚面前炫耀自己的功绩，说什么"汝等无我，安能出入此门乎？"平时难得说出一句话的许褚进行了一番驳斥："吾等千生万死，身冒血战，夺得城池，汝安敢夸口！"许攸骂许褚是匹夫，许褚拔剑把许攸杀了，然后提着许攸的人头向曹操报告。曹操虽狠狠批评了许褚一番，却也没有再给予任何处罚。毛宗岗在该回总评中这样点评这件事情:"杀许攸者,曹操也,非许褚也。许攸数侮曹操,操欲杀攸久矣。欲自杀之,而恐有杀故人、杀功臣之名,特假手于许褚耳。"这个点评一语揭开了事情的本质。可见许褚虽然鲁莽,但偶尔也有明白主人心思的时候。

53. 是非功过说于禁

　　于禁很早便投靠了曹操。当初曹操在东郡地区招兵买马,准备大展宏图之际,于禁主动带着数百人前来投奔。于禁是泰山郡巨平人。曹操见他弓马娴熟,武艺出众,任命他为点军司马。从此,他成了曹军中的一员战将。

　　于禁参与的大小战斗不下百次。几乎曹操集团发展、壮大时期的所有战争他都亲身经历。曹操为报杀父之仇出兵徐州,于禁是先锋之一。吕布偷袭兖州,曹操被迫回援,在濮阳与吕布激战,于禁又与吕布较量了多次。曹操出征淯水征讨张绣,于禁又随同参战。无论是官渡、赤壁还是潼关之战,于禁都冲在战场的第一线。可谓南征北战,浴血沙场。

　　作为一员战将,于禁的特点有哪些呢?《三国演义》中介绍的还真不少,这里随便举几个例子便知分晓。

　　首先是善于动脑子,不是一介鲁莽武夫。小说第十一回"刘皇叔北海救孔融,吕温侯濮阳破曹操"中,曹操回援兖州,兵临濮阳城下。面对战局不利的形势,于禁向曹操提出了自己的看法:"某今日上山观望,濮阳之西,吕布有一寨,约无多军。今夜彼将谓我军败走,必不准备,可引兵击之。若得寨,布军必惧。此为上策。"尽管这个计策被陈宫识破,但也说明于禁是花了一番功夫去做调查研究和分析的。

　　于禁善于动脑在第三十九回"荆州城公子三求计,博望坡军师初用兵"中也有一个例子。当时夏侯惇奉命进犯刘备驻扎的新野,于禁担任夏侯惇的副将。在诸葛亮的谋划下,刘备大军且战且退,企图将夏侯惇诱入埋伏圈。夏侯惇有勇无谋,率军猛追。此时,于禁正率部殿后,发现情况不对,立即来见夏侯惇，指出"南道路狭，山川相逼，树木丛杂，可防火攻"，提醒夏侯惇。结果，曹军果然中了诸葛亮的火攻之策，兵败博望坡。

于禁的第二个特点是执行力强。曹操亲自率领五千之众深入敌阵火烧乌巢，于禁担任后军，负责全军的掩护任务，坚决执行曹操的战术意图，奋力拼杀，击溃了守军的反扑。曹操远征辽东，在白狼山与蹋顿的数万骑兵遭遇。于禁奉命与张辽、许褚、徐晃等四将出击，打败敌军，取得了胜利，为辽东之战的胜利结束立下大功。曹操进攻荆州，刘表之子刘琮献城投降，被曹操封为青州刺史。为消除后患，曹操命令于禁在刘琮赴任途中追杀。于禁二话不说便将刘琮等一干人等全部杀死，完全了曹操交代的任务。

于禁的第三个特点是治军严谨。这在曹军将领中是非常少见的。第十六回"吕奉先射戟辕门，曹孟德师败淯水"中，曹操被张绣偷袭，兵败淯水，损失惨重，夏侯惇所率青州兵又趁机在民间抢掠。于禁率本部剿杀青州兵，安抚百姓。青州兵恶人先告状，在曹操面前诬告于禁造反。曹操不明真相，率部前来镇压。于禁见曹操前来，没有匆匆忙忙出营向曹操解释，而是命令所部"射住阵角，凿堑安营"。于禁手下不解其意，问道："青州军言将军造反，今丞相已到，何不分辩，乃先立营寨耶？"于禁回答："今贼追兵在后，不时即至。若不先准备，何以拒敌？分辩小事，退敌大事。"在于禁看来，向曹操进行解释并非当务之急，目前最关键是立即做好迎敌部署，防范张绣的进攻。没过多久，张绣两路大军杀至。早有准备的于禁挥军迎敌，追杀百余人，将张绣杀得大败。直到战事结束，于禁才前来面见曹操。曹操非常感慨，称赞于禁"在匆忙之中，能整兵坚垒，任谤任劳，使反败为胜。虽古之名将，何以加兹"，可见于禁治军很有一套。

于禁的诸多特点使得曹操对其欣赏不已，大小战事都让于禁参与，放心大胆地让于禁发挥才能。于禁的职务也一路蹿升，由点军司马、平虏校尉变成了水军都督，成了曹操的心腹大将。关羽攻占襄阳，曹军重镇樊城陷入重围，曹操当即指派于禁前去救援，可见对于禁的器重。但令曹操万万没有料到的是，这场战役的结果却让曹操对于禁的看法发生了翻天覆地的转变。

曹操加封于禁为征南将军，率领七军前往樊城。大将庞德主动请缨担任大军先锋，获得了曹操的同意，但却引起了于禁部下的怀疑。临行前，将领董衡提醒于禁，庞德原系马超手下副将，不得已才投降曹操。如今马超在刘备手下身居五虎上将，其兄庞柔也在益州为官。在这种情况下让庞德担任先锋非常不妥，建议于禁去找曹操另换将领为先锋。于禁听后大惊，立即去找曹操。曹操也觉得不妥，连夜找来庞德问话。于禁对庞德并非有什么私怨，而是出于慎重，是在为大军的胜败做全盘考虑。

庞德在曹操面前以"某自汉中投降大王，每感厚恩，虽肝脑涂地，不能补报；大王何疑于德也？德昔在故乡时，与兄同居，嫂甚不贤，德乘醉杀之；兄恨德入骨髓，誓不相见，恩已断矣。故主马超，有勇无谋，兵败地亡，孤身入川，今与德各事其主，旧义已绝。德感大王恩遇，安敢萌异志"（见第七十四回）做出保证，终于打消了曹操的顾虑。因此，庞德便以征西都先锋的职务与于禁出征樊城。

两军阵前，庞德抬着棺材出阵，大战关平，三十多个回合不分胜负。关羽大怒，亲自出战，二人激战一百多个回合难分伯仲。曹军唯恐庞德有失，关平也担心父亲年迈，纷纷鸣金收兵。庞德回到军营后，于禁表示："闻将军战关公，百合之上，未得便宜，何不且退军避之？"庞德回答："魏王命将军为大将，何太弱也？吾来日与关某共决一死，誓不退避！"将帅意见出现了分歧。于禁"不敢阻而回"，任由庞德在第二天再度出阵迎战关羽。

前文曾经提过，于禁治军有方。当年曹操怀疑于禁造反时，于禁尚能不闻不问，先退敌军再行解释，可见是个很有主见和能力的人。面对主公曹操尚且不惧，怎么在庞德这个部将面前反而会畏首畏尾呢？不妨接着往下看。

次日，庞德又与关羽激战了五十多个回合。庞德故意使个破绽，拖刀便走。关羽紧追不舍，正中庞德圈套。庞德张弓搭箭，射中关羽左臂。关平见势不妙，立即救父回营。正当庞德准备乘胜追击时，"忽听得本营锣声大震。德恐后军有失，急勒马回"，错失了扩大战果的最佳时机。庞德回到军营后询问为何鸣金收兵，于禁回答："魏王有戒：关公智勇双全。他虽中箭，只恐有诈，故鸣金收军。"庞德非常懊恼，表示如果不收兵，自己必定大获全胜。于禁又以"紧行无好步，当缓图之"作答。

面对大好形势,于禁为何要收兵呢?原来"于禁见庞德射中关公,恐他成了大功,灭己威风,故鸣金收军"。这也就解释了之前于禁会一改自己治军严谨的作风,听任庞德出战的原因:这两次都是出自妒忌。第一次是由于胜负未分,故意让庞德再度出战,看看庞德究竟有没有实力击败关羽。第二次的交锋证明了庞德的确有这个能力击败关羽,出于妒忌,于禁担心庞德抢了自己的功劳,所以不顾大局强行阻拦。身为大军统帅,竟然如此以私废公,难怪战局因此会转入相持阶段。

关羽受伤之后,庞德一连十余日出阵挑战,关羽大军据守不出。见此情形,庞德向于禁建议:"眼见关公箭疮举发,不能动止;不若乘此机会,统七军一拥杀入寨中,可救樊城之围。"于禁以曹操的命令相推,不肯动兵。随后,于禁命七军在距离樊城城北十里依山下寨。自己亲率大军截断大路,却让庞德屯兵于山谷后,使得庞德从先锋变成了后军,无法进兵与关羽敌阵。如此一来,于禁就再也不用担心庞德与自己争功了。虽然于禁杜绝了庞德与自己争功的可能,但却给了关羽一个绝佳机会。

两军前线秋雨连绵,于禁的七军驻地地势低洼。关羽灵机一动,引入襄江之水"水淹七军",大败曹军,庞德被俘,慷慨赴死。于禁拜伏于地,乞哀请命。一代名将从此折戟沉沙,沦为世人的笑柄。曹操听到于禁投降的消息后,非常感慨,表示:"于禁从孤三十年,何期临危反不如庞德也。"后悔自己用错了于禁。后来于禁被孙权释放回到曹魏,又遭到曹丕的羞辱。曹丕令于禁去高陵看守曹操的墓地。于禁来到该地后,"只见陵屋中白粉壁上,图画关云长水淹七军擒获于禁之事:画云长俨然上坐,庞德愤怒不屈,于禁拜伏于地,哀求乞命之状"(见第七十九回)。于禁见此画像,又羞又恼,气愤成病,不久而死。

于禁为什么会落得如此下场?不是他没有能力,而是因为他被妒忌蒙蔽了双眼。因为妒忌,他强行鸣金收兵,错失了消灭关羽的最佳时机。因为妒忌,置大军安危于不顾,将骁勇善战的庞德部署在后军,自己率主力驻扎在低洼之地,最终被关羽"水淹七军",全军覆没。更为可耻的是,兵败被俘之后,于禁为了保命,屈膝投降,晚节不保。他被曹丕羞辱而死实在是罪有应得，不值得宽恕。

俗话说："堡垒最容易从内部攻破。"于禁的故事充分印证了这一点。尽管于禁能力不俗，但他的"妒"是他失败的最根本原因。

54. 陈宫与曹操的恩怨

陈宫对曹操是有恩的，这点曹操自己也不否认。什么恩呢？第四回"废汉帝陈留践位，谋董贼孟德献刀"中有介绍。

曹操行刺董卓未遂，逃出洛阳，被董卓通缉。曹操途经中牟县，被守关军士抓获。曹操谎称自己是客商，姓皇甫。县令说自己以前在洛阳求官，认识曹操，命人将曹操收监，并称明日押赴京城请赏。当晚，县令派人秘密将曹操带到后院审讯。曹操见身份败露，慷慨表示："吾祖宗世食汉禄，若不思报国，与禽兽何异？吾屈身事卓者，欲乘间图之，为国除害耳。今事不成，乃天意也！"并说自己打算"将归乡里，发矫诏，召天下诸侯兴兵共诛董卓"。这时，县令亲自给曹操松绑，称赞曹操是"天下忠义之士"。又表示自己愿意弃官随曹操一起逃走。这个县令便是东郡人陈宫。陈宫的想法非常明确，认为曹操是忠义之士。

当晚，陈宫与曹操一道更衣易服，逃出中牟。三天之后，两人来到了成皋。此时天色已晚，曹操提及此地有父亲当年的结义兄弟吕伯奢，便带着陈宫一起到吕伯奢家投宿。吕伯奢热情接待，又说家中没有好酒招待二人，便匆匆骑驴到西村去买酒。曹操与陈宫二人在吕家等候。不久之后，曹操突然听到庄后有磨刀之声，心中起疑，便与陈宫一起潜入草堂后，听到有人说道："缚而杀之，何如？"曹操认为是有人企图刺杀自己，便与陈宫一道拔剑直入，"不问男女，皆杀之，一连杀死八口"。这时候，二人才发现厨房里正绑着一头猪。显然屋里人所说"缚而杀之"的是猪而并非曹操。陈宫惊呼："孟德心多，误杀好人矣！"两人急忙出庄而去。不料行不

●陈宫与曹操的恩怨

到二里又遇上"驴鞍前鞒悬酒二瓶,手携果菜而来"的吕伯奢。吕伯奢不知庄中已生变故,还在奇怪曹操为什么急着要走,并说"吾已分付家人宰一猪相款,贤侄、使君何憎一宿?速请转骑"。曹操又将吕伯奢杀害。陈宫大惊,问曹操"适才误耳,今何为也?"曹操回答:"伯奢到家,见杀死多人,安肯干休?若率众来追,必遭其祸矣。"陈宫责怪曹操不义,曹操以"宁教我负天下人,休教天下人负我"作答。陈宫心中非常恼怒,后悔自己将曹操当作好人,弃官跟随,没料到曹操原来是个"狼心之徒"。一怒之下打算趁曹操熟睡之时将其杀死。后又转念一想,认为自己"为国家跟他到此,杀之不义",于是,自己便撇下曹操,自行离去。第二天曹操醒后,发现陈宫不见,也明白了陈宫的用意:"此人见我说了这两句,疑我不仁,弃我而去。"二人的第一次见面就此结束。

陈宫救曹操,是因为被曹操"卫国除害"的豪言壮语所感动,为的是大义。曹操误杀吕伯奢一家,陈宫对曹操的品德产生怀疑,认为曹操不仁,是个"狼心之徒",打算将其杀死是为冤死的吕伯奢一家九口申冤。最后放过曹操则是因为对"卫国除害"还抱有希望,为国的大义与为人的不义相比,前者更为重要。因此,陈宫选择了悄然离去。作为曹操而言,陈宫弃官相救,对自己有恩。尽管自己的言行让陈宫非常失望并离开了自己,但对于陈宫弃官相救的恩情却没有因此而一笔勾销,这份恩情也牢牢地记在心中。

两人再次相逢是在东郡。此时曹操已是东郡太守,恰好陈宫也在东郡,官拜东郡从事一职,与曹操成了上下级,二人的接触不少。陈宫没有像当年一样弃官而去,说明当年对曹操的不满已经随着时间的流逝而淡忘。二人之间的情谊应该可以延续下去。

曹操全家被陶谦杀害,曹操起兵报复,在徐州地区大开杀戒,下令"但得城池,将城中百姓,尽行屠戮,以雪父仇"(见第十回)。陈宫得知后前来劝阻。曹操知道陈宫是为陶谦来做说客,本打算不见,但"又灭不过旧恩,只得请入帐中相见"。这说明曹操的确是顾及旧恩的。不过,二人见面之后,"恩"却很快变成了"怨"。

在大帐之中,陈宫对曹操说:"今闻明公以大兵临徐州,报尊父之仇,所到欲尽杀百姓,某因此特来进言。陶谦乃仁人君子,非好利忘义之辈;尊父遇害,乃张闿之恶,非谦罪也。且州县之民,与明公何仇?杀之不祥。望三思而行。"陈宫有两层意思。一是替陶谦开脱,将杀死曹操一家的责任归咎于张闿;二是替百姓求情,劝告曹操不要滥杀无辜。这是陈宫的"仁"。可此时的曹操复仇心切,岂能接受陈宫的劝告。他怒不可遏地说道:"公昔弃我而去,今有何面目复来相见?陶谦杀吾一家,誓当摘胆剜心,以雪吾恨!公虽为陶谦游说,其如吾不听何!"所谓"公昔弃我而去,今有何面目复来相见"一语,非常无理,迁怒于陈宫。"陶谦杀吾一家,誓当摘胆剜心,以雪吾恨"是表明自己的态度和决心。"公虽为陶谦游说"则有顾及旧恩之意。

二人话不投机,自然不欢而散。此时,陈宫做出了自己的选择。他认为自己"亦无面目见陶谦也",再次离开曹操,投奔了张邈。从此,陈宫与曹操恩断义绝,成了一对死敌。

曹操进攻徐州,老巢兖州空虚。陈宫建议张邈:"今天下分崩,英雄并起；君以千里之众，而反受制于人，不亦鄙乎！今曹操征东，兖州空虚；而吕布乃当世勇士，若与之共取兖州，霸业可图也。"（见第十一回）夺取兖州是陈宫针对曹操的"不义"所采取的行动，但"霸业可图"却是陈宫心态和立场的一次重大转变。较之于之前陈宫的"为国家"已有天渊之别。这里既有对曹操"不义"的声讨，也有逐鹿中原的雄心。

对曹操，陈宫恨之入骨。兖州争夺战中，陈宫为吕布出谋划策，想置曹操于死地。无奈吕布的军力和实力都不如曹操，陈宫只能与吕布一起败走徐州。徐州之战中，陈宫多次献计帮助吕布抵抗曹操进攻。吕布被围下邳，曹操在城下劝说吕布投降，吕布面露犹豫之色。又是陈宫"在布侧大骂曹操奸贼，一箭射中其麾盖"，断了吕布投降的念头。曹操气得指着陈宫大喊道"吾誓杀汝"（见第十九回），立即引兵攻城，似乎也已将当年的"恩"忘得一干二净。

可事实却并非如此。在曹操的心中，他一直都在顾及陈宫的"恩"。

下邳被破，陈宫被俘。曹操又想起了当年陈宫的恩情，几次三番劝说陈宫投降，又以陈宫老母、妻子的存亡进行劝说，打算留下陈宫的性命。这是报恩。陈宫则是指责曹操"心术不正""诡诈奸险"，一心求死。即便如此，曹操还是不忍心下手。"操有留恋之意。宫径步下楼，左右牵之不住。操起身泣而送之。"行刑之前，曹操还特意叮嘱手下："即送公台老母妻子回许都养老。怠慢者斩。"陈宫听到曹操的话，"亦不开口，伸颈就刑"。这情形让周围的人都非常伤感，"众皆下泪"。陈宫死后，曹操又命人"以棺椁盛其尸，葬于许都"。

政治立场的差异，人品德行的不同，决定了陈宫与曹操最终分道扬镳。这不是哪一个人的错，而是时代造成的结果。难怪点评家们对此也非常感慨。李贽在夹评中就这样写道："好个陈宫，好个曹操。"李渔则说："操处陈宫亦有体。"陈宫的悲剧真是让人无限唏嘘。

55．"卧底"陈登

陈登，字元龙，是徐州太守陶谦的幕僚。陶谦为人温厚纯笃，有意结识曹操，听说曹父曹嵩一行经徐州去兖州投靠儿子，不仅亲自出境相迎，还派了都尉张闿率五百士兵沿途护送。不料张闿见财起意，将曹家一家老小四十余人杀死。曹操迁怒陶谦，兴兵报复。徐州百姓生灵涂炭。陶谦仰天恸哭，苦无对策。这时，别驾从事糜竺献计，分别向北海郡的孔融和青州的田楷求援可退曹操。糜竺去了北海郡，前往青州的便是陈登。结果，糜竺通过孔融请来了刘备，陈登邀请的青州田楷大军也如期而至。两路大军会合，曹军最终撤退，徐州之围化解。

陶谦请田楷、刘备、孔融等人庆功饮宴，认为自己年迈，二子不才，不堪国家重任，提出让"帝室之胄，德广才高"（见第十一回）的刘备代替自己接管徐州，自己乞闲养病。糜竺和陈登建议刘备遵从陶谦之语，刘备百般推辞。不久后，陶谦病重，临终将徐州托付给了刘备。从此，刘备成了徐州之主。陈宫则变成了刘备手下的幕僚。

袁术出兵进攻徐州，刘备与关羽前去迎战，留下张飞守徐州。刘备担心张飞为人鲁莽，难堪大任。临走前让陈登协助守城。刘备走后，张飞百事不问，徐州"军机大务""一应杂事"（见第十四回）全部交给陈登自家参酌。这说明刘备、张飞对陈登的信任。不过，由于张飞醉打曹豹，导致吕布夜袭徐州，徐州最终也落入了吕布之手。等张飞跑到盱眙见到刘备时，身边仅剩下数十骑，可见败得很惨。

吕布占领徐州后，袁术派人提亲。吕布答应亲事，"连夜具办妆奁，收拾宝马香车，令宋宪、魏续一同韩胤送女前去。鼓乐喧天，送出城外"（见第十六回）。此时，陈登的父亲陈珪出面劝阻，使得吕布改变主意将女儿抢回。不久之后，吕布与袁术翻脸，将袁术的使者韩胤押往许都，打算利用此举结好曹操，谋求自己在徐州的合法地位。这时候，陈登出现了，他成了吕布的使者。可见，陈登当初既没有趁乱逃走，也没有在吕布与刘备和好之后重归旧主，而是又变成了吕布的幕僚，为吕布效命。

陈登来到许都后，将自己的真实想法告诉了曹操。陈登认为"吕布，豺狼也，勇而无谋，轻于去就，宜早图之"，表示"丞相若有举动，某当为内应"。陈登的表态让早就觊觎徐州的曹操喜出望外，不仅将陈登的父亲陈珪增加了陈珪的官秩，又将陈登任命为广陵太守。从陈登与曹操的对话中可以发现，陈登随时都想将吕布推翻，委身于吕布只不过是他的"卧底"之术。

陈登回到徐州后，吕布勃然大怒，大骂陈登："汝不为吾求徐州牧，而乃自求爵禄！汝父教我协同曹公，绝婚公路，今吾所求，终无一获；而汝父子俱各显贵，吾为汝父子所卖耳！"吕布说的是事实。陈登父子一个升官一个加薪，自己什么都没捞着，完全被陈登出卖了。陈登的回答非常有意思。他说：

> 吾见曹公，言养将军譬如养虎，当饱其肉，不饱则将噬人。曹公笑曰："不如卿言。吾待温侯，如养鹰耳：狐兔未息，不敢先饱，饥则为用，饱则飏去。"某问谁为狐兔，曹公曰："淮南袁术；江东孙策、冀州袁绍、荆襄刘表、益州刘璋、汉中张鲁，皆狐兔也。"

陈登此语，将责任全部推给了曹操，还故意杜撰出一个玩笑哄吕布开心，足见陈登的演技之高明。

不过，陈登的花言巧语并没让吕布的顾虑完全消除。就在二人谈话间，忽然有人来报，袁术大军分七路来取徐州。陈宫认为"徐州之祸，乃陈珪父子所招"（见第十七回）。吕布再度发怒，命人将陈登父子收押。陈登沉着应对，表示"吾观七路之兵，如七堆腐草，何足介意……将军若用老夫之言，徐州可保无虞"。吕布向陈登问计，陈登说："术兵虽众，皆乌合之师，素不亲信；我以正兵守之，出奇兵胜之，无不成功。更有一计，不止保安徐州，并可生擒袁术……韩暹、杨奉乃汉旧臣，因惧曹操而走，无家可依，暂归袁术；术必轻之，彼亦不乐为术用。若凭尺书结为内应，更连刘备为外合，必擒袁术矣。"吕布依计而行，终于将袁术击败。

如此煞费苦心帮助吕布，是不是陈登的立场又发生了改变呢？战后陈登父子的一段对话透露了陈登的真实想法。

徐州之战后，吕布保举韩暹为沂都牧、杨奉为琅琊牧，欲让二人留在徐州帮助自己，遭到陈登父亲陈珪的反对。陈珪向吕布表示："不可。韩、杨二人据山东，不出一年，则山东城郭皆属将军也。"对此，陈登不解其意，提出"何不留二人在徐州，为杀吕布之根"的疑问，陈珪回答："倘二人协助吕布，是反为虎添爪牙也。"由此可见，陈登为吕布献策，是出于自保，目的还是为了能继续在吕布身边"卧底"。陈登的表演，自然瞒不过老谋深算的曹操。他吩咐刘备"但与陈珪父子商议，勿致有失"，对陈登的用意心领神会。

陈登的高超演技，虽然未能瞒过曹操，却将吕布骗得团团转。从此之后，吕布便将陈登看成了自己的心腹。曹操大兵压境进攻徐州，吕布命陈珪守徐州，自己打算带着陈登援救小沛。陈登见时机已到，故意提出由自己先到萧关探查敌情，连夜写了三封信，"拴在箭上，射下关去"（见第十九回），向曹操通风报信。之后，陈登回到萧关外的吕布军寨，谎称守关将领孙观打算投敌，鼓动吕布在黄昏时分进兵攻打。吕布不知是计，让陈登"飞骑先至关，约陈宫为内应，举火为号"。陈登回到萧关后，称"曹兵已抄小路到关内，恐徐州有失。公等宜急回"，使得陈宫弃关而走。陈登趁机在关内放火。吕布按照约定杀至，与陈宫自相残杀。曹军顺势发动攻击，吕布大败，徐州也被占领。

此时，吕布仍未发现陈登是自己身边的"卧底"，还在惦记着陈登父子的安危。直到吕布按照陈登之前的计划撤往小沛时才发现小沛守将高顺、张辽被陈登骗出城外，小沛落入曹操之手。吕布终于恍然大悟，在小沛城下大骂陈登。陈登在城头意气风发，向吕布表明了自己的立场："吾乃汉臣，安肯事汝反贼耶！"这也就是说，陈登自认为是汉臣，应该报效朝廷。吕布是反贼，因此自己的"卧底"之举是为国除害。

吕布被杀，曹操占领徐州，陈登立了大功。战后曹操设宴款待陈登父子，加封了十县之禄给陈珪，又授予陈登伏波将军。陈登此次的"卧底"功德圆满，理应从此安心做他的广陵太守，造福一方。可惜天有不测风云。没过多久，陈登重施故技，又成了刘备的"卧底"。

刘备被曹操软禁在许都，有志难伸。好不容易以征讨袁术为借口离开许都回到了徐州。曹操唯恐刘备再度反叛，密令驻扎在徐州的车骑将军车胄消灭刘备。车胄随即请陈登商议此事。陈登当即表示："此事极易。今刘备出城招民，不日将还；将军可命军士伏于瓮城边，只作接他，待马到来，一刀斩之；某在城上射住后军，大事济矣。"（见第二十一回）回到家中，陈登立即将此事告诉父亲陈珪，陈珪命陈登赶紧去通知刘备做好预防。

刘备得到陈登的示警，立即让关羽、张飞二人率部乔装成曹军士兵，连夜来到徐州城下，并谎称是张辽手下。守军连忙报告车胄。车胄半信半疑，亲自出城察看，遭到关羽袭击。双方较量了几个回合，车胄抵挡不住，拨马便回，想逃回城中。此时"城上陈登乱箭射下"，车胄无法入城，只得绕城而逃，被关羽手起一刀，砍于马下。徐州因此被刘备占领。应该说刘备能占领徐州，陈登的功劳首屈一指。没有陈登，刘备连自己的性命能否保住都是一个大问号。

刘备杀了车胄、占领徐州后，担心曹操出兵。陈登主动提出对敌之策。他建议刘备利用"与袁绍三世通家"的大儒马融写信给袁绍求援，表示"曹操所惧者袁绍。绍虎踞冀、青、幽、并诸郡，带甲百万，文官武将极多"（见第二十二回），如有袁绍协助将不惧曹操的威胁。这条计策对兵微将寡的刘备而言无疑是个正确的选择。刘备依计而行，亲自找到马融。马融当即允诺并写下书信。刘备派孙乾星夜送给袁绍。最终袁绍举兵三十万进攻曹操。曹操无暇分身，全力应付袁绍，仅派刘岱与王忠二将出兵徐州，结果被刘备击败，徐州之危得以暂时化解。

陈登及时通知刘备，避免了刘备被车胄消灭，之后又献计联络袁绍，化解了徐州危机。可见陈登留在徐州并不是真心为曹操，而是充当刘备的"卧底"，他的心应该是向着刘备的。可惜，这个看法也是错误的。

刘岱、王忠兵败之后，曹操率兵二十万，分五路进攻徐州。刘备向袁绍求援不果，只能以孙乾守小沛，糜竺、简雍守徐州，关羽守下邳，自己与张飞率兵迎战。两军兵力悬殊，刘备战败，逃往青州投奔袁绍，张飞落草芒砀山，小沛也被曹操占领。当晚，曹操直取徐州。糜竺、简雍抵挡不住，弃城

品人录

而走。此刻，曾为刘备出谋划策、立下大功的陈登又有"惊人之举"。小说第二十四回写道："陈登献了徐州。"这分明又是在暗示陈登其实并不是刘备的盟友，而是曹操的"卧底"。

陈登的故事在《三国演义》中不多，除了以上介绍的之外，尚有第七十八回陈登病逝的一个细节。从上面的描述中可以发现，陈登的"卧底"功夫确实了得，能力也很强，每每能在关键时刻发挥巨大的作用。但是有一个巨大的疑问：陈登究竟是为谁在"卧底"？他究竟是向着谁的？他的政治立场是怎样的？

毛宗岗在第六十四回"孔明定计捉张任，杨阜借兵破马超"的总评中认为："登之助操，在许田射鹿之前，尔时衣诏未发也，董贵人未死也……操之恶未彰，则其挟天子以令诸侯者，陈登信而助之无怪也。"意思是陈登帮助曹操，是因为此时曹操的罪恶尚未表现出来，陈登"卧底"是为了国家。按照这个解释，陈登"卧底"帮助刘备夺取徐州时已发生"许田射鹿"，曹操的不臣之心暴露，陈登协助刘备就应该是心系汉室。但曹操再度进攻徐州时，董贵妃已经被杀，尚未出生的皇子胎死腹中，参与"衣带诏"的大臣满门被杀。此时的陈登却突然将徐州献给了"逆贼"曹操，这次"卧底"岂不是助纣为虐？我是一头雾水，不知道这究竟是怎么回事，也不明白陈登是怎么想的。细心的读者们不妨帮我分析分析这其中的奥妙，替我解开这个疑惑。

56．贾诩的几个为什么

王允施展连环计，成功拉拢吕布与自己一起诛杀了奸贼董卓，长安百姓拍手称快，天下一片沸腾。董卓余部李傕、郭汜、张济、樊稠四人慌慌张张逃到陕西，派人来到长安上表乞求赦免，可见董卓集团是多么不得人心。如果王允能正确判断形势，赦免四人，摇摇欲坠的东汉王朝或许能得到喘息机会。但王允一心想着除恶务尽，回复道："卓之跋扈，皆此四人助之；今虽大赦天下，独不赦此四人。"（见第九回）将矛盾进一步激化，这也为日后自己被杀埋下了伏笔。不过即便如此，李傕等四人仍然心有余悸，打算各自逃生。这时，有谋士提出："诸君若弃军单行，则一亭长能缚君矣。不若诱集陕人并本部军马，杀入长安与董卓报仇。"

出主意的这个谋士叫作贾诩。这个点子的目的，贾诩自己做了陈述："事济，奉朝廷以正天下；若其不胜，走亦未迟。"一言以蔽之就是打得赢就打，打不赢就跑，先试试再说。贾诩不在王允所说的不赦免的四个人当中，为什么他还要主动为李傕等人献计献策呢？只能证明他是这四人的心腹。祸乱朝政、对抗十八路诸侯，贾诩都应该有份参与其中。为了自保，贾诩才提出了这个祸国殃民的计策。

在贾诩的鼓动下，李傕等人放弃了各自逃生的打算，很快便聚众十余万人，兵分四路，杀向长安，最终杀了王允，将汉末朝廷控制在自己手中，天下局势愈发混乱。

不久，西凉韩遂、马腾率兵十余万杀向长安，声言讨贼。贾诩献计在螯屋山坚守不出，西凉军终因粮草告罄，不得不拔寨退军，李傕、郭汜得以继续挟持汉末朝廷。贾诩又为李傕等人立下了大功。贾诩为什么这么做呢？书中没有交代，姑且可以认为是自保思路的延续。

太尉杨彪向汉献帝献计，谎称郭汜与李傕的夫人有染，激起郭汜之妻的妒忌之心，挑起李、郭二人不和。双方在长安城中大打出手，实力大损。这时，侍中杨琦又向汉献帝提议拉拢贾诩进一步削弱李傕。汉献帝依计而行，贾诩也当即表示愿意协助。在贾诩的策动下，原本支持李傕的羌人被贾诩以"天子知汝等忠义，久战劳苦，密诏使汝还郡，后当有重赏"（见第十三回）劝走，骑都尉杨奉、宋果密谋反叛，李傕自此军势渐衰。

贾诩为什么会突然帮助汉献帝呢？侍中杨琦当初给汉献帝献计时给出的理由是"臣观贾诩虽为李傕腹心，然实未尝忘君"，也就是说贾诩心系汉室。这就奇怪了！既然如此，当初贾诩为何要鼓动李傕等人兵犯长安、给汉室带来巨大的灾难呢？李傕、郭汜等人在长安城中胡作非为，贾诩并无任何言行加以劝阻，反而是帮助他们击退了前来"讨贼"的韩遂、马腾。直到李傕、郭汜反目，贾诩的"未尝忘君"之心才显露并被杨琦察觉。接下来他不仅为献帝献计献策，还亲自出马实施，这种行为显然就不是自保那么简单了，更像是为了"大义"。但后面发生的事情又会让人对这个假设产生怀疑。

李傕、郭汜的内讧给了汉献帝逃出长安的机会。在杨奉等人的护卫下，汉末朝廷终于离开长安向洛阳行进。远在山东的曹操听说献帝东归，派夏侯惇、许褚、典韦率兵迎接，将献帝安置在洛阳城中。李傕、郭汜得知消息后，准备出兵攻打，抢回献帝。这时候贾诩出面阻止，他认为曹操兵精将勇，不如投降曹操，求免本身之罪。李傕大怒，拔剑欲杀贾诩。众将苦劝，贾诩逃过一劫。当天夜里，贾诩偷偷离开，单人独骑回到自己的故乡，算是与李傕、郭汜等人彻底划清了界线。

贾诩劝李傕投降，求免本身之罪，这又回到了自保的路子上。之后他离开李傕回乡，也是这种思路。既然当初有协助献帝的"大义"，为什么不干脆赶往洛阳依附献帝而要偷偷回乡呢？莫非是因为当初提出进攻长安造成天下大乱而心中有愧？还是因为大彻大悟不愿再问红尘，从此回乡隐居？

贾诩再度出现，是在第十六回"吕奉先射戟辕门，曹孟德败师淯水"。此时他已经摇身一变，成了盘踞宛城的割据势力张绣的谋士。贾诩为什么会放弃在家隐居的生活投靠张绣？书中同样没有交代。

面对曹操大军的进犯，贾诩提出的建议与当年对李傕等人一样：投降。贾诩的理由是曹军实力雄厚，不可为敌。之后贾诩奉命来见曹操，洽谈投降事宜。曹操见贾诩应对如流，有了招揽之意。贾诩说了这样一番话："某昔从李傕，得罪天下；今从张绣，言听计从，不忍弃之。"这番话是贾诩的反思，说明了他对当年献策兵发长安造成天下乱局的悔恨，这也解释了自己离开李傕的原因。至于为什么不愿离开效忠代表朝廷的曹操，他的回答模棱两可，仅仅是以张绣对其言听计从进行敷衍。此时的张绣并非人多势众，随时都有被其他割据势力消灭的可能，这就不是自保。张绣又不像曹操那样代表皇权，贾诩也不能弥补当年的过失，这也不是为了"大义"。那么，贾诩的目的何在呢？

张绣投降后，曹操见色起意，偷纳张济寡妻，激起张绣的愤怒。贾诩献策将曹操击败，曹操的长子曹昂被乱箭射死，侄子曹安民被剁成肉泥，心腹大将典韦战死。之后，双方又展开了多次交锋。每一次都是贾诩献计将曹操击败，保证了张绣集团的生存。不过，随着官渡之战的爆发，贾诩的态度却又发生了天翻地覆的变化。

第二十三回"祢正平裸衣骂贼，吉太医下毒遭刑"中，曹操派刘晔来到襄城招降张绣。刘晔先见贾诩，贾诩将刘晔转交的曹操书信给了张绣。此时，袁绍的使者求见，希望能与张绣一起对抗曹操。贾诩表示："汝可便回见本初，道汝兄弟尚不能容，何能容天下国士乎！"当面撕碎了袁绍的亲笔信，呵退来使，并建议张绣归顺曹操。贾诩给了三个理由："夫曹公奉天子明诏，征伐天下，其宜从一也；绍强盛，我以少从之，必不以我为重，操虽弱，得我必喜，其宜从二也；曹公王霸之志，必释私怨，以明德于四海，其宜从三也。"此后，张绣便与贾诩一起到许都投降。

张绣的难题算是解决了，但对于贾诩的疑问并没有因此消除。贾诩的第一个理由是曹操"奉天子明诏，征伐天下"，这是"大义"。第二个理由"操虽弱，得我必喜"，这是自保。第三个理由"必释私怨"也是自保。既然如此，从张绣第一次与曹操反目开始到如今，中间尚有多次机会可以投降曹操，为什么贾诩偏偏要等到这个时候才投降呢？这又是一个疑问。

综合贾诩的种种表现，贾诩的几个为什么只能得出这样的一个结论：从建议李傕、郭汜等人出兵长安开始，贾诩所做的一切都是为了他自己，他是在待价而沽。李傕听贾诩的建议占了长安，贾诩成了李傕身边的红人；李傕等人的暴行使贾诩断定他们无法长久，便利用杨琦的推荐向献帝出谋划策并亲自实施，削弱李傕等人的实力，为献帝东归成功后给自己获取更大的好处，这就等于买了双重保险。曹操迎接献帝，贾诩建议李傕投降。一旦李傕同意，贾诩又会变成大功臣。无奈李傕不但没有接受贾诩的"好意"，反而拔剑欲杀贾诩，这让贾诩的计策失败。此时再去洛阳，价码不足，因此只能回乡静待变化。基于同样的考虑，贾诩没有选择曹操而继续留在张绣的身边，通过与曹操的几次较量，让曹操进一步见识了自己的能力，为日后投降获得曹操的赏识埋下伏笔。等到曹操与袁绍决战，急需后方稳定时，贾诩才"及时"

地站出来劝说张绣投降。这个时机自然比中途投降作用要大得多。

事实证明，贾诩的选择是高明的。张绣投降之后，曹操满心欢喜，完全不计较张绣杀子、杀侄、杀心腹的仇恨，反而向张绣表达了自己的歉意。张绣因此被封为扬武将军，贾诩更是因此获得曹操的器重，被封为执金吾使，成了曹操的心腹谋士。贾诩待价而沽的目的也终于得到实现。

57．许攸的悲剧

许攸是袁绍的谋士。早在袁绍进入冀州时就已经是其帐下的谋士，被委以"分掌州事"（见第七回）的重任，袁绍对许攸极为重视。许攸有何才能，小说中虽没有实例，但孔融却做了一个注脚。小说第二十二回"袁曹各起马步三军，关张共擒王刘二将"，袁绍兴兵三十万发动官渡之战时，曹操聚众谋士商议迎敌。孔融认为袁绍势大，不可与战，只可求和。他还列举了袁绍阵营中最厉害的四个智谋之士，名列首位的便是许攸。可见许攸的智谋水平已享誉中原。

官渡之战开始后，曹操军粮告竭，急忙派人去许昌命荀彧筹措粮草并火速运往前线。但使者离开曹操军营不足三十里便被袁绍的士兵抓获，所携带的曹操书信也被许攸截获。得知曹军缺粮，许攸立即来见袁绍，提出"曹操屯军官渡，与我相持已久，许昌必空虚；若分一军星夜掩袭许昌，则许昌可拔，而操可擒也。今操粮草已尽，正可乘此机会，两路击之"。如果袁绍采用许攸的意见两路出兵，曹操势必陷入万劫不复之地。可见许攸眼光之独到，透过现象看到了本质，点中了曹操的死穴。不过，这个建议被袁绍否决。袁绍认为曹操诡计多端，这封书信必定是曹操的诱敌之计。

许攸正在据理力争之际，袁绍谋士从邺城送来书信。审配在信中指控许攸在冀州时滥收民间财物，纵容子侄辈征收苛捐杂税，所收钱粮中饱私囊。并说自己已经将许攸的子侄缉捕下狱。袁绍大怒，指责许攸是"滥行匹夫"

（见第三十回），认为许攸是曹操的奸细，故意让自己中计，将其赶出大帐并称以后不许相见。

许攸被赶出大帐后，仰天长叹，并说："忠言逆耳，竖子不足与谋！吾子侄已遭审配之害，吾何颜复见冀州之人乎！"这句感叹包含了两层意思。首先是觉得自己的正确建议得不到袁绍的采纳，其次是认为自己遭受了审配的陷害。关于第一点我上面已做了分析，他的看法是正确的。至于第二点审配抓获他的子侄是否为诬陷，小说中没有提及，但孔融在与荀彧争论时，荀彧说过一句"许攸贪而不智"，证明审配的指责并非诬告而是实情。也就是说许攸及其家族成员贪污如同他的智谋一样广为人知。他被袁绍赶出大营，纯属咎由自取。

许攸越想越气，回到自己军寨之后欲拔剑自刎，手下苦苦相劝，手下们认为就算许攸的建议得不到采纳也犯不着自杀，干脆弃暗投明依附曹操得了。这句话点醒了许攸。当天夜里，许攸便离开袁绍前线投奔曹操，从袁绍的手下变成了曹操的盟友。

许攸的这种行径应该怎么定性？按照目前流行的词汇叫作畏罪潜逃。

为什么他不逃往别处而要去找曹操呢？原来他还有另外的一个身份。他是曹操的发小。投奔曹操自然是理所应当。

曹操听说许攸来见，衣服都来不及换，光着脚前来相迎。远远看到许攸，拊掌欢笑。许攸走到面前，曹操拉起许攸的手一起进入大帐。进帐之后又是"先拜于地"。这些举动都说明曹操对许攸来投有多么的兴奋。为什么会如此兴奋呢？因为许攸是袁绍阵营的核心谋士，掌握着袁绍军队大量关键信息，这些信息对自己取得战争的胜利将会起到至关重要的作用。因此，曹操直言不讳，认为"子远肯来，吾事济矣！愿即教我以破绍之计"。

对于曹操如此隆重的接待，许攸并不感到意外。虽然他表示"公乃汉相，吾乃布衣，何谦恭如此"，但心里知道自己在曹操心中的分量。他将自己建议袁绍偷袭许都的计划告诉曹操。曹操果然大惊失色，认为袁绍若采纳此计，自己必败无疑。接下来双方开始了一段精彩的对话：

攸曰："公今军粮尚有几何？"操曰："可支一年。"攸笑曰："恐未必。"操曰:"有半年耳。"攸拂袖而起,趋步出帐曰:"吾以诚相投,而公见欺如是,岂吾所望哉!"操挽留曰:"子远勿嗔,尚容实诉:军中粮实可支三月耳。"攸笑曰:"世人皆言孟德奸雄,今果然也。"操亦笑曰:"岂不闻兵不厌诈!"遂附耳低言曰:"军中止有此月之粮。"攸大声曰:"休瞒我!粮已尽矣!"操愕然曰:"何以知之?"攸乃出操与荀彧之书以示之曰:"此书何人所写?"操惊问曰:"何处得之?"攸以获使之事相告。操执其手曰:"子远既念旧交而来,愿即有以教我。"攸曰:"明公以孤军抗大敌,而不求急胜之方,此取死之道也。攸有一策,不过三日,使袁绍百万之众,不战自破。明公还肯听否?"操喜曰:"愿闻良策。"攸曰:"袁绍军粮辎重,尽积乌巢,今拨淳于琼守把,琼嗜酒无备。公可选精兵诈称袁将蒋奇领兵到彼护粮,乘间烧其粮草辎重,则绍军不三日将自乱矣。"操大喜,重待许攸,留于寨中。

这段四百多字的对话,可谓生花妙笔,将人物的动作、神态、性格都展现得淋漓尽致。以往论者在谈及这段对话时,多提及曹操的奸诈,却很少提及这个故事中体现出来的许攸的性格特点。许攸故意不揭穿曹操,固然有卖弄的成分,但更多的是因为他与曹操是旧友,说话比较随意,故意耍着曹操玩儿。曹操深知许攸的这个性格特点,又急于从许攸嘴里得到自己最关心的破敌之策,心中焦虑,但又不得不顺着许攸。就这样二人相互配合,演绎了一出相声。这段短短的对话中,许攸笑了两次,曹操乐了三回。许攸"拂袖",曹操"挽留"。曹操"附耳低言",许攸"大声曰"。曹操"愕然""大惊",许攸"出操与荀彧之书以示之",虽为斗智,却是发小之间的嬉笑玩闹之态。许攸一心在吊曹操的胃口,曹操只能配合。几个回合的交谈下来,曹操得到了他想要的东西,许攸则既重温了当年与曹操之间的友情,又显示了自己对曹操取得战争胜利的重要,轻轻松松就解决了最关键的问题,制定了克敌之策。

曹操采纳许攸的建议,火烧乌巢,袁绍军心涣散,兵败官渡,从此走向衰落。不久之后袁绍病死,其子内讧,曹操趁机大举进攻。这时,许攸从许昌赶回前线,见到曹操后说:"丞相坐守于此,岂欲待天雷击杀二袁乎?"

（见第三十二回）意思是你坐守在这里按兵不动，难道是想要等着天雷把二袁劈死吗？这是一句玩笑。曹操对此毫不介意，笑着回答："吾已料定矣。"意思是我早就想好了破敌之策。之所以笑着回答，是对许攸玩笑的一个回应。之所以如此，是因为曹操知道许攸爱开玩笑的性格特点。

曹操围攻重镇冀州，许攸阵前献计，用漳河水水淹城池。曹操依计而行，冀州被破，袁绍残余势力溃不成军，再无反击之力。这是许攸在献计火烧乌巢之后又一次发挥了关键作用，为曹操夺取河北做出了重大贡献。

冀州城破之后，曹操率兵众将进城。刚刚到城门口时，许攸突然策马扬鞭来到曹操面前，用鞭子指着城门对曹操大声说道："阿瞒，汝不得我，安得入此门。"（见第三十三回）阿瞒，是曹操的小名。此时曹操已贵为丞相，大庭广众之下如此称呼曹操，许攸很不理智。但为什么他要这样称呼呢？除了想在众人面前炫耀自己的功劳之外，与曹操是发小，相互交谈一直非常随便是最重要的一个原因。但私下交谈是一回事儿，大庭广众之下则是另一回事儿。许攸此言不仅非常无礼，同时又将自己的功劳凌驾于众人之上，又犯了众怒，"众将闻言，俱怀不平"。

此时曹操又有什么反应呢？"大笑"。曹操这一"笑"是什么意思呢？各人的理解不一样。许攸是认为曹操是认可了自己的话，而曹军将领却不是这么看，觉得这是曹操不便发作的哂笑，是假笑，是暗含杀机的奸笑。正是因为对曹操这一"笑"理解的不同，导致了事态变得一发不可收拾。

过了没几天，许褚骑马进入冀州东门，迎面遇上许攸。许攸得意扬扬地对许褚说道："汝等无我，安能出入此门乎？"许褚大怒，对许褚表示："吾等千主万死，身冒血战，夺得城池，汝安敢夸口！"许褚是个莽汉，是个战将，跟随曹操征战多年，不仅上阵杀敌一直勇猛，没事还喜欢和别人较劲。尚未投靠曹操时，曾莫名其妙与典韦大战了两天，为的就是与典韦一较高下。许攸向许褚吹牛，完全是找错了对象。更何况许褚长期在曹操身边，对曹操的性格秉性比较了解，曹操的"笑"在许褚看来是暗含杀机，因此也就没给许攸丝毫的面子。可笑的是许攸却没有意识到自己面临的巨大危险。

看到许褚发怒，许攸毫不示弱，开口骂道："汝等皆匹夫耳，何足道

品人录

哉！"许褚是匹夫不假，但当着人家的面去揭人家的短，这未免太狠了，简直是"作死"。

许褚怒不可遏，拔剑便将许攸杀死，之后提着许攸的头颅来见曹操。曹操手下的将领居然会去杀害一位与曹操有旧交并立下战功的谋士，这是奇闻一件，在曹营中绝无仅有。许褚见到曹操陈述了杀人的理由，曹操的回答耐人寻味。

曹操对许褚说："子远与吾旧交，故相戏耳，何故杀之！"这话显然是指许攸在城门前的言论激起了许褚的不满，许褚是替曹操出气才杀了许攸。之后，曹操"深责许褚"，也就是将许褚臭骂了一通，并没有做进一步的处罚，这就说明尽管许攸做出了巨大贡献，但他的行为已经让曹操不满，只不过出于旧友、功臣等诸多因素不便发作。许褚这么一杀，正好帮助曹操除掉了这个狂妄自大、不知天高地厚的祸害。曹操顺势装装样子，痛骂许褚，厚葬许攸，让这件事情平息下来，这也随了曹操的心愿。毕竟杀旧友、杀功臣的恶名是谁也不愿意承担的。这也正如毛宗岗所说的"杀许攸者，曹操也，非许褚也。许攸数侮曹操，操欲杀攸久矣。欲自杀之，而恐有杀故人、杀功臣之名，特假手于许褚耳。"只可惜许攸糊里糊涂死在了许褚这位匹夫的剑下，至死都不明白这究竟是怎么回事。

58．"贪色"的曹操

相信大家都遇到过这样的场面：一个年轻的小伙子手挽着漂亮的女友在闹市闲逛，让人羡慕。这时候对面时不时出现几个不期而遇的美女。这个小伙子总是会忍不住扭过头去看人家几眼。每当出现这种情形，女伴都会恨恨地抓住拧着小伙子的耳朵表达不满。这既是好色，又是爱美，但却不是贪色。贪色是用行动来实现好色的目的。近几年来新闻报道中经常有官员落马的新闻。这其中有一个普遍现象，几乎百分之九十的落马官员都贪色，并因此堕落腐化,大搞权色交易,为祸一方,最终受到了法律的制裁。

《三国演义》中也有几个贪色之徒,董卓就是其中之一。王允正是利用了董卓贪色的弱点,利用貂蝉的美貌,先允诺将貂蝉许配给吕布,后又送给董卓,分化了董卓与吕布的关系,激化了二人之间的矛盾,兵不血刃杀死了这个窃国大盗。尽管董卓之死最主要是因为其自身的穷凶极恶、残暴不仁引起天下公愤,无论是天下诸侯还是朝中大臣都想将其置之死地,但最后要了他的命的并不是十八路诸侯的征讨,而是死在一个"色"字上。

除了董卓之外,《三国演义》中因贪色而吃过大亏的人还有一个,这就是奸雄曹操。虽然曹操的运气比董卓要好一些,没有因此丧命,但也损失惨重,使曹操悔恨终身。

曹操挟天子以令诸侯,实力大增。此时听说张绣屯兵宛城,与荆州割据势力刘表联合,有北犯老巢许都的迹象。曹操大怒,立即起兵十五万亲征张绣。在贾诩的劝说下,张绣聚众投降,这场激战消弭。兵不血刃便取得胜利,这原本是件大好事。可坏事就坏在曹操的贪色上了。

一日,曹操酒醉,回到寝所后私下打听"此城中有妓女否"(见第十六回)。曹操的侄子曹安民知道这位不老实的叔叔色心大起,连忙偷偷告诉曹操:"昨晚小侄窥见馆舍之侧,有一妇人,生得十分美丽,问之,即绣叔张济之妻也。"一听说有美女,曹操立即派曹安民带着五十名士兵前去,很快便将夫人带来。经过询问,此人果然是张济的寡妻邹氏。曹操装模作样地问道:"夫人识吾否?"曹操此言是亮明自己的身份,用权势来引诱邹氏。

曹操亲征宛城,张绣投降,邹氏身为张绣的婶娘,岂有不知之理。敢明目张胆地派兵将自己这位张绣的婶娘带来,除了曹操其他人也没有这么大的胆子。故而邹氏回答:"久闻丞相威名,今夕幸得瞻拜。"夫人回话也很乖巧,是在暗送秋波。

曹操接着说道:"吾为夫人故,特纳张绣之降。不然,灭族矣。"这是勾引,将自己的企图告诉邹氏。同时这又是威胁,暗含若是不从将性命不保。邹氏回答:"实感再生之恩。"这其实已经是应允了。看到时机成熟,曹操说道:"今日得见夫人,乃天幸也。今宵愿同枕席,随吾还都,安享富贵,何如?"这是许愿,是承诺。为了实现贪色的企图,曹操利诱、承诺、威胁,各种手段都用上,加上邹氏也不是什么好东西,当即答应,二人便勾搭在了一起。

曹操喜欢邹氏,其实他大可以通过提亲等正常途径来实现目的。但曹操色迷心窍,偷偷摸摸与邹氏勾搭成奸,这就违反了伦理,会引起张绣的强烈不满。邹氏也看出了这其中的危机,提醒曹操:"久住城中,绣必生疑,亦恐外人议论。"于是曹操又将邹氏偷偷带回自己的军营,同时命令典韦在自己的大帐前守卫,其他人如没有得到曹操的呼唤一律不准进入大帐,自己尽情与邹氏偷欢。

俗话说:"若要人不知除非己莫为。"曹操的勾当很快便被张绣的家人得知并密报张绣。张绣自然怒不可遏。在贾诩的策划下,一场偷袭开始了。曹操猝不及防,陷入重围,只能从寨后落荒而逃。张绣一路追杀,曹军损失惨重。曹操中箭负伤,长子曹昂被乱箭射死,侄子曹安民被砍成肉泥,猛将典韦战死。此次曹操的失败,不仅导致亲人、心腹、士兵的死伤,还延缓了解除后顾之忧尽快与袁绍争夺河北的战略构想,真是自取其辱,得不偿失。究其缘由,都是曹操贪色惹出来的祸。

按说吃一堑长一智,有了这次的教训,曹操就应该有所收敛。可事实却并非如此,曹操好了伤疤忘了疼,数年之后又因为贪色惹出了更大的祸端。这一次,他不仅断送了自己的几十万大军,同时也让自己统一全国的远大理想化为了泡影。

曹操诛袁术、杀吕布、灭袁绍,好不容易占据了中原地区,成为汉末首屈一指的割据势力。此后,曹操又进攻刘表,将荆州占领,面对曹操的强大压力,东吴孙权集团惊慌失措,不少人纷纷建议孙权投降。孙权犹豫不定,只好找来周瑜问策。为了促使周瑜下定决心抗曹,诸葛亮以曹操早年曾发誓"吾一愿扫平四海,以成帝业;一愿得江东二乔,置之铜雀台,以乐晚年,虽死无憾矣。今虽引百万之众,虎视江南,其实为此二女也。将军何不去寻乔公,以千金买此二女,差人送与曹操,操得二女,称心满意,必班师矣"(见第四十四回)为由,激怒周瑜。诸葛亮又以曹植《铜雀台赋》中"揽二乔于东南兮,乐朝夕之与共"之句进一步证实曹操的贪色。大乔是孙权哥哥孙策的妻子，小乔则是周瑜的夫人。难怪周瑜听后大怒，立即表示要联合抗曹。

诸葛亮所说的曹操"一愿得江东二乔"是不是事实。小说第四十八回"宴长江曹操赋诗，锁战船北军用武"中有佐证。曹操在大船上欣赏夜色，心头大喜，将自己贪色的本性暴露了出来。曹操说："吾今年五十四岁矣，如得江南，窃有所喜。昔日乔公与吾至契，吾知其二女皆有国色。后不料为孙策、周瑜所娶。吾今新构铜雀台于漳水之上，如得江南，当娶二乔，置之台上，以娱暮年，吾愿足矣！"可见诸葛亮所言非虚，曹操进攻江东除了全国的理想之外，还有占有二乔的私欲。只可惜，曹操兵败赤壁，理想破灭了，私欲也无法实现。

无论是古代典籍也好，《三国演义》这样的小说也罢，其实都将贪色的危害和教训说得一清二楚。可惜那些受到良好教育的落马官员们并没有从中得到警示。权力越大，责任越大，一言一行都会影响到政权的稳定。如董卓、曹操般贪恋美色的结果，不是一个政权实力的重大削弱就是灭亡，后人应该引以为戒！

59．辛宪英的睿智

我在《"女丈夫"徐氏》一文中说起，《三国演义》中的女性形象虽然很少，但却有几个写得非常成功。在东吴女性形象中不仅有徐氏，还有吴国太和孙夫人。在曹魏和蜀汉人物中，也有类似的形象出现。在此，我先来谈谈一个比较成功的曹魏女性人物形象。这个人便是辛宪英。

辛宪英是谁，恐怕不熟读《三国演义》的读者不会留下多少印象。这也不奇怪。因为这个人物仅仅在第一百零七回"魏主政归司马氏，姜维兵败牛头山"露了一次面，说了几句话，之后便再无影踪。不过，通过她的寥寥数语，我们就已经能看出这个人物的不平凡之处。为了方便向读者介绍这个人物，不妨先将该回书进行一个介绍。

魏明帝曹睿病逝后，大将军曹爽和太尉司马懿共同辅佐年仅八岁的幼帝曹芳。曹爽借口司马懿劳苦功高，上奏曹芳加封司马懿为太傅，实则明升暗降，夺走了司马懿的实权。同时，曹爽委任弟弟曹羲为中领军，曹训为武卫将军，曹彦为散骑常侍，控制了京城的禁军。此外，曹爽又任命心腹何晏、邓飏、丁谧为尚书，毕轨为司隶校尉，李胜为河南尹，进一步控制朝政。老谋深算的司马懿看到形势不对，立即托病不出，二子司马昭和司马师先后退职闲居，摆出将权力全部拱手相让、从此不理朝政的姿态，实则暗中积蓄力量，等待时机，准备置曹爽于死地。曹爽被司马懿隐退的假象所迷惑，逐渐放松了警惕。

一日，曹爽带着弟弟曹羲、曹训、曹彦及心腹何晏、邓飏、丁谧、毕轨、李胜等及御林军，随魏主曹芳出城拜祭明帝墓，京城空虚。司马懿眼看时机成熟，立即发动宫廷政变，关闭京城城门，控制了京城，并以曹爽"背先帝托孤之恩，奸邪乱国"为由，胁迫郭太后下诏罢免曹爽的职务。郭太后心中胆怯，只得答应。随后，司马懿率军出城，屯兵洛河。

京城突然发生巨变，引起曹爽手下司马鲁芝的关注。鲁芝判断是司马懿发动政变，立即来到参军辛敞家中商议对策。辛敞提出可率本部兵出城向曹芳报信。鲁芝当即答应，让辛敞着手准备。鲁芝走后，辛敞急急忙忙回到后堂，遇到了姐姐辛宪英。辛宪英见弟弟神色慌张，便说道："汝有何事，慌速如此？"辛敞回答："天子在外，太傅闭了城门，必将谋逆。"这时，辛宪英说出了一个令辛敞意想不到的回答："我看司马懿未必是谋反，他是想以此杀掉曹爽夺权而已。"

辛敞身为曹爽的参军，他的职责就是为曹爽出谋划策，按说对于曹爽与司马懿之间的矛盾非常清楚，很容易就能看出司马懿所为的真正目的。但司马懿控制京城一事发生后，辛敞却未能弄清楚到底是怎么回事，还以为司马懿打算推翻曹魏政权。听了姐姐这么一说，终于恍然大悟。但他心中仍感到非常恐惧，身为一个通晓曹魏局势的参军，辛敞却突然变得惊慌失措，连局势究竟会如此发展下去都看不清楚，向姐姐辛宪英这个足不出户的妇道人家发出了疑问："那这事情究竟是谁胜谁负呢？"看到弟弟如此慌张，辛宪英做出了自己的分析。她认为："曹将军不是司马公的对手，必定会败在司马懿的手里。"

听到姐姐说自己的主子曹爽必败，辛敞更加慌张，连忙又问道："刚才鲁司马还让我与他一起出城去通知曹将军呢，那现在我又该怎么办呢？"辛敞是在害怕万一自己跑去向曹爽通风报信，日后司马懿得势追究起来，自己难逃一死。这番话也足见辛敞的能力有限，还是个怕死鬼。

看到弟弟已经完全乱了分寸，辛宪英又耐心地开导起辛敞："忠于职守，是人之大义。一般人遇到了危难，尚且需要救助，更何况是你的上司？这就好比是替别人执鞭驾车突然撒手不管一样，没有比这么做更加危险的事情了。"辛宪英的意思是即便辛敞与鲁芝一同出城向曹爽示警，这都是为下属应尽的义务。这样做是职责所在，未必会因此受到惩罚。但如此隐瞒不报，临阵脱逃，那态势罪不可恕，日后必将难逃一死。

在姐姐辛宪英的开导下，辛敞这才下定了决心。随后，他与鲁芝一起带着几十个随从强行冲出了京城，将京城的事态向曹爽做了汇报。

可惜，辛敞的及时通报并没有改变大局。得知司马懿控制京城后，曹爽犹豫不定，手足无措，不知究竟如何是好。最终曹爽愚蠢地决定放弃抵抗，向司马懿缴械投降。司马懿轻而易举地铲除了曹爽，最终控制了朝政。

事后，曹爽兄弟三人被杀，三族被灭。曹爽的心腹大都被司马懿杀死。这时，太尉蒋济向司马懿提出当时有鲁芝和辛敞夺门而出向曹爽通风报信，理应杀死。司马懿回答道："彼各为其主，乃义人也。"有了司马懿的这句话，辛敞保全了全家人的性命，没有受到株连，连职务都得到了恢复。直到此时，辛敞才长长地松了一口气。他感叹道："当初要不是先问了姐姐辛宪英，早就失去了大义！"后人也对此事作诗称赞辛宪英："为臣食禄当思报，事主临危合尽忠。辛氏宪英曾劝弟，故令千载颂高风。"

李渔在夹评中称赞道："善于料事如此，而又能料人，真女中之英才耳。"李贽更是由衷地表示："好姐姐，我也甘为之弟。"这是辛宪英这一人物形象的成功，更是作者的深厚功力的体现。

60. 干政的吴国太

吴国太，其实并不是真正的国太，这个国太之名只是东吴孙权集团对她的尊称；其次，她也不是孙权的母亲，严格来说，她是孙权的小姨。她和姐姐一起同时嫁给孙坚，但孙策、孙权并非她所生，她的亲生骨肉一个是孙朗，一个是孙仁。这也就是说她还是孙权的继母。吴国太的姐姐是献帝建安十二年十月病逝的，这点在小说第三十八回"定三分隆中决策，战长江孙氏报仇"中有交代。姐姐临终前特别叮嘱孙权："吾妹与我共嫁汝父，则亦汝之母也；吾死之后，事吾妹如事我。"孙权孝顺，谨遵母命，因此才有了"国太"这一称谓。

赤壁大战之前，东吴集团在抗曹还是降曹的问题上争论不休，孙权也非常头疼，退入内宅，寝食不安，犹豫不决。吴国太见状忙问其故。孙权说："今曹操屯兵于江汉，有下江南之意。问诸文武，或欲降者，或欲战者。欲待战来，恐寡不敌众；欲待降来，又恐曹操不容：因此犹豫不决。"（见第四十三回）这时吴国太一语点醒梦中人："先姊遗言云：'伯符临终有言：内事不决问张昭，外事不决问周瑜。'今何不请公瑾问之？"（见第四十四回）孙权大喜，立即派人前往鄱阳召回周瑜，联刘抗曹的国策由此确立，赤壁之战最终也获得了胜利。吴国太不经意的一句话发挥了巨大作用。

赤壁之战后，刘备夫人甘氏病故。周瑜向孙权提出美人计，"教人去荆州为媒，说刘备来入赘。赚到南徐，妻子不能勾得，幽囚在狱中，却使人去讨荆州换刘备"（见第五十四回）。孙权心领神会，派吕范到荆州提亲。诸葛亮识破周瑜的计策，让刘备放心大胆前去江东结亲。同时，诸葛亮又给了赵云三个锦囊，嘱咐赵云依计而行。

刘备来到江东后，按照诸葛亮的第一个锦囊妙计，牵羊担酒，拜见孙策及周瑜的岳父乔国老，随行的五百军士披红挂彩，入南徐买办物件，将刘备入赘之事弄得满城皆知。乔国老见了刘备之后，自然去向吴国太道喜，却不料吴国太对此竟然一无所知。经过一番调查后，吴国太总算是相信了乔国老所言属实。

作为孙仁的母亲，女儿出嫁这么大的事情居然没人告诉自己，吴国太自然非常恼火。孙权到后堂问安之时，吴国太的不满爆发了。她"捶胸大哭"，指责孙权没把自己这个继母兼小姨放在眼里。吴国太直截了当地对孙权说："男大须婚，女大须嫁，古今常理。我为你母亲，事当禀命于我。你招刘玄德为婿，如何瞒我？女儿须是我的！"此时，孙权才据实相告："是周瑜之计，因要取荆州，故将此为名，赚刘备来拘囚在此，要他把荆州来换；若其不从，先斩刘备。此是计策，非实意也。"不料吴国太听后更加恼火，"大怒"，立即反唇相讥、指桑骂槐："汝做六郡八十一州大都督，直恁无条计策去取荆州，却将我女儿为名，使美人计！杀了刘备，我女便是望门寡，明日再怎的说亲？须误了我女儿一世！你们好做作！"乔国老又在一旁为吴国太帮腔，弄得孙权"默默无语"，不敢说话。

孙权结亲刘备，是周瑜的主意，目的是为了荆州，这是国策、国事，不是儿女私情，不告诉吴国太虽说有错，但也不是全错。这是个计策，知道的人越少越好，人多嘴杂，容易坏事。吴国太不问青红皂白就是一通臭骂，是为了女儿的幸福，不要女儿变成"望门寡"，这显然是私情，这是干预孙权大政方针的实施，这是干政。孙权孝顺，对于老太太的指责不敢还口，这美人计刚刚开始就蒙上了一层阴影，结果难以预料。

在吴国太的怒骂下，孙权退让了。吴国太提出："我不曾认得刘皇叔。明日约在甘露寺相见：如不中我意，任从你们行事；若中我的意，我自把女儿嫁他！"孙权只得应承，立即安排吕范着手准备，在甘露寺中埋伏三百刀斧手，"若国太不喜时，一声号举，两边齐出，将他拿下"。这样一个重大的国策居然要以吴国太"不喜时"作为实施的前提，周瑜的一番心血注定要白费了。

吴国太在甘露寺终于见到了刘备。年近五旬的刘备"仪表非凡"，是个老帅哥，在场的乔国老也称赞刘备"有龙凤之姿，天日之表；更兼仁德布于天下：国太得此佳婿，真可庆也"，卖力为刘备站台。吴国太满心欢喜，这门亲事也就由假的变成了真的。此时，刘备告诉吴国太寺内埋伏了刀斧手，并说这是为了杀自己。吴国太当即大怒，又将孙权劈头盖脸地骂了一顿。其实，吴国太自己也说过："如不中我意，任从你们行事。"孙权的这个布置并没有什么不妥之处。但吴国太不顾场合，当着刘备的面大骂孙权，自己脸上有光，可孙权这位江东之主的颜面却荡然无存了。

刘备提出"江左之人，多有要害刘备者，恐不能久居"（见第五十五回），吴国太告之以"我的女婿，谁敢害他"，让刘备搬到书院居住。刘备要求让赵云及五百名士兵同时进驻，吴国太满口应允。如此一来，这"美人计"想不失败都不行了。

刘备知道久住江东危险重重，在做通了新婚夫人孙仁的工作后一起向吴国太提出到江边祭祖，打算不告而别返回荆州。吴国太一口答应。刘备借机回到荆州，孙权"赔了夫人又折兵"，精心设计、实施的"美人计"被吴国太一手搞砸。

吴国太将女儿嫁给刘备，并没能让孙刘两家的亲密关系维持多久。数年间双方武装冲突不断，东吴大都督周瑜也因此吐血而亡。刘备越发肆无忌惮，又将目标投向了刘璋占据的益州地区，意图从刘璋手中夺取益州。此时，谋士顾雍向孙权建议："刘备分兵远涉山险而去，未易往还。何不差一军先截川口，断其归路，后尽起东吴之兵，一鼓而下荆襄？此不可失之机会也。"（见第六十一回）孙权认为此计大妙，准备着手实施。

就在江东文武商议之际，吴国太怒气冲冲地闯了进来，当着东吴文武的面开口大骂："进此计者可斩之！欲害吾女之命耶！"为什么吴国太如此恼怒呢？因为"吾一生惟有一女，嫁与刘备。今若动兵，吾女性命如何"，指责孙权"掌父兄之业，坐领八十一州，尚自不足，乃顾小利而不念骨肉"。孙权诺诺连声，回答："老母之训，岂敢有违！"进攻荆州之策就此告吹，吴国太这才"恨恨而入"，余怒未消。

进攻荆州，是孙权在听取部下意见之后制定的国策，是国事。为了保证国策的顺利实施，孙权与部下一起商议，这再正常不过。吴国太不过是一个足不出户的老太太，对天下大势浑然不知，有何资格说长道短？理由只有一个：她是吴国太,是孙权尊重的人!她反对的理由让人瞠目结舌:"今若动兵,吾女性命如何。"为了女儿婚姻幸福的私情,完全不顾东吴的国事,这不是干政又是什么?

最终孙权不得不放弃了进攻荆州的计划,而是让周善打着吴国太病危的幌子前往荆州,企图让孙夫人带着刘备的幼子刘禅回到江东,想利用刘禅作为东吴的人质换取荆州。不料此计由于赵云、张飞的及时出现而失败。孙夫人孤身一人回到江东与母亲团聚,从此与刘备天各一方。夷陵之战后,孙夫人误以为刘备战死,跳江而亡。吴国太所希望的女儿终身幸福以悲剧告终。

《三国演义》中的吴国太之举是老人干政的经典例子,只能用两个字来总结其恶果:误国!

61. 暗藏祸心的孙坚

孙坚,是《三国演义》中的一个配角,但却是小说中的一个重要角色。为什么说其重要呢?因为没有他,孙策乃至孙权的故事也就无法展开了。孙坚的人物定位,又会影响东吴集团人物在小说中的地位。正是由于他的登场及表现,才让读者从一开始就对孙氏政权的正义性产生了怀疑。

孙坚是在第二回"张翼德怒鞭督邮,何国舅谋诛宦竖"中登场的。孙坚是吴郡富春人,字文台,孙武之后。十七岁时与父亲在钱塘遇到十余名海贼抢劫。孙坚"提刀上岸,扬声大叫,东西指挥,如唤人状"(见第二回)。贼人以为官兵已至,丢下财物而逃。孙坚奋力追赶,杀死一个强盗。由此在县中知名,为推荐为校尉。会稽人许都作乱,孙坚杀敌立功,先后担任为盐渎丞、盱眙丞、下邳丞等职。黄巾起义后,孙坚又与朱俊、刘备一起围攻阳城。朱俊令孙坚进攻阳城南门。孙坚不辱使命,杀敌二十余人并斩杀敌将赵弘。不过,孙坚在战后能够担任别部司马一职,并不是因为他的战功显赫,还是因为他"有人情",认识有权有势的官员。否则,他也很可能像刘备一样在

●暗藏祸心的孙坚

战后被免职。这简简单单的"有人情",深刻地反映出当时朝政的极度腐败。

或许是孙坚的"人情"深不可测,又或许是孙坚的能力的确很强。等到第五回"发矫诏诸镇应曹公,破关兵三英战吕布"时,孙坚再度露面加入十八路诸侯讨伐董卓的行列时,孙坚已经贵为乌程侯、长沙太守,成了要权有权、要兵有兵的一方诸侯。而且此时的孙坚已经有了一个绰号:江东猛虎。

讨董之战开始后,孙坚主动请缨,担任联军先锋。两军阵前,孙坚率领程普、黄盖、韩当、祖茂四将对阵董卓手下的猛将华雄。程普刺死华雄的副将胡轸,华雄大败。孙坚一面忙着引兵回梁东驻扎,一面兴高采烈地派人向盟主袁绍报捷。可惜当袁绍的弟弟袁术闻讯后心生妒忌,停止向孙坚运输粮草,使得孙坚全军"缺食,军中自乱"(见第五回)。消息被华雄得知后,华雄利用黑夜向孙坚发动偷袭。孙坚原本就军心不稳,突遭偷袭一阵慌乱,"坚军乱窜。众将各自混战"。孙坚也只能在祖茂的护卫下突围。华雄在后紧紧追赶。无奈之下,祖茂建议孙坚将暴露身份的赤帻戴在自己的头上,分两路突围。最终孙坚侥幸逃出，而祖茂却不幸死于华雄刀下。次日，华雄向两军挑战，专门命人用长竿挑着孙坚的赤帻，更是让孙坚非常难堪。

关羽"温酒斩华雄"，刘关张"三英战吕布"，两军形势一片大好。这时候袁绍又让孙坚进兵对敌。但孙坚余怒未消，对于袁术的丑恶行径耿耿于怀。出兵之前找到了袁术。孙坚表示："董卓与我，本无仇隙。今我奋不顾身，亲冒矢石，来决死战者，上为国家讨贼，下为将军家门之私；而将军却听谗言，不发粮草，致坚败绩，将军何安？"孙坚这么做是有道理的。他是在担心万一袁术会再次在背后使绊子，因此专门找袁术理论。孙坚的表态最终也达到了效果。袁术惶恐无言，还将当初在自己面前献计的人斩首。这回孙坚的心总算是踏实了。

十八路诸侯讨伐董卓，孙坚是真心实意的。与华雄激战，部将祖茂战死，士卒损失过半。这些都是证明。

就在孙坚做通了袁术的工作准备出兵时，董卓的使者李傕来诱降孙坚。李傕表示："丞相所敬者，惟将军耳。今特使傕来结亲：丞相有女，欲配将军之子。"（见第六回）面对董卓的利诱，孙坚怒斥道："董卓逆天无道，荡覆王室，吾欲夷其九族，以谢天下，安肯与逆贼结亲耶！吾不斩汝，汝当速去，早早献关，饶你性命！倘若迟误，粉骨碎身！"董卓西撤长安，孙坚直入洛阳。看到洛阳城内外"火焰冲天，黑烟铺地，二三百里，并无鸡犬人烟"，孙坚一阵感慨："帝星不明，贼臣乱国，万民涂炭，京城一空"，不禁潸然泪下。至此，孙坚展现出的还是一个正面人物的形象。

可不久之后，孙坚的狐狸尾巴就暴露出来了。

孙坚命令部下扑灭皇宫中的大火，扫除宫殿瓦砾。忽然之间有士卒来报：在宫殿南面的井口发现有五色毫光。孙坚旁人下井打捞，发现了一个妇人尸首和一个锦囊，锦囊里有一块玉玺。程普告诉孙坚这便是传国玉玺。程普认为："今天授主公，必有登九五之分。此处不可久留，宜速回江东，别图大事。"程普口中的"天授主公，必有登九五之分"意思很明显。认为这是上天将传国玉玺授予孙坚，这证明孙坚日后一定能登上"九五之分"的皇位。这时候孙坚的表态又是什么呢？

孙坚说了这样的一番话:"汝言正合吾意。明日便当托疾辞归。"随后,孙坚又"密谕军士勿得泄漏"。直到此时,孙坚的真面目才暴露了出来。原来孙坚所作所为的最终目的并不是"为国家讨贼"。他的奋勇杀敌、拒绝董卓只不过是掩人耳目。孙坚的最终目的是为了在乱世中打响自己的名头,骨子里也是想着当皇帝,这与董卓及袁术、曹操之流并无区别,是一丘之貉。

孙坚藏匿玉玺、打算称病回江东的图谋很快便被袁绍发现。孙坚军中就有袁绍的同乡。听说孙坚获得玉玺之后,连夜赶到袁术军中报信。第二天,孙坚向袁绍请辞,袁绍毫不客气地表示:"吾知公疾乃害传国玺耳。"孙坚百般抵赖并立下毒誓:"吾若果得此宝,私自藏匿,异日不得善终,死于刀箭之下!"在各路诸侯的劝说下,袁绍放弃了武力解决孙坚的企图,放孙坚返回江东。不过,袁绍派人秘密给荆州刺史刘表送信,让刘表派兵在孙坚回军的途中进行截击,抢回玉玺。经过一番苦战,孙坚终于摆脱了刘表的追击回到了江东,但与刘表的矛盾由此而结。等到了第七回,孙坚受袁术的唆使,出兵进攻荆州,在岘山中了黄祖的埋伏,"然一声锣响,山上石子乱下,林中乱箭齐发。坚体中石、箭,脑浆迸流,人马皆死于岘山之内;寿止三十七岁"。当年在袁绍面前发下的毒誓终于变成了现实。

孙坚私藏传国玉玺,是其政治野心造成的。这与刘备的"同心协力,救困扶贫,上报国家,下安黎庶"有着天壤之别。也正因为如此,东吴集团从孙坚一出场开始便打上了不合法、不正统的烙印。正如毛宗岗在《读三国志法》中所言:"读《三国志》者,当知有正统、闰运、僭国之别。正统者何?蜀汉是也。僭国者何?吴、魏是也。"尽管孙坚在战场上英勇无敌,但其政治野心却让他及后来的孙吴集团大部分人物变成了《三国演义》中被贬低、被忽略的对象。

62. 少年英雄孙策

在《暗藏祸心的孙坚》一文中笔者曾经提出：由于孙坚在小说中的表现，使得东吴集团的人物在小说中大都处于被贬低、被忽略的对象。不过，在这些东吴人物中也有一个例外。有一个东吴人物就是作者刻意进行正面描述的。这个人便是少年英雄孙策。

孙策出场时的年纪是众多三国英雄好汉中最小的。第七回"袁绍磐河战公孙，孙坚跨江击刘表"中，孙坚受袁术的唆使向盘踞荆州的刘表发动进攻。按照小说中的时间顺序，应当是在献帝初平三年（公元192年）。此时孙策的年纪仅有十八岁。说其是英雄，是因为他小小的年纪却具有英雄的一切素质。孙坚与刘表交战，孙策随父出征，孙坚被黄祖射死之后，孙策放声大哭，坚持必须将父亲的遗体夺回方肯退兵。他首先表现出的是一个"孝"字。

俗话说"杀父之仇不共戴天"。孙策"迎接灵柩，罢战回江东，葬父于曲阿之原。丧事已毕，引军居江都，招贤纳士，屈己待人，四方豪杰，渐渐投之"（见第八回）。数年后，孙策投靠袁术，先后打败庐江太守陆康和泾县大帅祖郎，引起袁术的侧目。袁术感叹曰："使术有子如孙郎，死复何恨！"但孙策看到袁术为人傲慢，认为自己屈居袁术手下是"沦落"（见第十五回），心中郁闷。在父亲的旧部朱治和吕范的提醒下，孙策果断地用传国玉玺做抵押，向袁术借了数千士兵，从此展开了夺取江东的伟业。传国玉玺乃是父亲孙坚当年不惜得罪众多诸侯也要藏匿起来带回江东的宝物，甚至他的死也与其有密切的关系。而孙策却将其拱手相让，换得数千士兵出征江东。虽然小小年纪，不仅勇猛非凡，同时还富有远见，处事果断，少年英雄的形象已初见端倪。毛宗岗在该回总评中说："玉玺得而孙坚亡，玉玺失而孙策霸。甚矣，玉玺之无关重轻也！成大业者，以收人才、结民心为实，而玉玺不与焉。坚之匿之，不若策之弃之。策之英雄，殆过其父。"孙策的勇猛非凡还表

●少年英雄孙策

现在他夺取江东的一系列战斗当中。牛渚滩一战,孙策出马迎敌。在周泰、蒋钦等人的协助下,打败敌军。神亭岭上,孙策"披挂绰枪上马,引程普、黄盖、韩当、蒋钦、周泰等共十三骑,出寨上岭",与太史慈展开一场一对一的单挑:

> (太史慈)纵马横枪,直取孙策。策挺枪来迎。两马相交,战五十合,不分胜负。程普等暗暗称奇。慈见孙策枪法无半点儿渗漏,乃佯输诈败,引孙策赶来。慈却不由旧路上岭,竟转过山背后……(太史慈)且战且走。策那里肯舍,一直赶到平川之地。慈兜回马再战,又到五十合。策一枪搠去,慈闪过,挟住枪;慈也一枪搠去,策亦闪过,挟住枪。两个用力只一拖,都滚下马来。马不知走的那里去了。两个弃了枪,揪住厮打,战袍扯得粉碎。策手快,掣了太史慈背上的短戟,慈亦掣了策头上的兜鍪。策把戟来刺慈,慈把兜鍪遮架……慈于军中讨了一匹马,取了枪,上马复来。孙策的马却是程普收得,策亦取枪上马。

在与太史慈激战之后，孙策又连夜突袭刘繇大营。"刘繇军兵大败，众皆四纷五落"。孙策紧接着又向牛渚发动进攻。两军阵前，孙策以一敌二，再现雄姿：

> 刘繇背后一人挺枪出马，乃部将于糜也，与策战不三合，被策生擒过去，拨马回阵。繇将樊能，见捉了于糜。挺枪来赶。那枪刚搠到策后心，策阵上军士大叫："背后有人暗算！"策回头，忽见樊能马到，乃大喝一声，声如巨雷。樊能惊骇，倒翻身撞下马来，破头而死。策到门旗下，将于糜丢下，已被挟死。一霎时挟死一将，喝死一将：自此人皆呼孙策为"小霸王"。

孙策的英雄气质不仅表现在他的单纯的勇猛上，战场上的智勇双全也是孙策的特点之一。在随后进攻秣陵的战斗中，孙策被冷箭射中，翻身落马，大军攻势受挫。孙策化不利为有利，"令军中诈称主将中箭身死。军中举哀。拔寨齐起"，摆出全军撤退的架势。防守秣陵的敌将果然中计，连夜率军出城偷袭，上了孙策的当。孙策"伏兵四起"，将敌军击溃，顺利拿下秣陵。面对智勇双全的少年英雄孙策，刘繇岂有不败之理。

惜英雄重英雄是孙策这位少年英雄的另一大特质。刘繇大部被歼灭后，太史慈率部前来报仇。孙策将太史慈活捉。面对这位不久前差点要了性命的敌将，孙策不计前嫌，"亲自出营喝散士卒，自释其缚，将自己锦袍衣之，请入寨中"，与太史慈开起了玩笑："神亭相战之时，若公获我，还相害否？"太史慈回答："未可知也。"孙策哈哈大笑，少年英雄的顽劣之气表露无遗。

如何在刚刚占领的江东各地树立自己的威信，如何迅速稳定当地的局势呢？孙策又展现了其出色的政治头脑："聚数万之众下江东，安民恤众，投者无数。江东之民，皆呼策为'孙郎'，但闻孙郎兵至，皆丧胆而走。及策军到，并不许一人掳掠，鸡犬不惊。人民皆悦，赍牛酒到寨劳军，策以金帛答之，欢声遍野。其刘繇旧军，愿从军者听从，不愿为军者给赏归农。江南之民，无不仰颂，由是兵势大盛。"毛宗岗在夹评中感叹："勇者不必有仁，孙郎勇而能仁，尤为难得。"对孙策的敬佩溢于言表。

孙策是东吴帝国的奠基者。他建立起了一个较为完整的政治、军事集团，通过数年征战，将江东六郡掌握在自己的手里，为后来由其弟孙权所建立的吴国打下了坚实基础。他还是一位勇冠三军的少年英雄，既能统帅三军纵横驰骋，又能亲临战场对阵杀敌，取得一次又一次的胜利，是《三国演义》中的常胜将军。小说中与孙策同一档次的英雄人物，除了关羽、赵云之外寥寥无几。

孙策的死，是一场意外。首先是他在外出狩猎时被许贡的门客暗算，身受重伤。孙策养伤期间，目睹东吴官吏、百姓对"寓居东方，往来吴会，普施符水，救人万病，无有不验。当世呼为神仙"（第二十九回）的于吉顶礼膜拜，认为于吉"煽惑人心"，是"妖人""狂道"，将其斩首示众。最终"金疮迸裂"，"瞑目而逝"，年仅二十六岁。毛宗岗在该回总评中提到："孙策不信于神仙，是孙策英雄处。英明如汉武，犹且惑神仙、好方士，而孙策不然，此其识见诚有大过人者。其死也，亦运数当绝、适逢其会耳，非于吉之能杀之也。世人不察，以为孙策死于于吉。"

写到这里，我不禁有个疑问。按照《三国演义》的描述，孙策杀于吉之后，于吉数次"显灵"向孙策索命，使得孙策病情加重，最终病逝。其目的到底是为了什么呢？是为了突出于吉这位"神仙"的法力，并以此说明神灵不可亵渎？还是为了证明孙策的年轻气盛，为其死后孙权的继位做铺垫呢？抑或如有人所说的"孙策与于吉的较量，是英雄与命运之间的较量"呢？不过，不管是出于任何目的，孙策这位少年英雄生动的形象都没有因为于吉的故事而受到损害，在《三国演义》中，孙策是作者正面刻画的英雄人物之一。

63. 周瑜与诸葛亮的较量

周瑜是《三国演义》前六十回的一个重要角色。从第十五回"太史慈酣斗小霸王，孙伯符大战严白虎"登场亮相开始，周瑜的故事就一直穿插在小说中，其中尤以赤壁之战中的表现最为集中。周瑜给读者留下最深刻印象的地方有两个。本文先谈谈第一个：周瑜与诸葛亮的较量。结果很悲催，周瑜落得气绝身亡的下场。这究竟是怎么回事呢？容我慢慢道来。

周瑜是孙策的哥们，深得孙策重用。孙策临终之际遗命"外事不决，可问周瑜"（见第二十九回），周瑜顺理成章地成了东吴军事统帅。曹操占领荆州，兵锋直指东吴。刘备的使者诸葛亮来到东吴建议孙刘联盟共同对付曹操，而以张昭为首的文臣建议孙权投降，孙权犹豫不决，寝食难安。这时候周瑜奉命来到柴桑。显然周瑜此行的目的是替孙权拿主意的。

周瑜抵达柴桑当天，主降的张昭、顾雍、张纮、步骘四人及主战的程普、黄盖、韩当等一班战将先后拜访，都希望周瑜能够采纳自己的主张。周瑜故作深沉，避而不谈。当晚，鲁肃带着诸葛亮前来拜访。诸葛亮故意以曹操所做《铜雀台赋》中"揽二乔于东南兮，乐朝夕之与共"的句子刺激周瑜，指出若是将二乔交给曹操，战事便将消弭。大乔是孙策的妻子，小乔是周瑜的媳妇，周瑜自然怒不可遏，表示："吾承伯符寄托，安有屈身降操之理？适来所言，故相试耳。吾自离鄱阳湖，便有北伐之心，虽刀斧加头，不易其志也！望孔明助一臂之力，同破曹贼。"（见第四十四回）表露了自己的心迹。

第二天周瑜面见孙权，坚定了孙权抗曹的决心。回到住处后，诸葛亮提醒周瑜："孙将军心尚未稳，不可以决策也。"诸葛亮认为孙权还在为曹军兵力雄厚而忧心。当晚周瑜再次拜见孙权。果不其然，被诸葛亮说中。经过周瑜的一番分析，孙权的疑虑打消了。但周瑜的疑虑却由此出现了。周瑜认为诸葛亮早就预料到孙权的想法，"其计画又高我一头。久必为江东之患，不如杀之"。周瑜的害人之心既有对诸葛亮比自己高出一头的妒忌，又有担心其日后对东吴不利的忧虑，但偏偏忘记了孙刘联盟共同对付曹操的大局。至此，周瑜与诸葛亮之间的较量开始了。

周瑜找来鲁肃商议，遭到鲁肃的反驳。鲁肃显然比周瑜看得更为透彻。鲁肃认为："不可。今操贼未破，先杀贤士，是自去其助也。"不过，鲁肃给周瑜出的主意也是个馊主意。他建议周瑜去找诸葛亮在东吴为官的哥哥诸葛瑾，劝说诸葛亮归顺东吴。不料诸葛亮早就猜到哥哥的目的，还没等哥哥开头便提出让诸葛瑾脱离东吴投靠刘备，使诸葛瑾哑口无言，再也不提归顺东吴之事。周瑜的这招实在是糟得很，打草惊蛇，反而暴露了自己，也让诸葛亮有了防备之心。但周瑜并没有就此罢手，而是"闻诸葛瑾之言，转恨孔明，存心欲谋杀之"。这是周瑜之"妒"的第二次体现。

诸葛亮与周瑜一起辞别孙权，来到离三江口五六十里处安营扎寨。周瑜提出让诸葛亮与刘备等人一起星夜率部前往聚铁山切断曹军的粮道。周瑜此举的目的正如他后来与鲁肃所言的"吾欲杀孔明，恐惹人笑，故借曹操之手杀之，以绝后患耳"。周瑜的图谋，诸葛亮早已看穿。他对鲁肃表示："吾水战、步战、马战、车战，各尽其妙，何愁功绩不成，非比江东公与周郎辈止一能也……吾闻江南小儿谣言云：'伏路把关饶子敬，临江水战有周郎。'公等于陆地但能伏路把关；周公瑾但堪水战，不能陆战耳。"（见第四十五回）话里话外对周瑜的能力不屑一顾。诸葛亮这么一挑事，两人之间的矛盾不但进一步加剧，而且变成了诸葛亮与周瑜个人能力的较量。

周瑜岂能咽下这口恶气，马上终止了让诸葛亮出兵的计划，打算亲自领兵前往聚铁山断曹操的粮道。这时，诸葛亮又让鲁肃转告周瑜："公瑾令吾断粮者，实欲使曹操杀吾耳。吾故以片言戏之，公瑾便容纳不下。目今用人之际，只愿吴侯与刘使君同心，则功可成；如各相谋害，大事休矣。操贼多谋，他平生惯断人粮道，今如何不以重兵提备？公瑾若去，必为所擒。今只当先决水战，挫动北军锐气，别寻妙计破之。"这话有两重意思：首先是断曹操粮道的计划是错的，必败无疑，不如不去；其次，想用这招杀我没戏，你周瑜的能力还不足以让我上当。这话再次通过鲁肃之口传到周瑜的耳朵里，周瑜更加生气，觉得诸葛亮的见识比自己强十倍，现在不除掉他，日后必是东吴之祸。

周瑜首战打败曹军，随即又利用蒋干的前来诱使曹操杀了东吴的劲敌蔡瑁、张允，诸葛亮都是旁观者，并未发表过任何意见。这时候周瑜想的并不是如何进一步打击曹操，而是让鲁肃去找诸葛亮，看看自己的得意之作能否被诸葛亮看穿。诸葛亮误信鲁肃，让他不要将自己早已看破周瑜的计策的事情告诉周瑜。诸葛亮特意叮嘱鲁肃："望子敬在公瑾面前勿言亮先知此事。恐公瑾心怀妒忌，又要寻事害亮。"（第四十六回）不料鲁肃见到周瑜之后将诸葛亮所言和盘托出，又让周瑜大惊失色，加害之心再起。

没过几天，周瑜借口军中缺箭，让诸葛亮在十日之内打造十万之箭。诸葛亮认为"操军即日将至，若候十日，必误大事"，说只要三天就可将十万之箭交给周瑜。这就有了针锋相对、毫不退让的意味，不仅是破曹大局的需要，也是诸葛亮对周瑜数次加害的一个回击：你不是整天想着害我吗？我再露一手给你看看。我就是比你强！

诸葛亮"草船借箭"，不仅从曹操手里"借"来了十万支箭，实现了三天前的承诺，同时也让周瑜震惊不已。显然，诸葛亮的做法是周瑜完全没有想到的，一时间竟然忘了自己的再度落败，而是在鲁肃面前感叹道："孔明神机妙算，吾不如也！"等见到诸葛亮之后，周瑜不忘衷心称赞诸葛亮："先生神算，使人敬服。"尽管此时周瑜并没有放弃加害诸葛亮的想法，但对有这么一位高强的对手也感到敬畏。事后，周瑜又与诸葛亮一起商讨破曹方略，双方不约而同地在掌心写下了一个"火"字，击败曹操几十万大军的关键方略由此诞生。

为了实现火烧曹军的战略计划，周瑜施展苦肉计痛打黄盖，故意接纳了前来诈降的蔡中、蔡和。诸葛亮虽看穿了周瑜的用意是"不用苦肉计，何能瞒过曹操？今必令黄公覆去诈降，却教蔡中、蔡和报知其事矣"，但为了不引起周瑜的妒忌，故意让鲁肃告诉周瑜自己对此浑然不知，这才让周瑜有了第一次瞒过诸葛亮的满足感。

诸葛亮七星坛祭风，解决了火烧赤壁的必备条件——东南风，这让周瑜对诸葛亮的"夺天地造化之法、鬼神不测之术"（见第四十九回）震惊不已，好不容易放下的加害之心再起，命令丁奉、黄盖二将率二百人前往南屏山七星坛，"休问长短，拿住诸葛亮便行斩首，将首级来请功"。但诸葛亮早有提防，让赵云在江边接应，最终扬帆而去，周瑜的图谋宣告失败。

周瑜与诸葛亮的较量完全是出于周瑜的嫉贤妒能吗？不完全是。从前面的介绍中可以看出，周瑜一直强调的是诸葛亮"久必为江东之患""必为我国之祸""乃东吴祸根也"，想杀掉诸葛亮的目的是为了消除隐患。这里面虽然有妒忌诸葛亮的成分在内，但更大的原因却是出自防患于未然的思路。至于周瑜的这个思路对不对，那就另当别论了。

64. 周瑜的"智"

《周瑜与诸葛亮的较量》一文主要说的是周瑜的不足。这里面既有对手诸葛亮的问题，也有周瑜自己的因素。在小说中，周瑜还展现出另外的一面。只不过因为很多人在看小说时过分关注了周瑜的不足，认为周瑜嫉贤妒能，整天想着法儿害诸葛亮，有意无意将其忽略了。这便是周瑜的"智"——他的才能及对东吴所做出的贡献。不信？《三国演义》中就有答案。

周瑜，庐江舒城人。早在孙坚讨伐董卓将一家大小移居舒城时，周瑜便与同岁的孙策交情密切。孙策比周瑜大两个月，周瑜便将孙策视为兄长。孙策渡江统一江东路过历阳，周瑜带着招募来的一小队人马加盟。孙策高兴地说："吾得公瑾，大事谐矣。"（见第十五回）周瑜不仅给兵微将寡的孙策增加了部分兵力，同时又向孙策推荐在江东地区有"经天纬地之才"的张昭和张纮，为孙策集团找来了两位出色的谋臣，进一步壮大了孙策的队伍，为以后孙策统一江东奠定了坚实的基础。

孙策在神亭大战刘繇及太史慈，周瑜率部袭取曲阿，抄了刘繇的老巢，逼得刘繇退军，"众皆四纷五落。太史慈独力难当，引十数骑连夜投泾县去了"。紧接着周瑜又与孙策一道商议活捉猛将太史慈，"瑜令三面攻县，只留东门放走；离城二十五里，三路各伏一军，太史慈到那里，人困马乏，必然被擒"。太史慈果然中计，被生擒活捉，最终变成了孙策手下的得力战将。孙策大战王朗，又是周瑜从敌军后路包抄，将王朗杀败，最终成功占领会稽。

作为孙策的发小，周瑜不仅深得孙策信任，同时也以突出的能力获得孙策的赞赏。孙策遇刺病危，临终遗命中也有"外事不决，可问周瑜。恨周瑜不在此，不得面嘱之也"之语，足见对周瑜的器重。得知孙策病危的消息后，

● 周瑜的"智"

周瑜立即赶回吴郡未定局势。得知周瑜赶回的消息,年轻的孙权大为宽慰,毫不掩饰地发出"公瑾已回,我无忧矣"(见第二十九回)的感叹。足见孙权对于哥哥孙策的这位铁哥们有多么的倚重。为了增强东吴的力量,周瑜向孙权推荐了鲁肃。鲁肃则在与孙权的第一次会面中提出了"鼎足江东以观天下之衅"的战略设想,为东吴集团的发展指明了方向。如果没有周瑜的推荐,鲁肃很可能会远走巢湖投奔郑宝,也就不可能出现赤壁之战前鲁肃力荐孙权联合刘备抗曹的方针。

建安七年,曹操打败袁绍后派遣使者来到江东,令孙权送子入朝,实际上就是索要人质。孙权犹豫不决,张昭以"若不令去,恐其兴兵下江东,势必危矣"(见第三十八回)为由,建议孙权答应曹操的要求。这时,周瑜表示:"将军承父兄遗业,兼六郡之众,兵精粮足,将士用命,有何逼迫而欲送质于人?质一入,不得不与曹氏连和;彼有命召,不得不往:如此,则见制

品人录　241

于人也。不如勿遣,徐观其变,别以良策御之。"

周瑜建议孙权不送人质,说明周瑜对东吴集团的实力非常有自信。在周瑜的劝告下,孙权下定决心,拒绝送人质。事后也没有出现张昭等人所担心的结果。曹操忙于消灭袁绍集团残余势力,无暇对付孙权。没有了曹操集团的威胁,孙权得以放心大胆地处理内部叛乱并在之后开始对荆州的刘表集团发动攻势。

曹操占领荆州后,东吴面临巨大的挑战。到底是联合刘备对抗曹操还是投降曹操呢?东吴集团内部出现较大的意见分歧。张昭主降,鲁肃主战,刘备的使者诸葛亮苦口婆心劝说,都没能让孙权做出最后的决定。这时候吴国太提出:"先姊遗言云:'伯符临终有言:内事不决问张昭,外事不决问周瑜。'今何不请公瑾问之?"(见第四十四回)可见只有周瑜才是孙权的主心骨,其他人难以替代。

周瑜奉命赶回柴桑后,主降的张昭及主战的程普分别带人去见周瑜,极力劝说周瑜采纳自己的主张,而周瑜却避而不谈。他到底是怎么想的呢?当晚前往拜会周瑜的诸葛亮用激将法让周瑜表达了自己的真实想法:"吾承伯符寄托,安有屈身降操之理?适来所言,故相试耳。吾自离鄱阳湖,便有北伐之心,虽刀斧加头,不易其志也!望孔明助一臂之力,同破曹贼。"可见周瑜的决定并不是由于诸葛亮的激将引发的,而是早就打定了联合刘备对抗曹操的念头,只是等待时机成熟才公布而已。

果然,到了第二天周瑜面见孙权的时候就提出了自己的主张。周瑜表示:

操虽托名汉相,实为汉贼。将军以神武雄才,仗父兄余业,据有江东,兵精粮足,正当横行天下,为国家除残去暴,奈何降贼耶?且操今此来,多犯兵家之忌:北土未平,马腾、韩遂为其后患,而操久于南征,一忌也;北军不熟水战,操舍鞍马,仗舟楫,与东吴争衡,二忌也;又时值隆冬盛寒,马无藁草,三忌也;驱中国士卒,远涉江湖,不服水土,多生疾病,四忌也。操兵犯此数忌,虽多必败。将军擒操,正在今日。瑜请得精兵数万人,进屯夏口,为将军破之!

确定了东吴集团与曹操展开决战的策略后,周瑜当晚又找到孙权,对敌我双方的优劣进行分析。周瑜认为：

> 主公因见操檄文，言水陆大军百万，故怀疑惧，不复料其虚实。今以实较之：彼将中国之兵，不过十五六万，且已久疲；所得袁氏之众，亦止七八万耳，尚多怀疑未服。夫以久疲之卒，御狐疑之众，其数虽多，不足畏也。瑜得五万兵，自足破之。愿主公勿以为虑。

周瑜客观、冷静的分析，使孙权的疑虑一扫而空，至此，在孙权的坚定支持下，赤壁之战拉开序幕。

大战开始阶段，周瑜以逸待劳，首战将曹军击败，挫败了曹操速战速决的战略企图，曹操不得不退回长江北岸，与周瑜隔江对峙。战争转入相持阶段后，周瑜施计迷惑蒋干，使曹操误杀了水军将领蔡瑁、张允，又与部将黄盖上演了一出"苦肉计"，让曹操上当。后又与诸葛亮同时想出了"火烧赤壁"的构想，并在最终的实施过程中得到落实，以少胜多，最终打败了曹操大军，解除了其对江东的巨大威胁。这一切都足见周瑜的"智"。尽管在小说中周瑜的这些戏份由于他与诸葛亮之间的较量被削弱，但却无法抹杀他在赤壁之战中运筹帷幄、妙计迭出的精彩表现。

赤壁之战结束后，东吴对外压力骤减，与刘备之间的关系日趋紧张，这其中的始作俑者自然是周瑜。周瑜攻打荆州与曹军激战，身负重伤。好不容易将曹军杀败，不料近在咫尺的南郡却被刘备占领。周瑜"大叫一声，金疮迸裂……气伤箭疮，半晌方苏"（见第五十一及五十二回）。至此，周瑜与诸葛亮展开了多次的较量，最终屡战屡败，"怒气填胸，坠于马下"，"徐徐又醒，仰天长叹曰：'既生瑜，何生亮！'连叫数声而亡"，一代名将从此告别沙场。

周瑜为什么总是和诸葛亮及其所代表的刘备集团过不去呢？第五十二回中周瑜给孙权的遗书中说得很清楚：

> 瑜以凡才，荷蒙殊遇，委任腹心，统御兵马，敢不竭股肱之力，以图报效。奈死生不测，修短有命；愚志未展，微躯已殒，遗恨何极！方今曹操在北，疆场未静；刘备寄寓，有似养虎；天下之事，尚未可知。此正朝士旰食之秋，至尊垂虑之日也。

在周瑜的眼中，曹操固然是一个巨大的威胁，刘备也是不可忽视的对手，一旦放任刘备发展，势必会对东吴集团造成极大的负面影响。也就是这个担心才促使周瑜一而再再而三地与诸葛亮展开较量。这是周瑜为东吴集团所展开的战略策划，并不完全是妒忌诸葛亮的才能。

周瑜这个构想的对错不是本文需要探讨的问题，但他的这个构想得到了鲁肃的继任者吕蒙的呼应。在第七十五回"关云长刮骨疗毒，吕子明白衣渡江"中，吕蒙向孙权提出："今操远在河北，未暇东顾，徐州守兵无多，往自可克；然其地势利于陆战，不利水战，纵然得之，亦难保守。不如先取荆州，全据长江，别作良图。"吕蒙认为曹操远在中原，徐州的守军不足为虑，只要大举进攻即可攻克，但问题的关键在于拿下徐州后能不能守住。徐州陆路贯通，要依赖精锐的骑兵纵横驰骋，而这方面恰恰是曹操最为擅长的。东吴拿下徐州后，曹操势必调集重兵前来争夺，东吴缺少骑兵，无法正面对曹军交战，会阻碍援军对于徐州守军的支援，胜算非常小。还不如发挥吴军的长处拿下关羽占据的荆州地区，只有这样才对东吴最为有利。

这个策略显然与周瑜一直与刘备争夺荆州的思路是一致的。从这个角度看，周瑜与刘备、诸葛亮之间的反复较量，是吴蜀两国扩充势力的争斗。站在东吴的立场看周瑜，这也是周瑜"智"的体现。

写到这里，还要说一个小细节：诸葛亮就是一心抗曹的吗？其实也不是。在第四十二回"张翼德大闹长坂桥，刘豫州败走汉津口"诸葛亮对刘备提及联吴抗曹一事时，诸葛亮曾经这样表示："亮借一帆风，直至江东，凭三寸不烂之舌，说南北两军互相吞并。若南军胜，共诛曹操以取荆州之地；若北军胜，则我乘势以取江南可也。"显然诸葛亮也是暗藏祸心，不仅想着夺取荆州，甚至还打起了东吴的主意。既然都是为了自己集团的利益出发，周瑜的想法和做法也就不能称之为错了，各为其主而已。

65．清醒与迷糊的鲁肃

鲁肃是周瑜推荐给孙权的。周瑜提及鲁肃的时候，介绍了鲁肃一些基本情况：临淮东川人，字子敬，早年丧父，对母亲非常孝顺，家中非常有钱，乐善好施，喜欢击剑骑射，等等。同时还提及了当年的一件往事。周瑜担任居巢县长时，曾经向鲁肃借粮。鲁肃二话不说，随手就指向了家中一个装有三千斛大米的仓库，将其赠给周瑜。周瑜对鲁肃有一个整体评价："胸怀韬略，腹隐机谋。"（见第二十九回）从周瑜的介绍中可以看出鲁肃的几个特点：为人豪爽、善交朋友、有谋略、善武功，是个厉害的角色。不过鲁肃并没有随周瑜一起投靠孙策，现在还想着去巢湖投靠郑宝。周瑜建议孙权赶紧派人将鲁肃招致麾下。孙权被周瑜的一番介绍打动了，派别人还怕不保险，干脆直接让周瑜这位鲁肃最要好的朋友亲自登门去请鲁肃。

在周瑜的劝说下，鲁肃来了。孙权对鲁肃非常亲近，与鲁肃交谈终日不倦。终于有一天，孙权问了一个关键的问题："方今汉室倾危，四方纷扰；孤承父兄余业，思为桓、文之事，君将何以教我？"显然孙权想的是割据一方。

鲁肃的回答令孙权非常震惊。鲁肃表示有曹操的存在，孙权不可能成为齐桓公、晋文公。他认为汉室已经不可能复兴，曹操的势力也不可能在短期之内被铲除。孙权唯有鼎足江东以观天下之变，相机行事，这样才能图长远。目前北方地区正值多事之秋，曹操暂时无暇南顾，应该抓住这个有利时机铲除江夏的黄祖，讨伐荆州刘表，将整个长江流域控制在手中，然后建号称帝，图谋天下，这才是当年高祖刘邦所创建的宏图伟业。

鲁肃向孙权提出的其实是东吴集团的整体发展战略构想。这其中既有占据江夏的近期目标，又有控制荆州这一中期规划，还有建号称帝图谋天下的远景，可谓高瞻远瞩。难怪孙权听了之后大喜，次日又忙不迭地"厚赠鲁肃，并将衣服帏帐等物赐肃之母"，可见对鲁肃的回答是多么的满意。从这一问一答中也可以看出，鲁肃的头脑非常清醒，对时局的判断与预测也非常准确。数年之后，孙权向黄祖发动进攻并大获全胜，其实就是将鲁肃此时提出的构想付诸实践。

曹操进攻荆州，进至襄阳，刘表病逝，刘琮投降。江东上下大为紧张，孙权召集众谋士商议对策。此时，鲁肃提出："荆州与国邻接，江山险固，士民殷富。吾若据而有之，此帝王之资也。今刘表新亡，刘备新败，肃请奉命往江夏吊丧，因说刘备使抚刘表众将，同心一意，共破曹操；备若喜而从命，则大事可定矣。"（见第四十二回）这与当初鲁肃的构想并没有冲突。只不过环境变了，构想也要做相应调整，但占据荆州作为"帝王之资"的规划并没有改变。

鲁肃前往荆州之时，刘备的形势相当危急。诸葛亮已经在建议刘备赶紧联络孙权共同抗曹。这个说法与鲁肃如出一辙，真是英雄所见略同。

鲁肃在江夏见到了刘备，询问刘备下一步的打算。刘备声称自己与苍梧太守吴臣有旧，打算前去投奔。这番话遭到鲁肃的驳斥。鲁肃认为吴臣"粮少兵微，自不能保，焉能容人"，并提出了自己前来的目的："遣心腹往结东吴，以共图大事。"并表示"肃不才，愿与公（诸葛亮）同见孙将军，共议大事"。于是，鲁肃便带着诸葛亮一起返回柴桑见孙权。

此时的江东已被曹操"统雄兵百万，上将千员，欲与将军会猎于江夏"的檄文吓破了胆。孙权低头不语，张昭等人力主投降。鲁肃一面安抚孙权，认为"恰才众人所言，深误将军。众人皆可降曹操，惟将军不可降曹操……如肃等降操，当以肃还乡党，累官故不失州郡也；将军降操，欲安所归乎？位不过封侯，车不过一乘，骑不过一匹，从不过数人，岂得南面称孤哉！众人之意，各自为己，不可听也。将军宜早定大计"。另一方面，鲁肃又要求孙权尽快会见诸葛亮，意欲极力促成孙刘联盟，共同对付曹操。不过，就算诸葛亮在孙权面怎样的慷慨激昂、指点江山，孙权仍然担心实力不足，难以对付曹操。在吴国太的建议下，孙权连忙令周瑜星夜赶到柴桑拿主意。

对于周瑜究竟是什么态度，鲁肃心里没底，只好先将之前自己出使荆州及东吴内部的意见分歧一一向周瑜进行通报，之后又带着诸葛亮去见周瑜。

直到此时，鲁肃仍不忘联刘抗曹的主张，在周瑜面前侃侃而谈，结果被周瑜以"战则必败，降则易安"（见第四十四回）搪塞。鲁肃见状，也顾不得有诸葛亮这个外人在场，与周瑜进行争辩。

这时，坐在一旁沉默不语的诸葛亮说话了。他并没有为鲁肃帮腔，而是和周瑜一个腔调："亮不笑别人，笑子敬不识时务耳……操极善用兵，天下莫敢当。向只有吕布、袁绍、袁术、刘表敢与对敌。今数人皆被操灭，天下无人矣。独有刘豫州不识时务，强与争衡；今孤身江夏，存亡未保。将军决计降曹，可以保妻子，可以全富贵。国祚迁移，付之天命，何足惜哉！"诸葛亮的表态使得鲁肃非常生气。书中用了两个字表示鲁肃此刻的心情："大怒。"

鲁肃是真"怒"还是假"怒"？书中没有交代。诸葛亮的正话反说在之前与孙权见面时已经用过一次，当时鲁肃就在场。当时，诸葛亮在孙权面前故意夸大曹军的实力，吓得鲁肃"闻言失色，以目视孔明；孔明只做不见"（见第四十三回）。这次诸葛亮故技重施，鲁肃却没有丝毫警觉。鲁肃说："汝教吾主屈膝受辱于国贼乎！"可见其愤怒之甚，看来这"怒"是真"怒"，只能解释为此时的鲁肃已经气糊涂了。或许直到诸葛亮用《铜雀台赋》中"揽二乔于东南兮，乐朝夕之与共"的句子刺激周瑜，使得周瑜勃然大怒，表明自己早已决心抗曹的心迹，鲁肃才恍然大悟。

为什么鲁肃会反应如此迟钝，如此迷糊呢？书中没有交代。但联系周瑜推荐鲁肃时提及的几个性格特点，可以做出这样的解释：鲁肃为人豪爽，直来直去，不喜欢拐弯抹角，不善于耍心眼。诸葛亮与周瑜之间的斗智不是鲁肃所喜欢和擅长的。突然之间被诸葛亮的话所迷惑，情急之下犯迷糊也是人之常情。

周瑜觉得诸葛亮能力太强，日后必成东吴祸患，欲杀之而后快，遭到鲁肃的反对。鲁肃表示："不可。今操贼未破，先杀贤士，是自去其助也。"这说明鲁肃讲原则、顾大局，头脑还是比较清醒的。但随后鲁肃又向周瑜提出了一个建议："诸葛瑾乃其亲兄，可令招此人同事东吴，岂不妙哉？"只可惜事与愿违，没有达到目的。

周瑜欲加害诸葛亮，故意让诸葛亮与刘备等人一起偷袭曹军粮道。鲁肃不明真相，询问周瑜的用意。之后鲁肃特意去见诸葛亮，想看看诸葛亮是否看出了周瑜的阴谋。诸葛亮说自己"水战、步战、马战、车战，各尽其妙，何愁功绩不成？非比江东公与周郎辈止一能也"（见第四十五回），认为周瑜"但堪水战，不能陆战"，故意让鲁肃传话给周瑜。周瑜气急败坏，打算自己亲自带兵偷袭。鲁肃又将周瑜的话传给诸葛亮。这时候诸葛亮才说出了实话："公瑾令吾断粮者，实欲使曹操杀吾耳。吾故以片言戏之，公瑾便容纳不下……望子敬善言以告公瑾为幸。"

直到这个时候，鲁肃才弄明白到底是怎么回事，急急忙忙"连夜"去见周瑜（这个"连夜"反映出鲁肃急切的心情）。周瑜见计策失败，更加生气，马上表示"此人见识胜吾十倍，今不除之，后必为我国之祸"。鲁肃又在一旁劝导："今用人之际，望以国家为重。且待破曹之后，图之未晚。"这反映出鲁肃为人的忠厚，对于联吴抗曹大局的坚持。所谓"且待破曹之后，图之未晚"之语，只不过是敷衍周瑜。

蒋干前来诈降，周瑜"隆重"接待，故意让伪造的蔡瑁、张允的投降信落入蒋干手中，成功诱使曹操杀了此二人。周瑜又让鲁肃去探诸葛亮的口风，看看自己的妙计是否被诸葛亮看穿。诸葛亮说出了真相，同时叮嘱鲁肃不要将自己的看法告诉周瑜，免得周瑜"心怀妒忌，又要寻事害亮"。周瑜打算设计加害诸葛亮，鲁肃耳闻目睹，应该对此早有预料。可奇怪的是当他见到周瑜之后，居然忘记了诸葛亮的嘱咐，将诸葛亮看穿周瑜计策的话原封不动地告诉了周瑜。周瑜大惊失色，又一次提出要杀诸葛亮。鲁肃再一次相劝："若杀孔明，却被曹操笑也。"鲁肃为什么要这样做呢？这是清醒？如果头脑清醒，就会继续贯彻联刘抗曹的方针，设法保护诸葛亮。这是忠厚？忠厚的话就应该听从诸葛亮的叮嘱。因此，鲁肃此举只能说是犯迷糊。

鲁肃的迷糊让诸葛亮再次陷入险境。周瑜让诸葛亮在十天之内造出十万支箭，这原本就是一个不可能完成的任务。诸葛亮却信誓旦旦，说三天之内即可造出十万支箭。诸葛亮还向周瑜立下军令状，三天给不了十万支箭，任凭周瑜处置。这让周瑜心中大喜，认为诸葛亮必死无疑。鲁肃则莫名其妙，脱口而出"此人莫非诈乎"之语，心中也在担心。

鲁肃见到诸葛亮之后，诸葛亮毫不客气地说："吾曾告子敬，休对公瑾说，他必要害我。不想子敬不肯为我隐讳，今日果然又弄出事来。三日内如何造得十万箭？子敬只得救我！"鲁肃的回答是："公自取其祸，我如何救得你？"话虽然说得婉转，但对自己之前在周瑜面前告密还是有歉意的。

诸葛亮让鲁肃提供"二十只船，每船要军士三十人，船上皆用青布为帐，各束草千余个，分布两边"，说到了第三天一定会出现十万支箭。诸葛亮再次叮嘱鲁肃，千万不可将此事告诉周瑜。这时，鲁肃的头脑又变得清醒了。回去之后他按照诸葛亮的吩咐，没有提及借船之事，只是说诸葛亮不需要箭竹、翎毛、胶漆等物。在鲁肃的大力配合下，诸葛亮才完成了神奇的"草船借箭"。

曹操派蔡中、蔡和前来诈降，周瑜将计就计，让二人与甘宁同为前部。鲁肃看出了其中的蹊跷，去提醒周瑜，这回他倒是非常清醒，看清了蔡中、蔡和是诈降。但是遭到周瑜的反驳之后，鲁肃又变得迷糊了，转而去问诸葛亮。诸葛亮将事情解释了一番，鲁肃才恍然大悟。

为了迷惑曹操，周瑜与黄盖上演了一出"苦肉计"，黄盖被打得皮开肉绽，奄奄一息。身在东吴多年的鲁肃居然没看出周瑜与黄盖这是在演戏，脑子又在犯迷糊。他没有去劝说周瑜，反倒是跑去指责诸葛亮。当诸葛亮说明这只不过是周瑜的计策时，鲁肃才弄明白是怎么回事。见到周瑜后，周瑜问诸葛亮的看法，鲁肃以"他也埋怨都督忒情薄"予以搪塞。这时候的他脑子又变得清醒了。

从《三国演义》对鲁肃的塑造看，鲁肃仅仅是一个战略家，对于大政方针有着比较清醒的认识，提出了东吴发展的战略构想，促成了孙刘联盟共同抗曹。但在具体的事件发生、发展的过程中，鲁肃的脑子却时而清醒，时而迷糊，成了周瑜与诸葛亮手中的玩偶，不像是个"胸怀韬略，腹隐机谋"的人物。同时，这种清醒与迷糊，有着明显不合理的成分，这个人物的塑造存在着一定的问题。

66. 诸葛恪的"智"与"愚"

诸葛恪很聪明，这在他六岁的时候就已经表现出来了。《三国演义》第九十八回"追汉军王双受诛，袭陈仓武侯取胜"中介绍，诸葛恪，字元逊，是东吴大臣诸葛瑾的长子，诸葛亮的侄子。他六岁的时候与父亲一起参加孙权举办的大型宴会。诸葛瑾的长相很有特色，脸很长。于是，孙权在酒席宴间拿诸葛瑾寻开心，命人牵来一头驴，亲自在驴的面部写上"诸葛子瑜"四个字。子瑜，是诸葛瑾的字，这是在嘲讽诸葛瑾的脸是个大驴脸。在座的东吴文武们哈哈大笑。这时诸葛恪上前用粉笔在驴脸上加了"之驴"这两个字，变成了"诸葛子瑜之驴"，轻松化解了父亲的尴尬。众人无不惊讶。孙权也非常高兴，将驴赐给了诸葛恪。

过了一阵子，孙权再度大宴群臣，命令诸葛恪把盏倒酒。当诸葛恪来到张昭面前倒酒时，张昭不喝，并称这不符合尊重老人的礼节。这时候孙权问诸葛恪有没有办法说服张昭喝酒，诸葛恪满口应允。他对张昭说道："当年姜子牙年近九十还在战场上指挥作战，从来不说自己年老。大军征战时您总是跟在最后，饮酒宴乐您却被请到前面，怎么能说我是不合乎尊重老人的礼节呢？"张昭无言以对，不得不将杯中的酒一饮而尽。

可见，诸葛恪不但聪明，简直可以用神童来形容。孙权对诸葛恪的聪明非常欣赏，命令他辅佐太子。等诸葛恪长大成人后，不断加以提拔，"一应大小事务，皆归于诸葛恪"（见第一百零八回）。孙权临终前，诸葛恪已是当朝太傅，还成了托孤重臣。究其缘由还是因为诸葛恪的聪明获得了孙权的青睐。

孙权之子孙亮继位后不久，曹魏派遣三路大军来犯。诸葛恪令吕据、唐咨、留赞各引一万马步兵，分三路接应。战斗打响后，东吴老将丁奉一马当先，杀死敌将韩综、胡遵，大败敌军。曹魏三路大军全线撤回，东吴的防御战取得大胜。为扩大战果，诸葛恪一面命令给蜀汉的姜维送信，希望姜维在曹魏的西北地区出兵策应，一面率领二十万大军进军中原。在丁奉的建议下，诸葛恪大军很快兵临新城，将该城团团围住，连续数月发动猛攻。

不久后，新城城东北角守军不支，城池即将失守。守将张特定下一计，令一舌辩之士带着新城户籍资料来见诸葛恪，告诉诸葛恪："魏国之法：若敌人困城，守城将坚守一百日，而无救兵至，然后出城降敌者，家族不坐罪。今将军围城已九十余日；望乞再容数日，某主将尽率军民出城投降。今先具册籍呈上。"诸葛恪深信不疑，立即停止了攻城，终于中了张特的缓兵之计，守军也得到了喘息之机。随后，张特命人拆除城中的房屋修补城东北角的工事。一切完毕之后，张特在城头大骂诸葛恪。诸葛恪大怒，再度挥军攻打，不料被城中乱箭射中额头，翻身落马。眼看主帅受伤，吴军斗志全无，加上天气炎热，士兵多病，战斗力大受影响。

诸葛恪箭伤未愈，又命令全军攻城。此时有手下告诉他："人人皆病，安能战乎？"诸葛恪大怒，说道："再说病者斩之！"手下说的是实情，但诸葛恪既不调查也不询问，强行发动进攻命令，罔顾士兵生死，自然引起吴军将士的愤怒。听说诸葛恪要斩杀患病士兵，吴军军心大乱，"逃者无数"，就连都督蔡林也率领本部人马投降了曹魏。眼看军中大乱，诸葛恪这时候才亡羊补牢，乘马视察军营，发现吴军士兵面色黄肿，各带病容，已经无力发动进攻。无奈之下只得发布撤退的命令。曹魏军队得知诸葛恪仓皇撤退的消息后，趁机在后掩杀，吴军大败而归。

战场形势瞬息万变，胜败乃是兵家常事。可诸葛恪受不了失败的打击，回到东吴后托病不出，连上朝都懒得去了。皇帝孙亮亲自来到诸葛恪的府第慰问，文武大臣们也纷纷前来问候。这已经给足了诸葛恪面子，但诸葛恪仍觉得心中不安。他担心群臣会私下议论，对自己不利，于是想出了一个自以为"聪明"的办法：派人去搜集官员们的过失，轻者发配远方，重者斩首示众。朝中大臣无不惊恐不安，唯恐性命不保。不仅如此，他还密令心腹张约、朱恩控制御林军。诸葛恪自认为万无一失，从今以后再也没人敢对自己说长道短了。

这几年有句流行语用在诸葛恪身上是再合适不过了："不作死就不会

死。"诸葛恪的行径引起东吴上下不满。太常卿滕胤认为诸葛恪专权，杀害公卿，有不臣之心，孙氏宗室孙峻也因自己御林军统帅的职位被张约等人替代而非常愤怒。二人见面后一拍即合，决定找皇帝孙亮揭发。此时的孙亮也对诸葛恪的所作所为非常不满，对孙峻、滕胤表示："朕见此人，亦甚恐怖；常欲除之，未得其便。今卿等果有忠义，可密图之。"三人立即制定计划，打算利用召诸葛恪上朝之时将其诛杀，除掉这个祸害。最终，不仅诸葛恪被杀，尸体被"弃于城南门外石子岗乱冢坑内"，就连一家老幼都受到株连，无人幸免。

俗话说："防民之口，甚于防川。"早年聪慧的诸葛恪却连这个简单的道理都没弄清楚，反倒利用诛杀大臣、封锁消息的方法试图掩民悠悠之口，最终落得身首异处的下场。他的聪明不过是小聪明，实则愚不可及。

67."女丈夫"徐氏

孙权除了有个神勇无比的哥哥孙策之外，还有个不争气的弟弟孙翊。这个弟弟性情暴躁，整天只知道喝酒，一喝醉就经常鞭挞士卒。孙权派他担任丹阳郡太守后，孙翊仍然恶习不改。孙翊手下的督将妫览、郡丞戴员二人对孙翊早就心怀不满，暗中勾结孙翊的随从边洪，打算将孙翊除掉。不久，机会出现了。丹阳郡将领及下属各县县令齐聚丹阳，孙翊设宴款待。宴会结束时，天色已晚。孙翊走出门外便被边洪拔刀砍死。妫览、戴员二人贼喊捉贼，把罪责全部推到了边洪的头上，将边洪斩首，杀人灭口。随后，二人来到孙翊家中抢夺家产和妻妾，孙翊家中一片混乱。妫览看到孙翊的妻子长得漂亮，起了歹念，以"吾为汝夫报仇，汝当从我；不从则死"（见第三十八回）相威胁，企图霸占孙翊之妻。

孙翊的妻子姓徐，不仅人长得漂亮，而且识文断字，对《易》也颇有研究。孙翊出门招待文武当天，徐氏通过占卜的方式发现了此次赴宴隐藏的危机，建议丈夫不要去参加宴席。可惜孙翊不听，结果招致杀身之祸。此时妫览的威胁，让徐氏立即明白了杀夫的真正凶手就是妫览、戴员二人。面对仇人的威胁，徐氏强忍悲愤，表现出超乎寻常的冷静。她回答道："夫死未几，不忍便相从；可待至晦日，设祭除服，然后成亲未迟。"意为我丈夫刚死，我不忍心立即改嫁。等到月底丈夫的服丧期结束后，我再与你成亲。一番话语表现出了徐氏的从容不迫和冷静的性格。

徐氏的这招缓兵之计奏效，妫览得意忘形，答应了徐氏的请求。办理丧事期间，徐氏秘密将丈夫的旧部孙高、傅婴找到府中相见。徐氏含泪对二人表示："先夫在日，常言二公忠义。今妫、戴二贼，谋杀我夫，只归罪边洪，将我家资童婢尽皆分去。妫览又欲强占妾身，妾已诈许之，以安其心。二将军可差人星夜报知吴侯，一面设密计以图二贼，雪此仇辱，生死衔恩！"先挑明了妫览、戴员谋杀自己丈夫的真相，又将妫览企图霸占自己的企图告诉二人，最后提出了消灭奸贼的具体实施方案：一面差人星夜通知孙权，一面依靠自己的力量消灭杀夫仇人。孙高、傅婴二人是孙翊的心腹，听到徐氏之语后当即表态："我等平日感府君恩遇，今日所以不即死难者，正欲为复仇计耳。夫人所命，敢不效力！"于是，二人立即派心腹使者去找孙权报信，同时又与徐氏一起商量诛杀妫览、戴员的计划。从云集丹阳的孙翊旧部中，徐氏单单挑选了孙高及傅婴二人作为协助自己复仇的帮手，这体现了徐氏的识人之明。在与二人的对话中提出了通知孙权求援、自己消灭叛贼的计划，又显示了徐氏的智慧。李贽在该回的夹评中感叹道："徐氏不独貌美，其权智节义更美也。"

到了服丧期结束的那一天，徐氏的复仇计划开始实施了。这天，徐氏秘密将孙高、傅婴二人接进府中，让他们偷偷躲在密室帷幕之内。然后，徐氏在府中大堂为死去的丈夫设坛拜祭。所有仪式结束后，徐氏按照之前与妫览的约定，脱去丧服，沐浴熏香，浓妆艳抹，打扮得漂漂亮亮，谈吐间也再无悲伤之色。妫览听到这个消息后大喜，以为自己的淫欲即将实现。当晚，徐氏又让下人去请妫览入府。妫览色欲熏心，毫无警觉，大摇大摆来到了徐氏家中。徐氏假装顺从，在堂中与妫览饮酒，很快便将其灌醉。徐氏又邀请妫览与自己一起去密室。妫览大喜，乘醉而入。等妫览进来后，徐氏见时机已到，大呼一声："孙、傅二将军何在！"孙高、傅婴二人提出钢刀从帷幕中猛冲出来。妫览措手不及，被傅婴一刀砍倒在地，孙高又补上一刀，妫览一命呜呼。这一步步诱敌上钩的行动，都需要周密的部署和临时应变的能力，又体现了她的胆识及果断。

妫览被杀后，徐氏故技重施，当即命人将戴员请来府中赴宴。戴员还以为徐氏已经顺从了妫览，毫无防备地来了。等戴员来到府中，孙高、傅婴二人又将其杀死。随后，孙、傅二人派人诛杀二贼家小及其同党，徐氏重新穿上孝服，将妫览、戴员的首级供在孙翊的灵前，以示对丈夫的哀悼。整个行动天衣无缝，计划周密，将徐氏的计谋和魄力展现得淋漓尽致。

孙权得到消息后很快便率兵赶到了丹阳郡。看到妫览、戴员等人叛乱被消灭，心中感慨，封孙高、傅婴为牙门将，令其镇守丹阳，又将徐氏送回家中养老。这个故事传开后，江东百姓无不称颂徐氏的壮举。后人也用了一首诗称赞徐氏："才节双全世所无，奸回一旦受摧锄。庸臣从贼忠臣死，不及东吴女丈夫。"

《三国演义》中的人物，绝大多数都是男性，女性形象所占比例很少，都处于陪衬的地位。作者对女性人物的描述基本着墨不多，仅寥寥数笔，展现出来的女性形象也只是一个片段。但即便如此，作者还是通过其高超的写作技巧和功力向读者们展示出了几个成功的女性艺术形象。本文谈到的徐氏就是其中的一例。通过作者的描述，一个巾帼不让须眉的艺术形象活生生地呈现在读者面前，并给读者留下了深刻的印象。

68. 汉献帝的兴国梦

汉献帝刘协，是东汉的末代皇帝，一生都是别人的玩偶。董卓将他立为皇帝，是为了控制朝政。曹操"挟天子以令诸侯"，是为了图谋天下。就连

●汉献帝的兴国梦

刘备也屡屡打着皇帝的旗号,其目的也是利用刘协所代表的汉末皇权来争取民心。这一切都可见刘协的重要性。那么,刘协自己又是怎么想的呢?是甘为傀儡,还是想继续先辈的基业,延续大汉帝国的辉煌呢?《三国演义》中关于汉献帝刘协的故事不多,但已经给出了答案。

刘协能当上皇帝,这原本是个意外。刘协的母亲是王美人,后被何皇后杀害。刘协的父亲汉灵帝为保护刘协,将其养在母亲董太后家中。董太后劝说灵帝立刘协为太子。灵帝虽有此意,但担心何皇后与大将军何进阻扰。宦官蹇硕建议先杀何进,不料消息被泄露,计划失败。恰巧此时灵帝驾崩,何进杀死蹇硕并立刘辩为帝,刘协只能成了陈留王。

没过多久,大将军何进被宦官所杀,都城洛阳一片混乱。袁绍、曹操等人在洛阳到处诛杀宦官,张让、段圭等人挟持刘辩、刘协兄弟逃跑,结果在途中被杀。刘协两兄弟与众人走散,惊魂未定,在夜里追着萤火虫的微光徒步向南，想回到洛阳。直到董卓出现，两兄弟才摆脱困境。却又不曾想董卓在了解情况的过程中，刘辩说起话来语无伦次，刘协却是一一回答，从始至终毫无遗漏，这回少帝刘辩的好日子到头了，董卓相互比较，觉得刘协贤能，于是心里有了废黜少帝，改立刘协为皇帝的念头。回到洛阳以后，刘协终于在董卓的扶持下当上了皇帝。是年刘协九岁。

董卓擅权、十八路诸侯讨伐、董卓迁都长安，刘协都亲身经历。虽然年幼，但董卓"教诸门放火，焚烧居民房屋，并放火烧宗庙宫府。南北两宫，火焰相接；长乐宫庭，尽为焦土。又差吕布发掘先皇及后妃陵寝，取其金宝。军士乘势掘官民坟冢殆尽"（见第六回）的暴行让他刻骨铭心。李傕、郭汜进犯长安，将诛杀奸贼董卓的功臣王允宗族老幼全部杀害，刘协当时就在现场。面对继位以来的种种境遇、天下大乱的局面，年幼的刘协开始有了自己的想法：想方设法复兴汉室。

太尉杨彪、大司农朱俊向刘协建议联络曹操"扶持社稷，剿除奸党"。（见第十三回）刘协非常感动，袒露了自己的心声："朕被二贼欺凌久矣！若得诛之，诚为大幸！"并询问二人有何计策。杨彪说："闻郭汜之妻最妒，可令人于汜妻处用反间计，则二贼自相害矣。"刘协立即冒险写下密诏交予杨彪以方便行动。

杨彪的反间计奏效，李傕、郭汜二人爆发内讧。侍中杨琦认为"贾诩虽为李傕腹心，然实未尝忘君，陛下当与谋之"，刘协立即"屏退左右"，哭着对贾诩表示："卿能怜汉朝，救朕命乎？"让贾诩救命是一方面，通过贾诩救下自己的性命来拯救摇摇欲坠的大汉皇朝却是刘协的根本目的。至此，刘协的兴国梦已展现无遗。

在贾诩的谋划下，李傕的力量受到削弱。此时，贾诩又向刘协提出："李傕贪而无谋，今兵散心怯，可以重爵饵之。"刘协当即照办，封李傕为大司马。李傕大喜，重赏女巫，却不赏军将，引起手下愤怒。骑都尉杨奉与将领宋果起兵反叛。尽管此事被李傕发觉，李傕将宋果杀死，击退杨奉，但其实力进一步削弱。经过一番曲折，刘协终于摆脱李傕、郭汜，回到了故都洛阳。

曹操命部将曹洪迎接刘协，刘协大喜，情不自禁对曹洪表示："曹将军真社稷臣也!"后封曹操领司隶校尉假节钺录尚书事。显然,刘协将曹操看成了帮助自己实现兴国梦的最佳人选。不料,刘协的愿望很快便落空了。曹操借故"东都荒废久矣,不可修葺;更兼转运粮食艰辛"(见第十四回)连哄带骗把刘协及一班朝中大臣转移到许县,至此,刘协正式迁都于许都。一到许都之后,曹操原形毕露,"大权皆归于曹操:朝廷大务,先禀曹操,然后方奏天子"。对此,刘协毫无办法,只得忍气吞声,等待时机。

刘备来到许都面见刘协、刘协得知刘备是汉室宗亲时,心中再次燃起了兴国梦。刘协的心态在第二十回"曹阿瞒许田打围,董国舅内阁受诏"中展现得非常明显:"曹操弄权,国事都不由朕主,今得此英雄之叔,朕有助矣!"刘协随即拜刘备为左将军、宜城亭侯,并设宴款待。刘协的举动连曹操的谋士荀彧都觉得非常可疑,以"天子认刘备为叔,恐无益于明公"向曹操示警。可见刘协的兴国梦连荀彧等人都有所察觉。

刘协在许田打围,曹操用天子专用的宝雕弓、金鈚箭射中一鹿。大臣误以为是刘协所谓,高呼"万岁"。曹操"纵马直出,遮于天子之前以迎受之"。引起刘协的极度愤怒。回到皇宫之后,刘协越发气愤,哭着向伏皇后说出了自己的心里话:

> 朕自即位以来,奸雄并起:先受董卓之殃,后遭催、汜之乱。常人未受之苦,吾与汝当之。后得曹操,以为社稷之臣;不意专国弄权,擅作威福。朕每见之,背若芒刺。今日在围场上,身迎呼贺,无礼已极!早晚必有异谋,吾夫妇不知死所也!

这番话就有对数年艰辛的回顾,也有对局势的反思,更对兴国梦想破灭的悲愤,字字带血,字字是泪。这是刘协情绪的一次总爆发。

就在夫妻二人悲愤交加之际,伏皇后的父亲伏完及时出现,向刘协举荐车骑将军、国舅董承。刘协听从伏完的建议,"乃自作一密诏,咬破指尖,以血写之,暗令伏皇后缝于玉带紫锦衬内,却自穿锦袍,自系此带",伺机将玉带赐给董承,希望董承能实现自己的兴国梦。这便是俗称的"衣带诏"。刘协在诏书中这样写道:

> 朕闻人伦之大,父子为先;尊卑之殊,君臣为重。近日操贼弄权,

欺压君父；结连党伍，败坏朝纲；敕赏封罚，不由朕主。朕夙夜忧思，恐天下将危。卿乃国之大臣，朕之至戚，当念高帝创业之艰难，纠合忠义两全之烈士，殄灭奸党，复安社稷，祖宗幸甚！破指洒血，书诏付卿，再四慎之，勿负朕意！

对于"衣带诏"的风险，刘协心里是非常清楚的。但是为了实现兴国梦的理想，刘协已经顾不了那么多了，毅然决然将自己的兴国梦付诸行动。这也可以看出兴国梦在这位不甘为傀儡的末代皇帝心中是多么的有分量。为了实现自己的梦想，他豁出去了。

董承做事不秘，推翻曹操的图谋被识破，董承、王子服等五人被杀，"其全家老小，押送各门处斩。死者共七百余人"（见第二十四回）。曹操气势汹汹来到后宫叫嚷："董承谋反，陛下知否？"刘协却故意回答："董卓已诛矣。"并非没有听清曹操之语，而是故意装傻。危险时刻还能沉住气，证明刘协还是有一定城府的。不过，刘协的装傻没有起到丝毫作用，董承之女董贵妃及腹中尚未出生的孩子死于非命。从此，曹操对于刘协的控制更为严密，"今后但有外戚宗族，不奉吾旨，辄入宫门者，斩，守御不严，与同罪"。刘协兴国梦的第一次尝试彻底失败。刘协的处境也越来越危险。

第一次行动的失败并没有动摇刘协诛杀曹操的决心，他在寻找一切机会实现自己的梦想。曹操企图自立为王，汉室江山随时面临倾覆。这时，刘协又采取了第二次行动。他让伏皇后修书一封交给伏完，让伏完暗中联络刘备、孙权起兵，与朝中忠义大臣里应外合推翻曹操的暴政。最终图谋失败，伏皇后、伏完都为曹操所杀。刘协的兴国梦宣告终结。

曹操病故，曹丕袭爵魏王。不久之后，华歆等众多曹魏的亲信大臣在曹丕的授意下，直闯汉献帝的寝宫，威逼刘协逊位。刘协被迫交出玉玺，汉室江山也从此终结。

终其一生，汉献帝刘协始终是个悲剧人物。一生被人玩弄于股掌之间，无法施展；虽有心回天，但先人留给他的是个烂摊子。虽有兴国的梦想并数次将其变成了行动，但却无法阻挡汉朝灭亡的命运。刘协的兴国梦，最终也只能是个梦，无法变成现实。

69. 王允的执着

董卓专权，为祸天下，十八路诸侯征讨，拉开了汉末乱局的帷幕。在这场大混乱中，无论是袁绍、曹操，还是袁术、孙坚，都是利用讨董之机发展自己的实力，为图谋天下打着自己的小算盘。因此，董卓趁机逃到长安，继续作威作福，讨董之战无疾而终。面对危局，只有一人始终心系汉室，凭着执着和坚韧与董卓反复周旋，最终杀掉了祸国殃民的奸贼董卓，为民除害。这个人便是司徒王允。

灵帝驾崩，少帝刘辩继位，大将军何进与袁绍等人一起密谋诛杀宦官。不料行事不秘被宦官发觉，何进因此被杀。袁绍等人开始在京城洛阳捕杀宦官。中常侍张让等人无奈，只得带着少帝刘辩与陈留王刘协出逃。朝臣们经过一番搜索，终于在离崔毅庄三里处找到二人。在搜索的朝臣中，就有王允。此时王允官拜司徒，是东汉朝廷的"三公"之一，位高权重，在朝臣中享有崇高的地位。

返回京城的过程中，王允遇见了前来保驾的西凉刺史董卓。之后见证了董卓在朝堂上提出废掉少帝刘辩、改立陈留王刘协为帝的阴谋，并亲眼看到荆州刺史丁原上书卢植因反对董卓此举而爆发的冲突。王允提出"废立之事，不可酒后相商，另日再议"。（见第三回）缓和了当时剑拔弩张的紧张气氛。董卓诱使吕布杀死丁原，控制了京城洛阳的武装力量，随即废少立献，将刘协推上了皇位，又绞死唐妃，以鸩酒灌杀刘辩，王允都耳闻目睹，是这一重大事件的见证者。对于董卓的暴行，王允是什么态度呢？袁绍的一封密信让王允的心迹立刻流露出来。

袁绍离开洛阳抵达渤海后，得知董卓弄权，秘密派人送信给王允。袁绍在信中写道："卓贼欺天废主，人不忍言；而公恣其跋扈，如不听闻，岂报国效忠之臣哉？绍今集兵练卒，欲扫清王室，未敢轻动。公若有心，当乘间图

●王允的执着

之。如有驱使，即当奉命。"（见第四回）在这封信中，袁绍对王允的立场表示怀疑，指责王允"恣其跋扈"，对董卓的暴行不管不问，不是"报国效忠之臣"。看完这份书信后，王允"寻思无计"。这说明他对董卓早就不满，但苦于没有恰当的办法来对付。

一日，王允在侍班阁子内看到大臣都在，谎称自己今日生日，邀请大臣们到自己家中小酌。酒过书巡，王允忽然掩面大哭，对大臣们说道："今日并非贱降，因欲与众位一叙，恐董卓见疑，故托言耳。董卓欺主弄权，社稷旦夕难保。想高皇诛秦灭楚，奄有天下；谁想传至今日，乃丧于董卓之手：此吾所以哭也。"王允这一哭一语，将自己的心迹表露无遗，对于汉室皇权落入董卓之手感到痛心疾首。

在场朝臣与王允关系密切，政治立场也完全相同，对王允的悲愤感同身受，不禁纷纷落下眼泪。曹操提出借王允家传的七宝刀去刺杀董卓，王允毫不犹豫以刀相赠，同时表示："孟德果有是心，天下幸甚！"足见其报国除贼心切，完全没有考虑过万一曹操行刺失败自己可能面临的厄运。结果，曹操行刺不成逃出洛阳，七宝刀也成了董卓的收藏品。董卓没有顺着七宝刀的线索查出王允，是王允的运气。但此事过后想要刺杀董卓变得愈发困难。

不过，王允并没有放弃。从洛阳到长安，王允卧薪尝胆，继续潜伏在董卓的身边，寻找一切机会杀掉这个乱臣贼子。终于，他在一天夜里看到"年方二八，色伎俱佳"（见第八回）的府中侍女貂蝉后想到了办法。

王允想到的是什么办法呢？听听后来他与貂蝉的对话便知分晓。王允对貂蝉说："贼臣董卓，将欲篡位；朝中文武，无计可施。董卓有一义儿，姓吕，名布，骁勇异常。我观二人皆好色之徒，今欲用连环计，先将汝许嫁吕布，后献与董卓；汝于中取便，谍间他父子反颜，令布杀卓，以绝大恶。"这里面既有总体规划——连环计，又有实施步骤——美人计和离间计。这几个计策环环相扣，一步都不能出错。既要总体的部署，又要貂蝉的配合，还需要临时应变，难度非常大。但王允为国除贼的执着使他忘却了一切的困难和险阻，毅然决然开始了除贼行动。

说服年方二八的貂蝉，是计策实施的第一步。王允在将自己的计划告诉貂蝉之前，先将貂蝉带到阁中，"允尽叱出妇妾，纳貂蝉于坐，叩头便拜"。这个举动大出貂蝉的意料。貂蝉从小由王允养大，情同父女。在貂蝉的心中，王允宛如自己的父亲，看到王允整日愁眉不展，貂蝉心中难受，想为王允分忧。如今王允突然向自己叩头，貂蝉岂有不惊之理，连忙惊伏于地，泪如泉涌，恳求王允说出事情原委。此时王允并泪如泉涌，向貂蝉表示："汝可怜汉天下生灵！"接着，他跪下来将自己的计划和盘托出。从叩头到流泪，再到跪，这是王允的真情流露。既表明这一计划的重大，同时也对貂蝉即将付出的牺牲感到伤心。

在做通了貂蝉的思想工作后，王允又将目标放在了吕布身上。他深知吕布贪财的弱点，将家藏明珠数颗令良匠嵌造金冠一顶，派人密送吕布。吕布果然中计，亲到王允家致谢。王允的行动展开。

吕布来到王府后，王允盛情款待。席间大赞吕布是天下英雄，使得吕布最后的一丝防备之心消除。之后又不失时机地将貂蝉叫出，说其是自己的女儿,并愿意将貂蝉送与吕布为妾。吕布乃好色之徒,看到貂蝉美若天仙,岂有不答应之理。王允顺势提出选择一个良辰吉日将貂蝉送到吕布府中。至此,第二步行动进展顺利。

第三步的目标是董卓。如何避开吕布,让董卓来到自己的家中,是王允行动实施的前提。因此,王允耐心等待了数日。利用吕布不在之际邀请董卓到自己家中赴宴。对于王允的请求,董卓虽说是满口应允,但还是有戒心的。因此,他带上了持戟甲士百余人,来到王府后,这些甲士仍然分列两旁。

王允又是如何消除董卓戒心的呢?他做得非常细致。得到董卓赴宴的承诺后,王允在前厅正中设座,锦绣铺地,内外各设帏幔。董卓到门前时,王允穿着朝服出迎,行礼参拜。进入正堂后,王允于堂下再拜,极尽殷勤、奉承之能事。如此大礼哪里是请董卓这位上级赴宴,完全是迎接皇帝光临的架势。在与董卓的交谈中,王允毕恭毕敬,夸赞董卓的"功德",并表示汉室气数已尽,董卓如登基称帝"正合天心人意"。王允的这一通迷魂汤终于使董卓放松了警惕,王允趁机将董卓独自请到了后堂,适时让貂蝉出来献舞、敬酒。看到貂蝉的惊人美貌,董卓色心大起,仍不住说貂蝉"真神仙中人也"。王允见时机成熟,立即提出将貂蝉献给董卓,并当即命人备车将貂蝉送往董卓府中。第三步行动得以完成。

王允将董卓送回相府,在回家的路上巧遇吕布。这是一次意外,王允自己也没有料到。因此在吕布质问"司徒既以貂蝉许我,今又送与太师,何相戏耶"时,"急止之"。"急"显示出王允的慌乱,担心自己的计划会被旁人听到而泄露。因此,王允以"此非说话处",要求吕布与自己一起回到家中再详谈。这就为王允应付这一突发状况赢得了时间。等到二人来到王府时,王允放心了,将早就准备已久的说辞说了出来:

> 将军原来不知!昨日太师在朝堂中,对老夫说:"我有一事,明日要到你家。"允因此准备小宴等候。太师饮酒中间,说:"我闻你有一女,名唤貂蝉,已许吾儿奉先。我恐你言未准,特来相求,并请一见。"老夫不敢有违,随引貂蝉出拜公公。太师曰:"今日良辰,吾即当取此女回去,配与奉先。"将军试思:太师亲临,老夫焉敢推阻?

此言合情合理，不由得吕布不信。于是，吕布急忙向王允道歉。等到吕布离开王府回到家中苦等一天后，得知董卓与貂蝉已经同床共枕，心中大怒，与董卓的矛盾开始爆发。王允的反间计成功了。

貂蝉在凤仪亭故意与吕布调情，被董卓发觉。董卓一怒之下，抢了吕布的方天画戟要杀吕布，吕布逃走。至此，二人的矛盾愈演愈烈。

这时，王允又"及时"出现在吕布的面前，佯装不知貂蝉被董卓抢走一事。等到吕布将事情说出，王允故作姿态，"仰面跌足，半晌不语"（见第九回）。"良久"，他才说出一句话："不意太师作此禽兽之行！"这是王允的老练之处，在没完全清楚吕布的态度前耐心等待。

等到与吕布一起回到王府，王允开始将吕布的火气点燃，目的是为了让吕布表明内心的真实想法。王允说："太师淫吾之女，夺将军之妻，诚为天下耻笑。非笑太师，笑允与将军耳！然允老迈无能之辈，不足为道；可惜将军盖世英雄，亦受此污辱也！"这是为吕布鸣不平。被王允这么一煽惑，吕布更加怒气冲天，拍案大叫，表示要杀掉董卓。清楚了吕布的真实想法，王允才将自己的想法告诉了吕布："将军若扶汉室，乃忠臣也，青史传名，流芳百世；将军若助董卓，乃反臣也，载之史笔，遗臭万年。"这段话将吕布私怨提高到了"大义"的层次，促使吕布下定决心诛杀董卓。王允可谓老谋深算。之后，王允与吕布联手，终于将董卓这个篡国奸贼杀死。古人云："疾风知劲草，板荡识忠臣。"王允的执着终于换来了风雨飘摇中的汉末朝廷短暂的宁静。

只可惜这份宁静没有维持多久。随着李傕、郭汜进犯长安，王允被杀，东汉皇权从此一蹶不振并最终走向灭亡。否则，王允就将成为汉末皇朝复兴最大的功臣。

70．"三姓家奴"吕布

写罢《吕布诛董卓的背后》及《吕布杀丁原的另外两种可能》，对历史上的吕布进行了一个初步的分析，仍觉意犹未尽，这里写写《三国演义》中的吕布形象。

在《三国演义》的前半部中，吕布是个重要的配角。他的特点非常鲜明。首先是武功高强。《三国演义》成书后，数百年来民间一直对小说中武将的武力进行排行，吕布都毫无争议名列榜首，是小说中武力最强者。其次，吕布长得也很帅，是个标准的帅哥。小说第五回"发矫诏诸镇应曹公，破关兵三英战吕布"中对吕布的英姿有个具体的描述：

> 头戴三叉束发紫金冠，体挂西川红锦百花袍，身披兽面吞头连环铠，腰系勒甲玲珑狮蛮带；弓箭随身，手持画戟，坐下嘶风赤兔马：果然是"人中吕布，马中赤兔"！

不过，吕布这一人物形象给读者留下最深刻印象的并不是他的武力和长相，而是他的另一大特性。这一特性在第五回由张飞之口点出，成为数百年来人们对吕布形象的统一认识，这便是"三姓家奴"。

为什么吕布被称为"三姓家奴"呢？从《三国演义》中便知分晓。吕布姓吕，此为一姓。董卓乱政期间，吕布不仅是荆州刺史丁原的部下，同时还是其义子，被丁原视为心腹，此为二姓。后来吕布杀掉丁原投靠董卓，认贼作父，变成了董卓的义子，此为三姓。所谓的"三姓家奴"由此而来。

吕布为什么会杀掉丁原呢？小说第三回"议温明董卓叱丁原，馈金珠李肃说吕布"有详细的介绍。董卓欲废少帝改立陈留王为帝，遭到丁原的反对，双方在洛阳城外摆开战场。吕布在阵前打败董卓，引起董卓的关注，认为"吕布非常人也。吾若得此人，何虑天下哉"，打算诱降吕布。董卓手下的虎贲中郎将李肃主动请缨，凭借同乡的关系来到了吕布营中。还没等李肃进行劝说，吕布就主动表示自己在丁原手下是"出于无奈""恨不逢其主"。等到李肃说明来意后，吕布又提出"吾欲杀丁原，引军归董卓"的计划。最终吕布闯进丁原的大帐，自称"吾堂堂丈夫，安肯为汝子乎"，一刀砍下丁原首级，大呼左右："丁原不仁，吾已杀之。肯从吾者在此，不从者自去！"见到董卓之后，吕布又恬不知耻地表示："公若不弃，布请拜为义父。"从此，吕布又变成了董卓的义子。

吕布杀丁原的动机，李肃说的很清楚："知其勇而无谋，见利忘义。"因此，"虎牢关三英战吕布"期间，张飞大骂吕布为"三姓家奴"，"三姓家奴"的恶名从此传开。

吕布投靠董卓以后，鞍前马后，为董卓立下了不少功劳。虎牢关前多次击败十八路诸侯的挑战，在荥阳大败曹操，掩护董卓安全撤退至长安。但不久后，吕布又一出背主的故事开始了。

董卓的暴行引起司徒王允的愤怒，他与府中歌伎貂蝉定下了连环计。计划"先将汝（貂蝉）许嫁吕布，后献与董卓；汝于中取便，谍间他父子反颜，令布杀卓，以绝大恶。重扶社稷，再立江山"。经过王允的周密部署及貂蝉的巧妙配合，吕布又与义父董卓反目，最终将董卓杀死。王允杀董卓是为民除害，而吕布杀董卓则是因为董卓抢了自己心爱的女人，依然如之前李肃所言的"见利忘义"。这是吕布的第二次背主。

到了第十一回"刘皇叔北海救孔融，吕温侯濮阳破曹操"，吕布背主的恶名已经传遍天下。书中交代："原来吕布自遭李、郭之乱，逃出武关，去投袁术；术怪吕布反覆不定，拒而不纳。投袁绍，绍纳之，与布共破张燕于常山。布自以为得志，傲慢袁绍手下将士。绍欲杀之。布乃去投张杨，杨纳之。时庞舒在长安城中，私藏吕布妻小，送还吕布。李傕、郭汜知之，遂斩庞舒，写书与张杨，教杀吕布。布因弃张杨去投张邈。恰好张邈弟张超引陈宫来见张邈。"至此，吕布又变成了张邈的同盟，成为夺取曹操兖州地区的急先锋，其反复无常的性格得到进一步的展现。

在与曹操争夺兖州战事失利之后，吕布走投无路，不得已投靠了占据徐州的刘备。但没过多久，吕布又在陈宫的唆使下背叛刘备并出兵小沛，将刘备的家眷一并抓获，将刘备辛辛苦苦占据的徐州地区据为己有。袁术派韩胤前来徐州做媒，打算娶吕布之女为儿媳。吕布先是满口应允，"连夜具办妆奁，收拾宝马香车，令宋宪、魏续一同韩胤送女前去。鼓乐喧天，送出城外"。之后又突然变卦，"急命张辽引兵，追赶至三十里之外，将女抢归；连韩胤都拿回监禁，不放归去。却令人回复袁术，只说女儿妆奁未备，俟备毕便自送来"。后来为了讨好曹操，干脆"将韩胤用枷钉了，遣陈登赍谢表，解韩胤一同王则上许都来谢恩"。朝三暮四、反复无常的小人嘴脸暴露无遗。

吕布与曹操的结盟并没有维持多久。很快吕布便发现曹操与刘备暗中联络企图夺取徐州。吕布随即与曹操反目成仇。第十九回"下邳城曹操鏖兵，白门楼吕布殒命"中，吕布被围下邳，最终成了曹操的俘虏。在生命的最后一刻，吕布还在幻想通过投降曹操换得性命。吕布表示："明公所患，不过于布；布今已服矣。公为大将，布副之，天下不难定也。"不过，吕布的哀求并没有得到曹操的响应。曹操看着身边的刘备。刘备的回答言简意赅："公不见丁建阳、董卓之事乎？"曹操于是下令将吕布绞死。至此，吕布的故事在《三国演义》中告一段落。

与小说中吕布的人物形象相比，历史记载中的吕布形象也大致如此。尽管史料中没有"三姓家奴"这个提法，但却多次提到吕布为人"反复"，意思基本一致。陈寿在《三国志·吕布传》中这样评价吕布："吕布有虓虎之勇，而无英奇之略，轻狡反覆，唯利是视。自古及今，未有若此不夷灭也。"此语是对吕布这一历史人物进行的一个总结，而在《三国演义》中，这段评语通过作者的妙笔得到了更加生动、形象的展现，吕布"三姓家奴"的形象深入人心。

71. 吕布的生存之道

吕布是《三国演义》中的配角，他的故事从第三回开始到第十九回结束。根据书中的描述，吕布出场的时间大致在中平六年（公元189年），被杀的时间为献帝建安三年（公元198年）年底。其故事较为集中，时间跨度不算短。无论是董卓篡政、十八路诸侯讨董、王允杀董卓、曹操夺取兖州、刘备在徐州的崛起等重大事件，都有吕布的故事穿插其中。如何在汉末如此复杂的社会条件中生存，吕布可谓绞尽了脑汁。

吕布是位职业军人。早年跟随荆州刺史丁原，后被董卓引诱杀了义父丁

●吕布的生存之道

原转投董卓,从此朝政落入了董卓控制之下,吕布起了巨大作用。曹操、袁绍等人组织十八路诸侯讨伐董卓,又是吕布在虎牢关前进行阻击,斩杀了多名将领,名扬天下,不仅与各路诸侯结下了梁子,"三姓家奴"的恶名也从此名扬天下。后来他被王允利用连环计与董卓反目,最终将董卓杀死。尽管吕布此举的初衷不是为国除害,而是为了一个女人,但也总算做了一件大好事。但不久之后李傕、郭汜等人对长安的围攻,又让吕布的好日子到头了,敌军攻入长安,形势危急。这时候吕布既没有为了自己的生存投敌,也没有凭借自己的勇武保全性命,而是奋勇杀敌,想方设法营救王允。第九回"除暴凶吕布助司徒,犯长安李傕听贾诩"中写道:

吕布左冲右突,拦挡不住,引数百骑往青琐门外,呼王允曰:"势急矣!请司徒上马,同出关去,别图良策。"允曰:"若蒙社稷之灵,得安国家,吾之愿也;若不获已,则允奉身以死。临难苟免,吾不为也。为我谢关东诸公,努力以国家为念!"吕布再三相劝,王允就是不肯走。不一时，各门火焰竟天，吕布只得弃却家小，引百余骑飞奔出关，投袁术去了。

王允对于吕布的看法在第八回王允与貂蝉的对话中有交代。王允认为吕布是"好色之徒"，他与吕布的联合仅仅是利用而非志同道合。但吕布对王允却是真心实意。危难之际，吕布深陷敌军唯恐自身难保。但就在这个时候，吕布还再三劝王允离开长安，"别图良策"，可见他对王允的情义。应该说此时吕布的心态较之杀丁原、投董卓时期有了较大的改变。

离开长安之后，吕布打算投靠袁术，但不为袁术接纳，原因是"术怪吕布反覆不定，拒而不纳"（见第十一回）。无奈之下，吕布只好投靠了袁绍。"绍纳之，与布共破张燕于常山。布自以为得志，傲慢袁绍手下将士。绍欲杀之。布乃去投张杨，杨纳之。李傕、郭汜……写书与张杨，教杀吕布。布因弃张杨去投张邈。"如果不是因为此时张邈和陈宫急于寻找外援对付曹操，恐怕吕布也会被拒之门外。此时的吕布犹如一只过街老鼠，人人喊打，日子非常难过。

张邈、陈宫的接纳让吕布看到了一丝希望。经过几番激战，吕布终于击败曹操，占据了兖州。但在随后的交锋中，曹操卷土重来，将吕布赶出了兖州。此时的吕布再一次走投无路，在陈宫的建议下，吕布派人联络袁绍。不料袁绍的谋士审配向袁绍提出："吕布，豺虎也；若得兖州，必图冀州。不若助操攻之，方可无患。"于是，袁绍不仅没有接纳吕布，反倒派颜良率兵五万协助曹操。此时，陈宫再次建议吕布投靠占据徐州的刘备。幸好刘备否决了糜竺、张飞等人的意见，收留了吕布，这才使得吕布起死回生，得到了喘息的机会。

吕布与刘备的反目始于曹操。谋士荀彧献"二虎竞食之计"，企图利用刘备除掉吕布。但刘备不为所动，"乃引吕布同入后堂，实告前因"（见第十四回）。吕布看完信后，立即察觉了曹操的用心，告诉刘备："此乃曹贼欲令我二人不和耳！"可见吕布还是具有一定战略眼光的。

荀彧眼看计策不成，又向曹操提出："暗令人往袁术处通问，报说刘备上密表，要略南郡。术闻之，必怒而攻备；公乃明诏刘备讨袁术。两边相并，吕布必生异心；此驱虎吞狼之计也。"结果刘备与袁术之间的战事开始了。

此时，吕布是否如荀彧所言"必生异心"呢？尽管结果被荀彧料中了，但过程并不是吕布"生异心"，而是镇守徐州的张飞坏事。张飞一向瞧不起吕布，借酒醉暴打了吕布的老丈人曹豹，引起了吕布的愤怒。在陈宫的唆使下，吕布深夜偷袭徐州，将刘备的老巢占领。事后，吕布也没有赶尽杀绝，而是"令军士一百人守把玄德宅门，诸人不许擅入"。后来，吕布又主动提出让刘备残部驻扎小沛。"布恐玄德疑惑，先令人送还家眷。甘、麋二夫人见玄德，具说吕布令兵把定宅门。禁诸人不得入；又常使侍妾送物，未尝有缺"（见第十五回）。尽管偷袭徐州不义，但没有加害刘备家人，反而细心照料，又让刘备驻扎小沛，这也算是有情。

吕布反复这是事实，但这并不意味着他毫无头脑。第十六回袁术准备攻打刘备。袁术的如意算盘是："刘备屯军小沛，虽然易取，奈吕布虎踞徐州，前次许他金帛粮马，至今未与，恐其助备；今当令人送与粮食，以结其心，使其按兵不动，则刘备可擒。先擒刘备，后图吕布，徐州可得也。"（见第十六回）在"粟二十万斛"的巨大诱惑下，吕布并没有像之前杀丁原时的见利忘义，而是展现了清晰的头脑。吕布认为："前者袁术送粮致书，盖欲使我不救玄德也。今玄德又来求救。吾想玄德屯军小沛，未必遂能为我害；若袁术并了玄德，则北连泰山诸将以图我，我不能安枕矣：不若救玄德。"之后，吕布来到刘备与袁术交战的战场，用"辕门射戟"的妙招化解了战事，不费一兵一卒为刘备解了围。

在吕布的心中，自己偷袭徐州抢占了刘备的地盘与这一次帮助刘备就算是扯平了。因此，他对于刘备在小沛招兵买马都毫不介意，认为"此为将者本分事，何足为怪"。不想张飞强抢吕布从山东购得的军马，引起吕布的愤怒，吕布派兵进攻小沛，两家重新结怨。后来在曹操的撮合下，吕布不计前嫌，又与刘备成了盟友，还与刘备"结为兄弟，互相救助，再无相侵"（见第十七回）。虽然曹操心怀叵测，但为了自己的生存，吕布不仅没有提出丝毫的异议，与刘备和睦相处。

吕布的覆灭与刘备息息相关。曹操密令刘备图谋吕布，刘备满口应允，派人回信。不料途中被陈宫截获。刘备在信中表示："奉明命欲图吕布，敢不夙夜用心。但备兵微将少，不敢轻动。丞相兴大师，备当为前驱。谨严兵整甲，专待钧命。"（见第十八回）直到此时吕布才恍然大悟：自己上了曹操和刘备的当。于是出兵进攻刘备并与曹操的援军展开激战。最终全军覆没，自己也在白门楼被杀。

吕布的一生是个悲剧，"三姓家奴"的恶名使其臭名远扬。无论是曹操、袁绍、袁术这样的一方诸侯还是糜竺、张飞这样的将领都对其深恶痛绝，欲除之而后快。因此，不管吕布如何绞尽脑汁，为自己的生存想方设法，都无法摆脱失败的命运。

72. 袁术的"皇帝瘾"

《三国演义》中谁的"皇帝瘾"最大？既不是曹操，也不是刘备和孙权。襄阳之战后，曹魏与东吴联合，曹操集团最终摆脱了十多年两面受敌的困境，形势一片大好。孙权上书劝曹操早登皇帝宝座，曹操大笑曰："是儿欲使吾居炉火上耶！"（见第七十八回）群臣劝进，曹操潇洒说了声："吾事汉多年，虽有功德及民，然位至于王，名爵已极，何敢更有他望？苟天命在孤，孤为周文王矣。"刘备的情况也类似。汉献帝被废，群臣劝刘备登基为帝。刘备拂袖而去，留下"孤岂效逆贼所为"之语。最后登基还是在群臣以不忠、不义为由苦苦相劝下才勉强为之，目的是为了延续汉室的香火。孙权登基则是汉朝覆灭多年以后的事情了，也是形势使然。最有"皇帝瘾"的人，叫作袁术。早在汉末军阀混战、形势混乱之际，袁术就已经自封为帝了。不仅建号仲氏，立了台省诸官，还立了皇后、太子，做得像模像样。

袁术是袁绍的弟弟，出身于官宦之家，号称"四世三公"，按现在的话说这叫官二代。显赫的家世对袁术的仕途起了很大的作用。董卓乱政之前，他已经在京城任职，曾经协助哥哥袁绍诛杀宦官。十八路诸侯讨伐董卓时，袁术是后将军、南阳太守，在十八路诸侯中排名第一，具有一定的实力，并担负粮草供应的重任。可袁术不仅没有为征讨董卓尽心尽力，反倒切断了联军先锋孙权的粮草供应，使得孙坚大军因粮草短缺军心不稳，被董卓打败，损兵折将。袁术这么做是因为听信了手下的谗言。理由是"孙坚乃江东猛虎；若打破洛阳，杀了董卓，正是除狼而得虎也。今不与粮，彼军必散"（见第五回），由此可以看出自打参加十八路诸侯讨伐董卓开始，袁术就在打着自己的小算盘。只不过时机未到，袁术不便表露。故而当孙坚兵败跑来发泄时，袁术才会惶恐无言，将进谗言之人杀死向孙坚谢罪。

讨董之战由于联军的内部分歧不欢而散，袁术返回了南阳。不久后听说哥哥袁绍占据了冀州，派人前去索要良马千匹，遭到袁绍的拒绝。从此，哥俩关系破裂。接下来他又向荆州刘表借粮二十万，又遭拒绝。袁术大怒，写信给孙坚，要求孙坚起兵讨伐刘表。袁术的目的正如他在给孙坚的信中所说的"公可速兴兵伐刘表，吾为公取本初，二仇可报。公取荆州，吾取冀州"（见第七回），想在乱世中获得地盘，扩张自己的势力。吕布前来投奔，袁术不予理会，担心吕布靠不住。但当听说吕布夺取徐州后，立即承诺"粮五万斛、马五百匹、金银一万两、彩缎一千匹"（见第十五回），对吕布另眼相看，要求吕布夹攻刘备。等吕布将刘备击退，派高顺索要袁术所许之物时，袁术又以"且待捉了刘备，那时方以所许之物相送"为由，拒绝兑现。气得吕布大骂袁术失信，打算起兵征讨。如此反复无常，与吕布这个"三姓家奴"其实也没什么两样。想当初孙坚受了袁术的唆使进攻刘表，结果被杀身亡。孙坚之子孙策为父报仇，向袁术借兵。袁术不念旧情，不肯借兵。直到孙策提出以传国玉玺做抵押时，袁术才答应借兵三千、马五百匹。袁术此举并不是真心相助，而是早就对传国玉玺垂涎已久。在袁术的心中，有了传国玉玺就可以实现自己的梦想。

袁术的梦想是什么？是当皇帝。自从天下大乱开始，袁术心中就有个皇帝梦。为了将自己的梦想变成现实，他将传国玉玺据为己有。孙策派人前来索要，袁术推托不还。为了能早日当上皇帝，他再次联络吕布，企图依靠吕布的力量消灭刘备，让二人两败俱伤，之后再图徐州，扩大自己的地盘。可惜袁术的图谋过于明显，连没脑子的吕布都能看得明明白白。袁术进攻刘备，吕布"辕门射戟"，替刘备解围。袁术与吕布结亲，为的还是利用吕布杀掉刘备。结果这个计策又被陈珪识破。就连足不出户的吕布之妻严氏都看出袁术有当皇帝的野心，可见袁术的"皇帝瘾"已是路人皆知。没过多久，袁术终于难以抑制自己的"皇帝瘾"，公然在寿春称帝，算是实现了自己的皇帝梦。

袁术自立为帝的理由是什么呢？第十七回"袁公路大起七军，曹孟德会合三将"中，袁术说出了自己称帝的四个理由。第一是"昔汉高祖不过泗上一亭长，而有天下；今历年四百，气数已尽，海内鼎沸"。第二是"吾家四世三公，百姓所归"。第三是"吾袁姓出于陈。陈乃大舜之后。以土承火，正应其运。又谶云：代汉者，当涂高也。吾字公路，正应其谶"。第四是"有传国玉玺"。袁术认为有了这四个理由，自己不称帝有违天道。我们不妨先来看看袁术的这四个理由。

第一条说的是实情。汉室气数已尽，海内沸腾，战乱不止。但问题是按照这个逻辑，袁术可以称帝，那其他的军阀们同样也可以。第二条理由说的更像是他的哥哥袁绍而非自己。第三条纯属巧合。第四条最为离谱。这传国玉玺原本是汉室的宝物，因为董卓作乱才被孙坚意外发现。孙策为了让袁术将父亲孙坚的旧部还给自己才以传国玉玺做抵押。说起来这传国玉玺只不过是袁术代为保管的。只不过袁术赖着不还将其据为己有。因此，这四条理由均有破绽，都难以成立。

袁术称帝时，主簿阎象就毫不客气地表示："不可。昔周后稷积德累功，至于文王，三分天下有其二，犹以服事殷。明公家世虽贵，未若有周之盛；汉室虽微，未若殷纣之暴也。此事决不可行。"在阎象看来，称帝还需要两个必备的条件。一是要有大功，深得人心，袁术不具备这样的威望；二是汉室江山虽弱，但并不是因自身的残暴，而是因为董卓专权、天下大乱所致，还没到改朝换代的时候。

阎象没能改变袁术的主意，袁术终于得意扬扬地实现了皇帝梦。但没过多久，袁术发觉自己的日子越来越难过了。原来这"皇帝"也不是那么好做的。阎象的话应验了。

袁术称帝后，立即成了天下公敌。不仅是吕布、孙策这样的昔日盟友与他反目成仇，曹操、刘备也与他刀兵相见。几场仗打下来，袁术损失惨重，不得不退回淮南苟延残喘。可是，袁术在淮南不仅没有痛定思痛，放弃称帝这个愚蠢的做法，反倒是在淮南"骄奢过度，不恤军民"（见第二十一回），其结果自然是众叛亲离，自己在淮南都待不下去，无奈之下只得投奔曾经反目的哥哥袁绍。在前往冀州的路上，袁术又遭到刘备等人的伏击，被打得尸横遍野，血流成河，士兵逃亡者不可胜数，钱粮草料也被贼寇夺取。想返回老巢寿春，又被群盗袭击。此时的袁术已是过街老鼠，人人喊打。仓皇逃至江亭时，袁术的身边只剩下一千多个老弱之辈，粮食也只剩三十斛。就在这个时候，袁术还不忘自己这个"皇帝"的架子，嫌米饭太糙，要求取蜜水止渴。下人毫不客气地回答："止有血水，安有蜜水！"直到这时，袁术总算明白了自己的处境，大叫一声，倒于地下，吐血斗余而死。

《三国演义》介绍完袁术故事后，附了一首诗写得非常好："汉末刀兵起四方，无端袁术太猖狂，不思累世为公相，便欲孤身作帝王。强暴枉夸传国玺，骄奢妄说应天祥。渴思蜜水无由得，独卧空床呕血亡。"道出了袁术灭亡的根本原因。每当天下大乱之际，总会出现一些不自量力的人物，企图在乱世中浑水摸鱼，实现自己的政治野心。虽说"乱世出英雄"，但英雄毕竟是少数，更多的则是袁术这样的牺牲品。或许正是因为这些牺牲品的失败才成就了英雄们的辉煌吧。